西南民族大学经济学院实验教材

Statistical Analysis
and Application of IBM SPSS

IBM SPSS统计分析与应用

钟海燕　殷　锋◎主编

中国经济出版社
CHINA ECONOMIC PUBLISHING HOUSE
北 京

图书在版编目（CIP）数据

IBM SPSS 统计分析与应用 / 钟海燕，殷锋主编.
—北京：中国经济出版社，2018. 5
ISBN 978 - 7 - 5136 - 4297 - 2

Ⅰ. ①I… Ⅱ. ①钟…②殷… Ⅲ. ①统计分析—软件包 Ⅳ. ①C819

中国版本图书馆 CIP 数据核字（2016）第 163512 号

责任编辑　李煜萍　吕国新
责任印制　巢新强

出版发行　中国经济出版社
印 刷 者　北京富泰印刷有限责任公司
经 销 者　各地新华书店
开　　本　710mm × 1000mm
印　　张　16
字　　数　248 千字
版　　次　2018 年 5 月第 1 版
印　　次　2018 年 5 月第 1 次
定　　价　45. 00 元
广告经营许可证　京西工商广字第 8179 号

中国经济出版社 **网址** www. economyph. com **社址** 北京市西城区百万庄北街 3 号 **邮编** 100037

本版图书如存在印装质量问题，请与本社发行中心联系调换（联系电话：010 - 68330607）

应用经济学实践实训系列教材编委会

丛书总序

为了有效地培养高校经济学类专业学生“学以致用”的应用实践操作能力，让实践实训教学更好地适应创新创业的时代发展趋势，我们组织长期在实践实训教学一线中富有经验的教师们编写了这套实践实训教材，涵盖金融学、金融工程、投资学、保险学、经济学、财政学、国际经济与贸易等本科专业的相关专业基础课及专业课。

本套教材体现了仿真性、操作性、实用性及创新性等方面的特色，弥补了以往传统实训教学环节中缺乏配套教材的不足，有利于帮助教师在实践实训教学环节中将经济学理论与实践结合起来，充分合理地利用实践实训平台，为学生提供仿真实训的工作场景及环境，教师以实践实训教材为依托指导学生进行模拟操作，完成经济类课程的实践实训环节。教材既可供经济管理相关专业课程的实践实训教学使用，也可作为经济管理在职人员业务能力提升的学习参考书。

本套实践实训教材的编写得到西南民族大学教务处和研究生院的大力支持，教材的出版得到四川省高等教育人才培养质量和教学改革项目“民族高校应用经济类专业拔尖人才培养的研究与实践”和西南民族大学学科建设基金的资助，在数据资料收集整理上得到了相关企业和兄弟院校同仁们的指导及帮助，你们的支持及鼓励是我们不断进取的动力，在此一并感谢！

编委会

2016 年 12 月

教材简介

IBM SPSS 是当前国际上最为流行的统计软件之一，具有强大的统计分析功能。本书基于 IBM SPSS 21.0 英文版本，以实验教程的形式讲授 SPSS 基本统计分析方法及其应用。操作使用菜单、选项等中英文对译，便于读者自由地在软件中文版本和英文版本之间切换。

针对不同读者的统计分析需求，本书分为入门篇、基础篇、提高篇等几个部分，各篇章设计了循序渐进的实验内容，并配备实验基础数据。数据录入员只用学习入门篇，一般初学者可以从基础篇单变量描述性统计分析开始，再学习提高篇的推断统计和多变量描述性分析。本书属于统计软件基础课程，侧重实用性和基础性，生存分析、信度分析、非参数检验、对应分析、非线性回归等等内容未涉及。

本书内容翔实、图文并茂、深入浅出，把统计分析基本原理与方法的讲授与 IBM SPSS 软件操作方法实验结合，适合作为高等院校相关专业本科生、研究生的学习用书，可以为从事统计分析、决策的相关人员参考使用，也可作为相关培训机构的参考教材。教材数据文件可从中国经济出版社网页上获取。

本书由钟海燕主编，参与初稿编写者包括殷锋（第 6 章）、王靖（第 7 章）、廖辉（第 3 章、第 13 章）、孙丰伟（第 2 章）、刘敏（第 4 章）、李婕（第 9 章）等，钟海燕完成其余章节初稿，重新撰写各章并完成全书统稿审校，夏青负责文字校正。

由于编者水平有限，书中缺点甚至错误之处在所难免，恳请广大读者批评指正。

编者

2017 年 12 月

目录

第一篇

入门篇

1 IBM SPSS 21.0 概述

1.1 软件简介

IBM SPSS 是 IBM 公司推出的一系列用于统计学分析运算、数据挖掘、预测分析和决策支持任务的软件产品及相关服务的总称，SPSS 软件全称为 Statistical Product and Service Solutions，即统计产品与服务解决方案。

1968 年，美国斯坦福大学三位研究生开发了 SPSS 软件，并于 1975 年在美国芝加哥市成立 SPSS 公司。20 世纪 70 年代推出 SPSS 中小型机版 SPSSX，80 年代推出用于个人电脑的 SPSSPC +，90 年代推出 Windows 版本。2009 年 IBM 公司宣布收购统计分析软件提供商 SPSS 公司，SPSS 软件更名为 IBM SPSS。

SPSS 与 SAS、Stata 并称世界著名三大社会科学统计软件包。其操作简单、界面友好、绘图功能强大、数据分析深入、辅助教学功能完备、输出结果美观、适用范围广泛。SPSS 软件操作已经成为众多高等院校本科生和研究生的必备技能，在自然科学、社会科学的各个领域发挥了巨大作用，适用于经济学、管理学、生物学、心理学、地理学、医学等众多学科，在统计分析领域，特别是市场调研行业广受欢迎，得到业界人士高度评价。

SPSS 作为一个组合软件包，集数据管理、统计分析、图表分析、输出管理功能于一体，对系统配置要求低，用户可以根据需要选择相应的模块。SPSS 全面支持 Windows 操作系统，操作简单易学，图形界面方便美观，分析结果清晰直观。熟悉统计分析基本原理，具有一定 Windows 操作技能的用户能够很快上手使用软件。类似 Excel 表格的数据输入管理界面为用户提供了方便，软件也能方便地从其他格式的统计软件中读取数据。熟悉编程的用户也可以使用程序语句窗口进行操作，因此软件能满足不同层次用户的需求。

1.2 启动与退出

1.2.1 启动

在开机启动 Windows 之后，如果在桌面上有 SPSS Statistics 21.0 图标

IBM SPSS
Statistics

，双击图标即可。

或者选择“开始丨程序丨IBM SPSS Statistics丨 IBM SPSS Statistics 21”，进入启动界面（见图 1.1）。

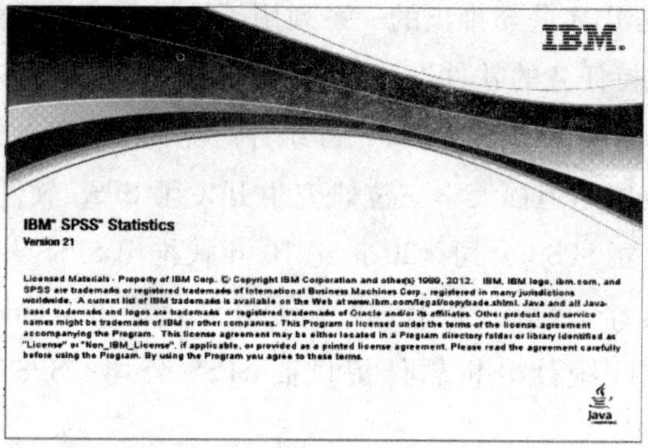
IBM.
IBM® SPSS® Statistics
Version 21
Licensed Materials - Property of IBM Corp. © Copyright IBM Corporation and other(s) 1989, 2012. IBM, IBM logo, ibm.com, and SPSS are trademarks or registered trademarks of International Business Machines Corp., registered in many jurisdictions worldwide. A current list of IBM trademarks is available on the Web at www.ibm.com/legal/copytrade.shtml. Java and all Java-based trademarks and logos are trademarks or registered trademarks of Oracle and/or its affiliates. Other product and service names might be trademarks of IBM or other companies. This Program is licensed under the terms of the license agreement accompanying the Program. This license agreement may be either located in a Program directory folder or library identified as "License" or "Non_IBM_License", if applicable, or provided as a printed license agreement. Please read the agreement carefully before using the Program. By using the Program you agree to these terms.
Java

图 1.1　SPSS 21.0 启动界面

启动后会出现启动选项界面（见图 1.2），有 6 个选项：

➢ Run the tutorial（运行教程）：浏览操作指导

➢ Type in data（输入数据）：系统进入数据编辑器窗口

➢ Run an existing query（运行现有查询）：系统会让用户选择运行一个查询文件

➢ Create new query using Database Wizard（使用数据库向导创建新查询文件）

➢ Open an existing data source（打开现有的数据源）：系统让用户运行一个 SPSS 数据文件

➢ Open another type of file（打开其它文件类型）

用户也可以选择 Don't show the dialog in the future（以后不再显示此对话框），单击 OK 按钮，以后启动软件时将不再显示启动选项界面。

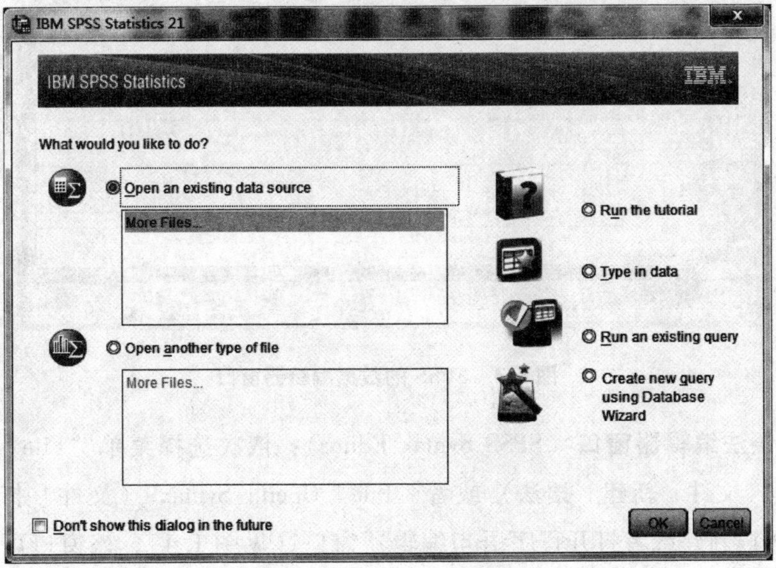

图 1.2　SPSS 21.0 启动选项

1.2.2 退出

SPSS 有三种退出方法：

➢单击 SPSS 窗口右上角的☒（关闭）按钮。

➢选择 File（文件）菜单中的 Exit（退出）子菜单。

➢鼠标放到 SPSS 窗口左上角的窗口控制菜单图标，双击，即可关闭 SPSS 窗口。

1.3 常用界面与窗口

1.3.1 常用窗口

◆**数据编辑器窗口**（IBM SPSS Statistics Data Editor）：数据编辑器窗口是 SPSS 的主窗口，对 SPSS 的数据进行定义、录入、修改、管理等基本操作（见图 1.3）。SPSS 中各统计分析功能都是针对该窗口中的数据进行的，窗口中的数据以后缀名“.sav”存于磁盘上。

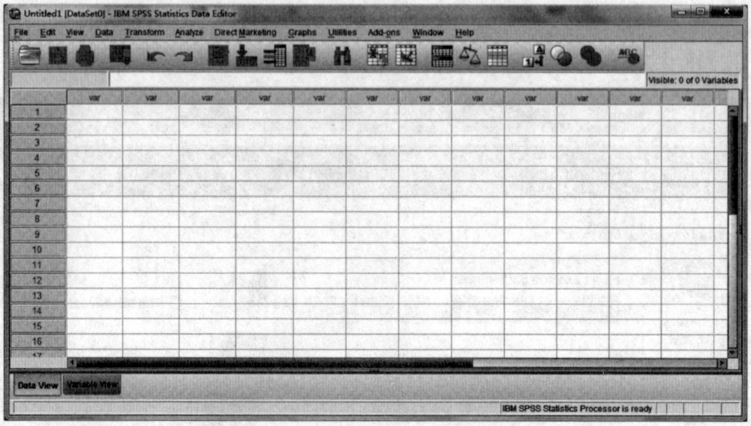

图 1.3　SPSS 的数据编辑器窗口

◆**语法编辑器窗口**（SPSS Syntax Editor）：依次选择菜单“File | New | Syntax”（文件 | 新建 | 语法）或者“File | Open | Syntax”（文件 | 打开 | 语法），可以新建或者打开程序语句编辑器窗口（见图 1.4），该窗口可以用来编写各种程序，在此窗口中的文件后缀名为“.sps”。

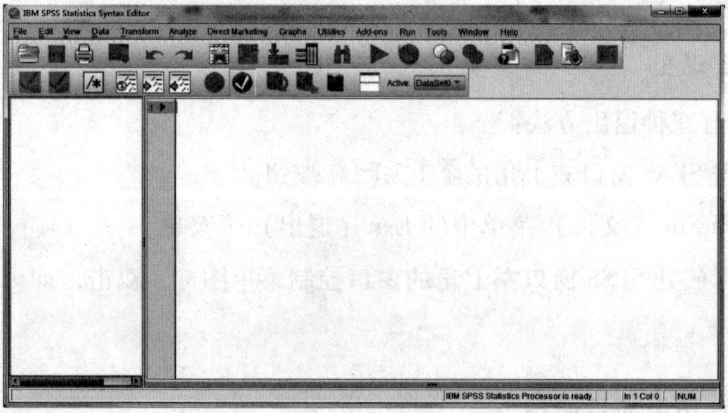

图 1.4　SPSS 的语法编辑器窗口

◆**结果输出窗口**（SPSS Viewer）：用来输出 SPSS 统计分析的结果（见图 1.5），结果输出窗口左边是导航区，显示输出结果的目录，右边是显示区，结果输出窗口中文件后缀名为“.spv”。

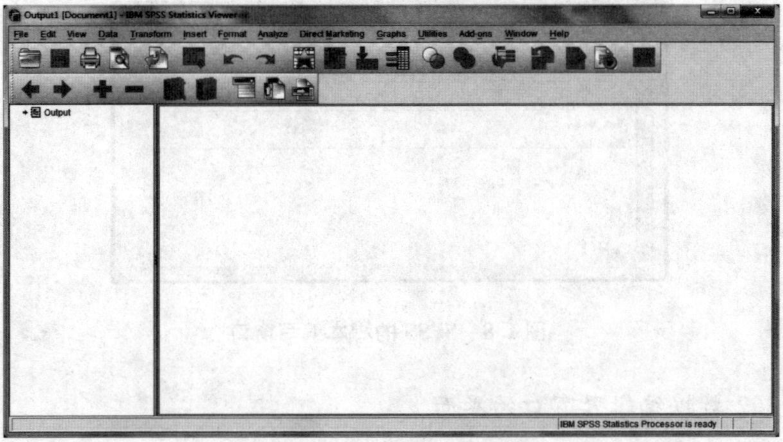

图 1.5　SPSS 的结果输出窗口

◆**对象编辑窗口**：对表格、图形等对象进行相应的编辑操作。在结果输出窗口的显示区中，将鼠标移动到需要编辑的对象，右击，选择菜单“Edit content | In separate window”（编辑内容 | 在单独窗口中）或者“Edit content | In viewer”（编辑内容 | 在结果输出窗口中），可以进入对象编辑窗口。左键双击图形的效果相同。例如，图 1.6 和 1.7 分别是 Pivot Table Statistics（枢轴表编辑器窗口，编辑数据透视表）与 Chart Editor（图形编辑窗口）。

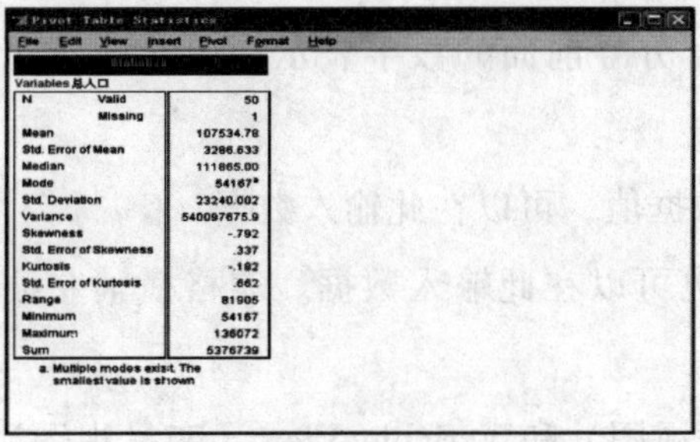

N	Valid	50
	Missing	1
Mean		107534.78
Std. Error of Mean		3286.633
Median		111865.00
Mode		54167[a]
Std. Deviation		23240.002
Variance		540097675.9
Skewness		-.792
Std. Error of Skewness		.337
Kurtosis		-.182
Std. Error of Kurtosis		.662
Range		81905
Minimum		54167
Maximum		136072
Sum		5376739

a. Multiple modes exist. The smallest value is shown

图 1.6　SPSS 表格编辑窗口

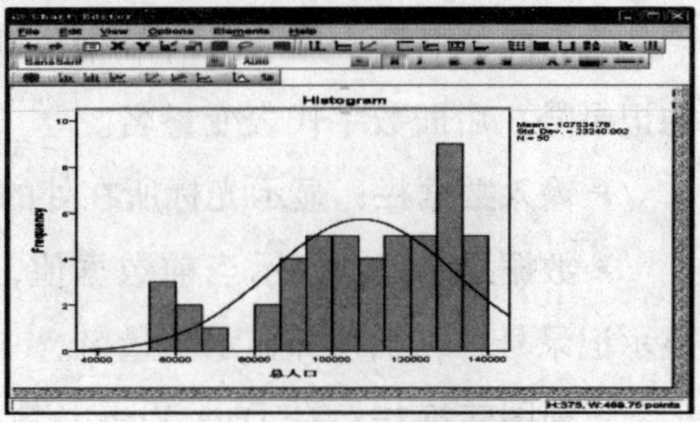

图 1.7　SPSS 图形编辑窗口

◆**脚本编写窗口**：用于编写 SPSS 内嵌的 Sax Basic 语言以形成自动化处理数据的程序。单击菜单依次选择菜单“File | New | Script”（文件 | 新建 | 脚本）或者“File | Open | Script”（文件 | 打开 | 脚本），可以新建或者打开脚本编辑器窗口（见图 1.8）。

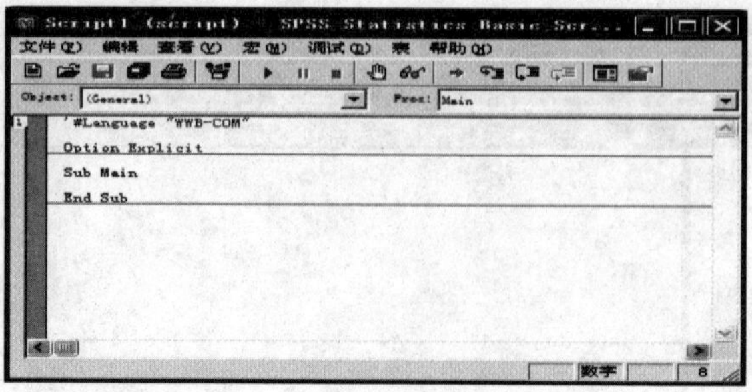

图 1.8 SPSS 的脚本编写窗口

1.3.2 数据编辑器窗口的界面

SPSS 数据编辑器窗口主要由以下几部分组成：

➢ **标题栏**：显示当前数据文件名，如果是新建文件，则显示“Untitled 1 – IBM SPSS Statistics Data Editor”，编辑后未保存，文件名前会出现 * 号。

➢ **菜单栏**：显示 SPSS 菜单，包括 File（文件）、Edit（编辑）、View（视图）、Data（数据）、Transform（转换）、Analyze（分析）、Direct Marketing（直销）、Graphs（图形）、Utilities（工具）、Add – ons（附加）、Windows（窗口）和 Help（帮助）等。

➢ **常用工具栏**：显示常用工具按钮。

➢ **当前数据栏**：显示当前数据位置，分号前面的数字表示当前光标所在的记录号，后面数字代表变量名。

➢ **输入数据栏**：显示光标所在处的数据值，可以在此输入数据。

➢ **数据显示区**：显示当前数据值，也可以在此输入数据。表格横轴左端显示记录号，纵轴顶部显示变量名。

➢ **视图转换栏**：在 Data View（数据视图）和 Variable View（变量视图）之间转换。

➢ **系统状态栏**：显示当前系统状态，“IBM SPSS Statistics is ready”表示系统就绪，反之，“IBM SPSS Statistics is unavailable”表示系统运行异常。

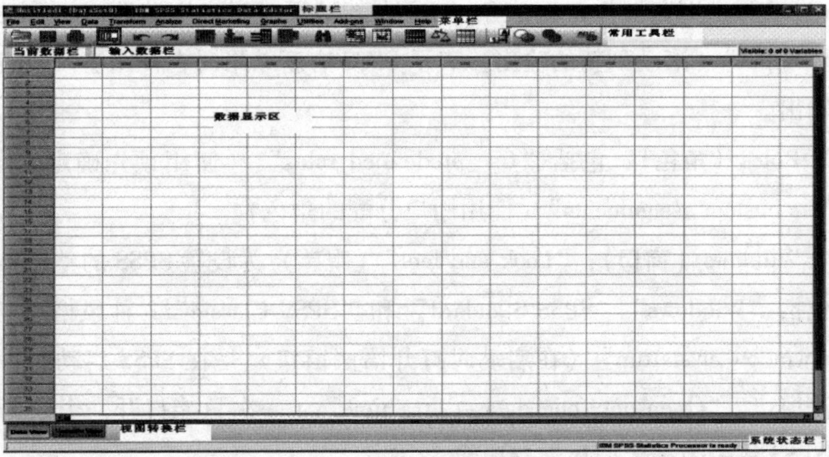

图 1.9 SPSS 数据编辑器窗口的界面

1.4 系统参数设置

完成 SPSS 安装后，需要设置系统的相关参数。选择菜单“Edit | Options”（编辑 | 选项），进入选项对话框，包含 11 个选项卡。

◆General（常规）

常规选项卡设置 SPSS 的各种通用参数，包括以下 6 个选项组（见图 1.10）：

➢ Variable lists（变量列表）：首先，设置变量的显示方式，“Display labels”（显示标签）表示变量标签显示在前，“Display names”（显示名称）表示变量表中只显示变量名。其次，设置变量的显示顺序，“Alphabetical”（字母）表示按变量名的字母顺序排列，“File”（文件）表示按变量在数据文件中出现的先后顺序排列，“Measurement level”（测量）表示变量按测量尺度排列。

➢ Output（输出）：设置 SPSS 的输出风格。“No scientific notation for small numbers in tables”指输出表中很小的数值将显示为 0，“Apply locale's digit grouping format to numeric values”将本地数字分组格式应用到数值。“Measurement system”（测量系统）下拉框设置 SPSS 的度量单位，包括“Points”（磅）、“Inches”（英寸）和“Centimeters”（厘米）。“Language”（语言）指设置输出语言，“Notification”（提示）指设置信息提示方式，“Raise viewer window”（弹出浏览器窗口）表示 SPSS 有新结果时弹出浏览器窗口，“Scroll to new output”（滚动到新的输出）表示 SPSS 有新结果时在视图窗口中滚动到新的输出。

➢ Roles（**角色**）：包括“Use predefined roles”（使用预先确定的角色）和“Use custom assignments”（使用用户分配的角色）。

➢ Windows（**窗口**）：“Look and feel”（观感）为设置 SPSS 的整体外观风格，包括“Windows”“SPSS Standard”和“SPSS Classic”3 种风格。“Open syntax window at startup”（在启动时打开语法窗口）是在 SPSS 启动时自动打开语法窗口。“Open only one dataset at a time”（一次只能打开一个数据集），表示 SPSS 将关闭多数据集支持功能。

➢ Character Encoding for Data and System（**数据和语法的字符编码**）：有“Unicode”（通用字符设置）和“Locale's writing system”（Locale 的写入系统）两种。

➢ User Interface（**用户界面**）：设置 SPSS 用户界面语言。Character encoding cannot be changed when any non – empty datasets are open，表示当打开任何非空数据集时，不可以更改字符编码。

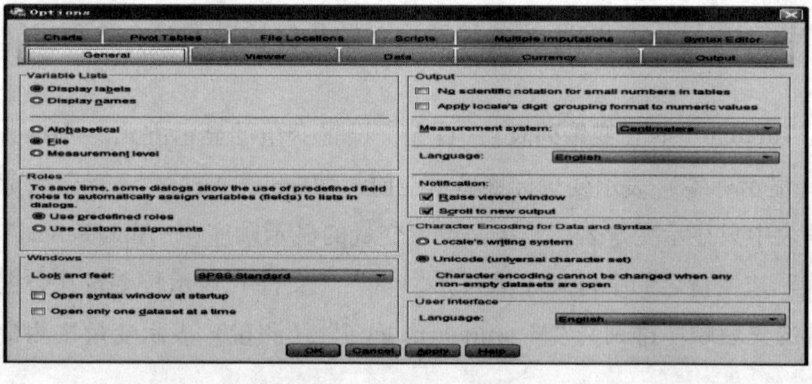

图 1.10　常规选项卡

◆Viewer（**视图或称查看器**）

视图选项卡设置 SPSS 的视图参数，包括以下 4 个选项组（见图 1.11）：

➢ Initial Output State（**初始输出状态**）：设置输出结果的初始状态参数。“Item Icon”（项目图标）中选择需要设置的输出结果，在“Item”下拉框中选择要设置的输出参数，包括 Log（日志）、Warnings（警告）、Notes（附

注）、Title（标题）、Page Title（页面标题）、Pivot Table（枢轴表）、Chart（图形）、Text Output（文本输出）、Tree Model（树模型）、Model Viewer（模型浏览器）、Unknown Object Type（未知对象类型）等。勾选“Display commands in the log”，SPSS 将在日志中显示命令。

➢ Title（**标题**）：设置标题的字体、字号、颜色、加粗、倾斜、下划线等。

➢ Page Title（**页面标题**）：设置页面标题的字体、字号、颜色、加粗、倾斜、下划线等。

➢ Text Output（**文本输出**）：设置输出文本的字体、字号、颜色、加粗、倾斜、下划线等。

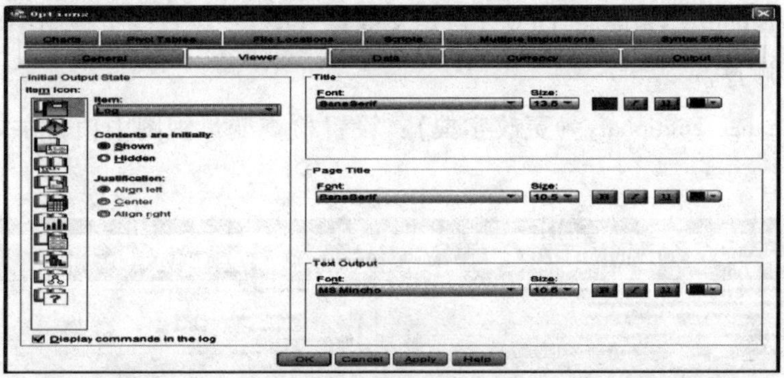

图 1.11 视图选项卡

◆Data（**数据**）

数据选项卡设置 SPSS 数据处理过程相关参数，包括以下 8 个选项组（见图 1.12）：

➢ Transformation and Merge Options（**转换与合并选项**）：单击“Calculate values immediately”（立即计算值）按钮，数据转换和文件合并操作在单击“确定”按钮后立即执行；选择“Calculate values before used”（使用前计算值）按钮，就会延迟转换，只有遇到命令时，才执行转换和合并，在数据文件较大时可选用这种方式。

➢ Display Format for New Numeric Variables（**显示新数值变量的格式**）：设置数值变量的宽度（Width）和小数位数（Decimal Places）。

➢ Random Number Generator（**随机数字生成器**）：选择“Compatible with

SPSS 12 and earlier”，系统使用 SPSS 12 和先前版本兼容的数据生成器，选择“Long period Mersenne Twister”，SPSS 使用长时间 Mersenne 旋转算法。

➢ Set Century Range for 2 – Digit Years（**设置用两位数字表示年号的年限全距**）：如选“Automatic”（自动），系统年限基于当年，前推 69 年，后推 39 年，加上当年整个范围为 100 年。用户也可以使用“Custom”设定自定义年限。

➢ Assigning Measurement Level（**指定测量级别**）：设置数值测量级别的唯一临界值。

➢ Rounding and Truncation of Numeric Values（**数值取整与切断**）：对于 RND 和 TRUNC 函数，设置四舍五入的缺省阙值。

➢ Customize Variable View（**自定义变量视图**）：设置变量视图中显示的属性和属性顺序。

➢ Change Dictionary（**更改字典**）：设置检查变量视图中项目拼写的字典语言。

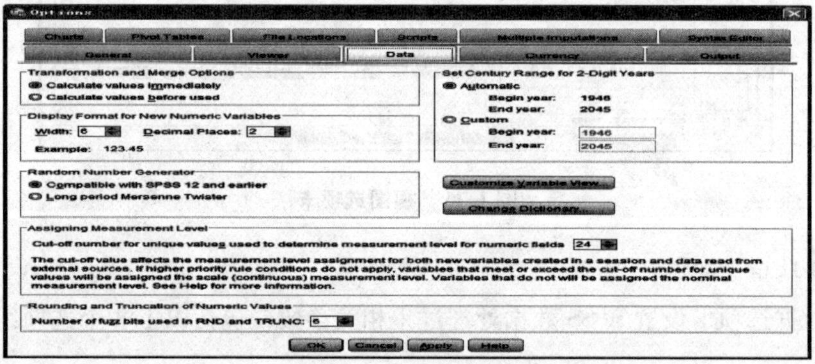

图 1.12　数据选项卡

◆Currency（**货币**）

货币选项卡用于设置自定义数值变量的输出格式和参数，包括 5 个选项组（如图 1.13）：

➢ Custom Output Formats（**用户自定义输出格式**）：可以设置 5 种格式，分别是 CCA、CCB、CCC、CCD、CCE。

➢ Sample Output（**样本输出**）：显示相应格式的预览。

➢ All Values（**所有值**）：设置所有值显示的前缀（Prefix）和后缀（Suffix）。

➢ Negative Value（**负值**）：设置所有负值显示的前缀（Prefix）和后缀（Suffix）。

➢ Decimal Separator（**小数分隔符**）：设置句点（Period）和逗号（Comma）两种小数分隔符。

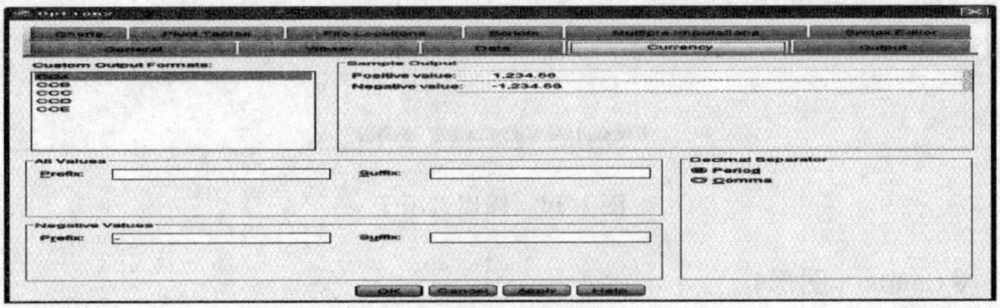

图 1.13 货币选项卡

◆Output（**输出**）

输出选项卡用于设置输出结果的标签选项，包括 4 个选项组（如图 1.14）：

➢ Outline Labeling（**轮廓标签**）："Variables in item labels shown as"（项标签中的变量显示为）和"Variables values in item labels shown as"（项标签中的变量值显示为）。下拉框分别有 3 个选项，Labels 使用变量标签标示每个变量，Names 使用变量名称标示每个变量，Names and Labels 两者都用。

➢ One Click Descriptives（**单击说明**）：选择排除具有多个类别的表（Suppress tables with many categories），确定最大类别数和在输出中包括图表（Include a chart in the output）。

➢ Output Display（**输出显示**）：显示方法为模型查看器（Model Viewer），或者透视表和图表（Pivot Table and charts）。此时，输出显示方法只应用到广义线性混合模型。

➢ Pivot Table Labeling（**枢轴表标签**）：选项与轮廓标签相同。

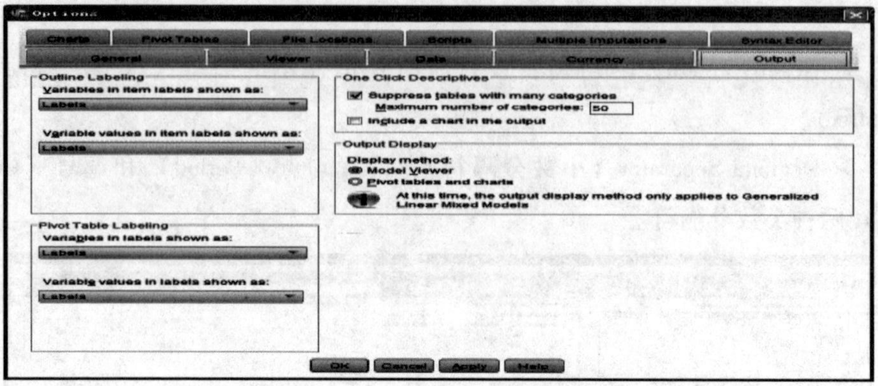

图 1.14　输出选项卡

◆Charts（**图形**）

图形选项卡用于设置图形输出格式，包括 6 个选项组，见图 1.15：

➢ Chart Template（**图表模板**）：用户可以选择使用当前设置（Use current settings）或者选择使用目标模板文件（Use chart template file），单击浏览按钮选择文件。

➢ Current Settings（**当前设置**）：设置字体（Font）和样式循环（Style cycle preference）。后者设置新图形的颜色和图案的初始分配，下拉框中“Cycle through colors only”表示在颜色之间循环，“Cycle through patterns only”表示仅使用线条样式、标记符号或者填充图案区分图表元素。

➢ Frame（**框架**）：用户可以选择显示外框（Outer）和内框（Inner）。

➢ Grid Lines（**网格线**）：设置图形上显示的刻度轴网格线（Scale axis）和类别轴网格线（Category axis）。

➢ Style Cycles（**样式循环**）：4 个按钮分别设置颜色（Colors）、线（Lines）、标记（Markers）和填充（Fills）。

➢ Chart aspect ratio（**图标宽高比**）：设置图形的宽高比。

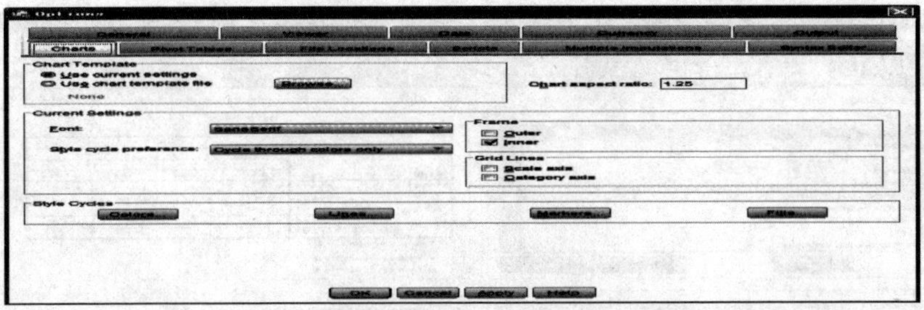

图 1.15　图形选项卡

◆Pivot Tables（**枢轴表**）

枢轴表选项卡用于设置输出表格的格式，包括 7 个选项组，见图 1.16。

➢ Table Look（**表格外观**）：设置表格输出的外观样式，可以在列表框中选择一种样式，或者单击浏览按钮自定义外观样式。

➢ Sample（**样本**）：显示用户选中表格的外观样式。

➢ Column Widths（**列宽**）：依次选择，除非常大的表以外，根据标签和数据进行调整；仅将列宽调整为列标签的宽度，生成更紧凑的表，将宽度超过标签的数值截去；调整所有表格的标签和数据以达到列标签或最大数值的宽度。

➢ Table Rendering（**表呈现**）：单击此项后“显示行块”选项组及调整列宽选项可选，不单击“调整列宽”选项组仅后两项可选。

➢ Display Blocks of Rows（**显示行块**）：表格显示为行块相关设置，包括待显示行数、最大单元数、短行、孤立行容差值。

➢ Default Editing Mode（**缺省编辑模式**）：设置表格在浏览器窗口或独立窗口中的激活，包括在浏览器中编辑所有表格，浏览器中编辑除超大表格外的所有表格，以及在独立窗口中打开所有表格。

➢ Copying wide tables to the clipboard in rich text form：设置以 Word/RTF 格式粘贴表格时，文档宽度较大的表格的处理方式。可以将宽表以丰富文本格式复制到剪贴板。包括不调整宽度、缩小至最适度宽度、表格换行这 3 个选项。

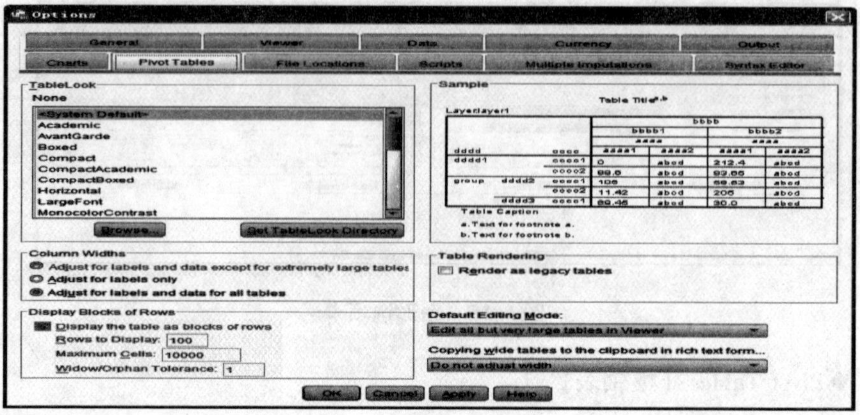

图 1.16　枢轴表选项卡

◆File Locations（文件位置）

文件位置选项卡用于设置打开和保存文件的格式，日志文件位置，临时文件夹位置和出现在最近使用的文件列表中的文件数量等，包括 4 个选项组，见图 1.17。

➢ Startup Folders for Open and Save Dialogs（**打开和保存对话框的启动文件夹**）：将指定的文件夹用在每个会话开始的缺省位置，选择 Specified folder（指定文件夹）为数据文件或其他文件指定保存和读取的位置，或者选择 Last folder used（最后使用的文件夹）将先前最后使用的文件夹作为下一次会话的默认文件夹。

➢ Session Journal（**会话日志**）：通过 Record syntax in journal（日志中的记录语法）选项，启用会话日志自动记录会话运行的命令。选择 Append 或 Overwrite，表示"附加"或者"覆盖"日志文件的记录方式。还可以浏览选择日志文件（Journal file）。

➢ Temporary folder（**临时目录**）：设置会话过程中临时文件的位置。

➢ Number of Recently Used Files to List（**最近使用的文件数目**）：设置在文件菜单上最近使用的文件数量。最大值可为 9。

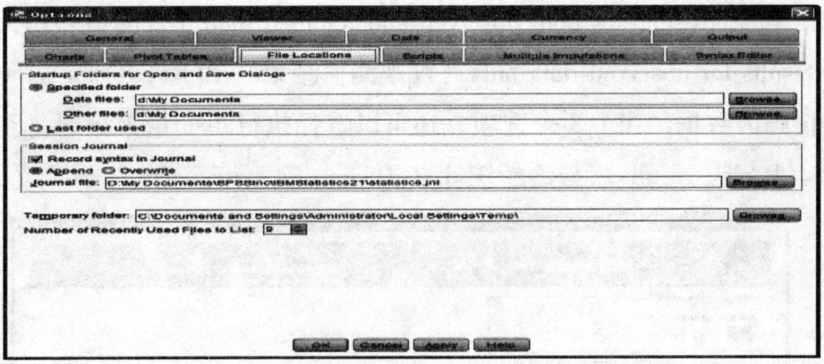

图 1.17 文件位置选项卡

◆Scripts（**脚本文件**）

脚本文件选项卡设置脚本语言和自动脚本，包括 3 个选项组，见图 1.18。

➢ Autoscripts（**自动脚本**）：设置是否启用自动脚本。

➢ Base Autoscripts（**基础自动脚本**）：设置用作基础自动脚本的文件和语言。

➢ Autoscripts for individual Objects（**单一对象自动脚本**）：设置对象应用的自动脚本，从 Command Identifiers（命令识别）列表框中选择命令，然后在右侧 Objects and Scripts（对象和脚本）列表框中选择应用脚本。

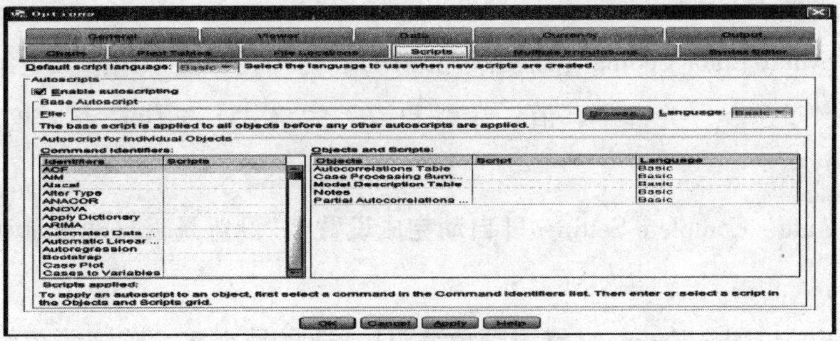

图 1.18 脚本文件选项卡

◆Multiple Imputation（**多重归因**）

多重归因选项卡设置多重归因相关参数，包括 2 个选项组，见图 1.19。

➢ Marking of Imputed Data（**归因数据标记**）：设置归因数据单元格格式，包括单元格背景色和字体。

➢ Analysis Output（**分析输出**）：设置多重归因数据分析结果的浏览器输

出格式，包括 Results for both observed and imputed data（观测值和归因数据结果），Results for observed data only（仅观测值结果）和 Results for imputed data only（仅归因数据结果）3 个选项，还可以选择执行单变量汇聚时是否输出汇聚结果（Pooled results）与诊断统计（ Diagnostic statistics）。

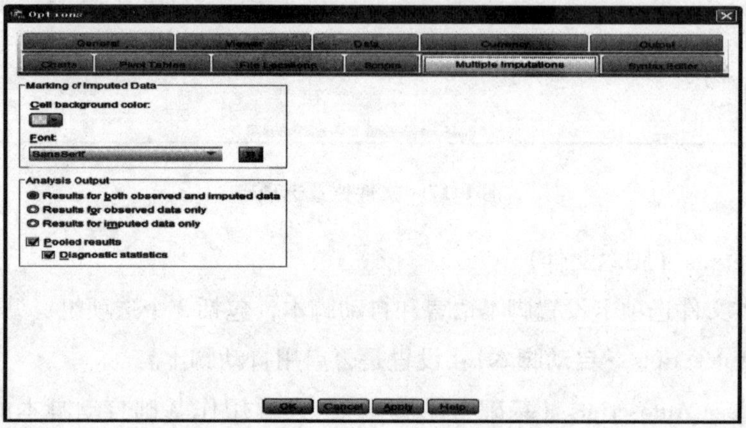

图 1.19　多重归因选项卡

◆Syntax Editor（语法编辑器）

语法编辑器选项卡进行语法编辑器（程序语句编辑器）相关设置，包括 7 个选项组，见图 1.20。

➢ Syntax Color Coding（语法颜色编码）：选择是否显示语法颜色编码，设置命令、子命令、关键字、值、注释和引号的格式，包括是否加粗、倾斜、下划线及颜色。

➢ Auto - Complete Settings（自动完成设置）：设置是否自动显示和自动完成控制。

➢ Error Color Coding（错误颜色编码）：选择是否显示验证颜色编码，设置在命令和子命令中语法错误的字体、颜色等。

➢ Indent size（缩进大小）：设置缩进大小（空格数 ）。

➢ Gutter（装订线）：Display line numbering 和 Display command spans，设置在语法编辑器的装订线内是否显示“行号”和“命令跨度”。

➢ Panes（窗格）：显示导航窗格和找到错误时自动打开错误跟踪窗格。

➢ Optimize for right to left languages：选择是否对从右自左的语言进行

优化。

➢ Paste syntax from dialogs：对话框粘贴语法，选择在光标或选择内容处粘贴，或在上一条命令后粘贴。

图 1.20 语法编辑器选项卡

1.5 运行环境设置

IBM SPSS 21.0 运行环境设置主要在如图 1.21 视图菜单中进行。

➢ **状态栏的显示和隐藏**：在菜单栏中依次选择“View | Status Bar”，将状态栏前的勾去掉，SPSS 自动隐藏状态栏，反之，显示状态栏。

➢ **设置工具按钮**：在菜单栏中依次选择“View | Toolbar”，将数据编辑器前的勾去掉，SPSS 自动隐藏工具按钮，反之，显示工具按钮。选择 Customize 进行如图 1.22 的工具按钮编辑器，自定义工具按钮。

➢ **菜单的增加与删除**：在菜单栏中依次选择“View | Menu Editor”，打开图 1.23 所示菜单编辑器对话框，进行菜单的增加与删除。

➢ **设置字体：**：在菜单栏中依次选择“View | Fonts”，进行字体、字体样式及大小的选择。

➢ **网格线的显示与隐藏**：在菜单栏中依次选择“View | Grid Lines”，将网格线前的勾去掉，SPSS 自动隐藏网格线，反之，显示网格线。

➢ **变量值标签**：在菜单栏中依次选择“View | Value Labels”，选择是否选择变量值标签。

➢ **变量、数据视图切换**：在菜单栏中依次选择“View | Variables”，进行数据视图与变量视图间的相互切换。

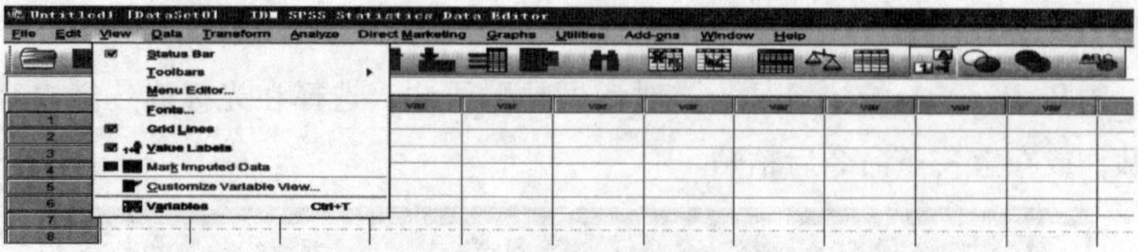

图 1.21　视图菜单

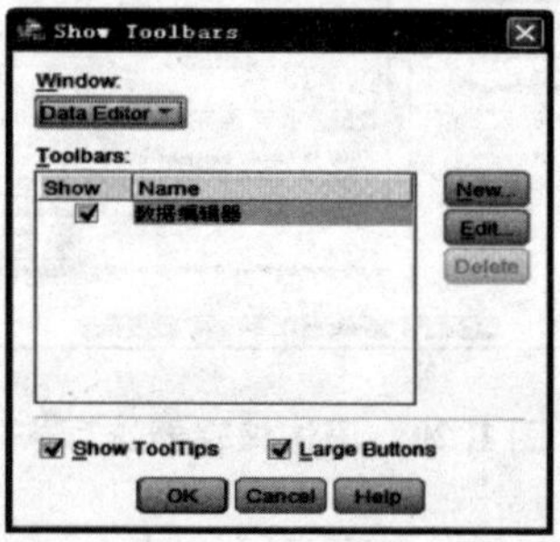

图 1.22　工具栏编辑器

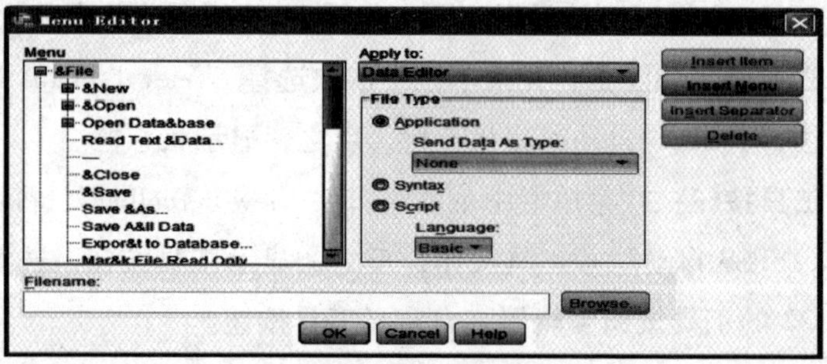

图 1.23　菜单编辑器

1.6 帮助系统

IBM SPSS 21.0 的帮助系统在如图 1.24 所示 Help（帮助）菜单，以及各种统计分析过程中出现的帮助按钮，以下主要介绍帮助菜单。

◆Topics：联机帮助，可以按目录中的主题，或搜索打开相应的帮助文档。

◆Tutorial：教程，对话框提供了具体操作步骤的图解指导。

◆Case Studies：案例研究，以具体案例图解的形式讲授操作步骤。

◆Working with R：使用 R。

◆Statistics Coach：统计辅导，以电子文档形式呈现出统计过程及对话框的选择。

◆Command Syntax Reference：指令语法参考，提供命令语句及相应的示例。

◆SPSS Community：SPSS 社区。

◆About：进入 SPSS 开机出现的启动版权界面。

◆Algorithms：统计算法，提供统计分析中的计算公式。

◆IBM SPSS Products Home：IBM SPSS 产品主页。

◆Programmability：可编程性。

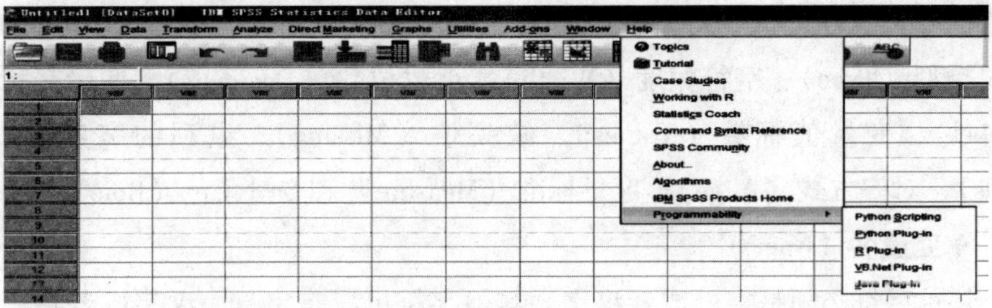

图 1.24　帮助菜单

2　变量与数据管理

2.1 变量设计

点击数据编辑器窗口左下方变量视图（视区）（Variable View）定义数据文件的变量属性，每一行是一个变量，相应选项依次为：变量名（Name）、变量类型（Type）、字符宽度（Width）、小数位数（Decimals）、变量名标签（Label）、变量值标签（Values）、缺失值（Missing）、纵列的宽度（Columns）、对齐方式（Align）、度量标准（Measure）和变量角色（Role）。

◆变量名（Name）

➢首字符必须是字母或者汉字，其他字符可以是字母、汉字或者除“!”“?”“*”“/”“+”“-”外的符号；

➢变量名的结尾不可以是“.”或者“_”；

➢部分 SPSS 保留的语句字符不可使用，如，ALL、AND、NOT、WITH 等；

➢变量名必须是唯一的且不区分大小写；

➢变量名的长度在 32 个汉字（64 个字符）以内；

➢默认变量名为“VAR”开头后接 5 个数字组成 8 位字符，如“VAR00001”。

◆变量类型（Type）

SPSS 的变量类型（见图 2.1）分为数值型（Numeric）、字符型（String）和日期型（Date），其中，数值型变量根据其功能和形式又细分为标准型（Numeric）、逗号型（Comma）、圆点型或点型（Dot）、科学计数型（Scientific notation）、美元型（Dollar）、自定义型（Custom currency）和受限数值型（具有前导零的整数，Restricted Numeric：integer with leading zeros）。

注意：若需输入汉字，则数据类型必须选择“字符型”；数值型数据的默认宽度（Width）为 8 个数字，默认保留小数位数（Decimal Places）为 2 位，可根据实际需要调整。受限数值型（Restricted Numeric）会保留第一位数字为零的数据，例如“001”不会默认为“1”，而会完整地保留“001”。

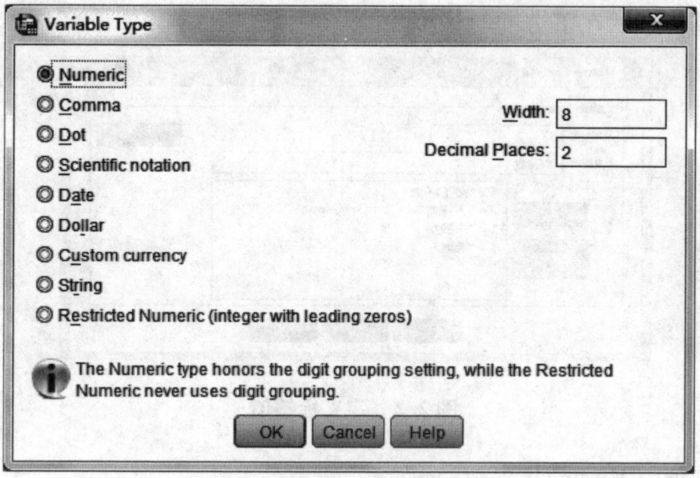

图 2.1　变量类型定义对话框

◆**字符宽度**（Width）

直接输入相应数值或通过按钮调节变量的宽度，系统默认设置宽度为 8，变量宽度对日期型变量无效。

◆**小数位数**（Decimals）

直接输入相应数值或通过按钮调节变量的小数点后位数，系统默认设置位数为 2，该设置对非数值型变量无效。

◆**标签**（Label）

标签（Label）是对变量名的补充说明。SPSS21.0 的变量标签（Label）最多可以容纳 128 个汉字（256 个字符），由数字、汉字、字母和特殊符号构成。变量标签是一个可选属性，可不定义。在数据视区中将鼠标放到变量名上，能够显示变量名标签。

◆**变量值标签**（Values）

变量值标签（Values）是对数值型数据的数值进一步的解释说明。大部分情况下，变量值标签（Values）就是对问卷问题答案选项的解释。变量视区中点击值标签（Values）按钮，显示如图 2.2 所示的定义变量值标签对话框，在“Value”栏中输入变量值，在“Label”栏中输入变量值代表的含义，然后单击“Add”。例如，定义一个变量名为“满意度”的数值型变量，分别取值“1. 很不满意，2. 不满意，3. 一般，4. 满意，5. 很满意”，相关数值对应的标签会显示在下方的对话框中。

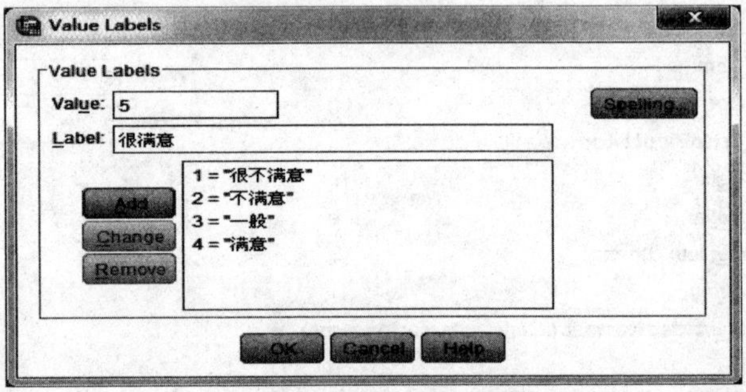

图 2.2　定义标签值

◆缺失值（Missing）

➢ No missing values：不指定缺失值。

➢ Discrete missing values：对字符型或者数值型变量，指定 1 ~ 3 个离散值为缺失值。

➢ Range plus one optional discrete missing value：指定一个连续区间和区间外的一个离散值作为数值型数据的缺失值。其中，Low 指连续区间的左端点值，High 指连续区间的右端点值，Discrete value 指区间外的确定值。

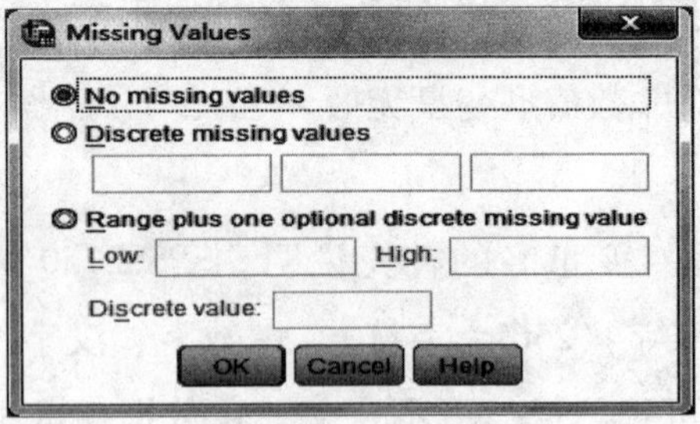

图 2.3　定义缺失值

◆纵列的宽度（Columns）

直接输入相应数值或通过按钮调节纵列的宽度。

◆**对齐方式（Align）**

变量对齐方式有 3 种：左对齐（Left）、右对齐（Right）、居中对齐（Center）。

◆**度量标准（Measure）**

SPSS 将度量标准分为间隔尺度（Scale）、定序尺度（Ordinal）和定类尺度（Nominal）3 种。

➢间隔尺度，变量的取值是连续的区间。例如温度、体重等连续数值型变量，也可以是年龄等离散型数值型变量，包括定距尺度和定比尺度的数据。

➢定序尺度是对事物之间的等级或者顺序的测度，既分类又排序，不能进行算数四则运算。例如测量满意度（很不满意、不满意、一般、满意、很满意）。

➢定类尺度用来测度事物的类别或者属性，数据之间无次序关系。例如性别、职业等。

◆**角色（Role）**

随着 SPSS 的升级，某些对话框支持可用于预先选定分析变量的预定义角色，当打开某一对话框时，符合角色要求的变量将自动显示在目标列表中。包括 Input（输入）、Target（目标）、Both（两者都）、None（无）、Partition（分区）、Split（拆分）等，一般用户可直接忽略这一设置。SPSS 默认变量角色为 Input。

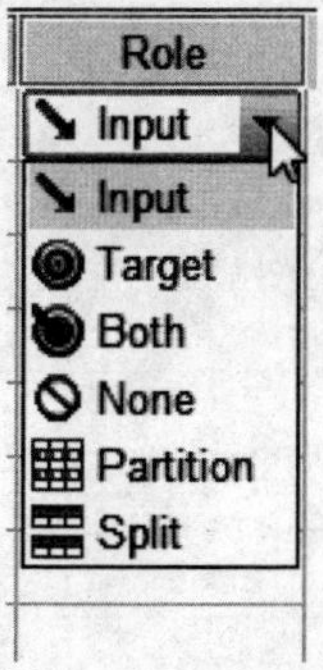

图 2.4　角色下拉列表

2.2 数据录入

变量定义完成后，点击数据编辑器窗口左下方数据视区（Data View）开始录入和编辑。数据视区中，每一列是 1 个变量，每一行是 1 个个案。单击鼠标左键激活单元格，录入或修改数据。

含变量值标签的数据录入：单击工具栏的变量值标签按钮，再单击鼠标左键激活单元格，这时单元格出现下拉列表，单击可以选择相应的变量值。

2.3 读取外部数据

对于 SPSS 格式的文件，只需选择“File | Open”菜单项，然后选择路径打开文件即可。Data 表示数据文件，Syntax 表示语法文件，Output 表示结果文件，Script 是脚本文件。

SPSS 还可以打开许多非 SPSS 格式的文件，如 Systat 数据文件（*.syd，*.sys）、便携数据文件 Portable（*.por）、Excel 数据文件（*.xls，*.xlsx，*.xlsm）、Lotus 数据文件（*.w*）、Sylk 数据文件（*.slk）、dBase 数据文件（*.dbf）、SAS 数据文件（*.sas7bdat，*.sd7，…）、Stata 数据文件（*.dta）、文本格式的数据文件 Text（*.txt，*.dat，*.csv）等。

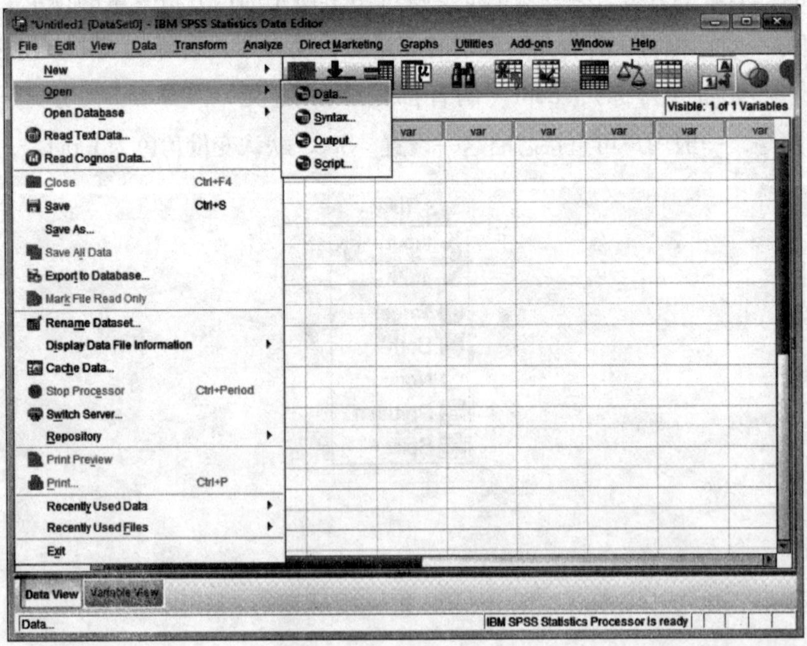

图 2.5　读取外部数据

2.4 数据编辑

➤查看变量信息

选择 Utilities 菜单中的 Variables 命令；或者单击工具栏上 Variables 按钮。

➤查看文件信息

选择 File 菜单中的 Display Data File Information（显示数据文件信息）命令。

➤定位个案

选择 Edit 菜单中的 Go to Case（定位个案）；或者单击工具栏上按钮。

➤定位变量值

选择 Edit 菜单中的 Find 命令，打开 Find and Replace - Data View 对话框，输入变量值定位；或者单击工具栏上按钮。

➤插入变量

选择 Edit 菜单中的 Insert Variable（插入变量）；或者单击工具栏上按钮；或者将光标移动到数据编辑窗口的变量名上，单击选中该变量，然后右击，在弹出的快捷菜单中选择 Insert Variable。

➤插入个案

选择 Edit 菜单中的 Insert Cases（插入个案），或者单击工具栏上按钮；或者将光标移动到数据编辑窗口的个案名上，单击选中该个案，然后右击，在弹出的快捷菜单中选择 Insert Cases。

➤删除变量

将光标移动到数据编辑窗口的变量名上，单击选中该变量，选择 Edit 菜单中的 Cut；或者右击，在弹出的快捷菜单中选择 Cut；或者直接按键盘上的删除键。

➤删除个案

将光标移动到数据编辑窗口的个案名上，单击选中该个案，选择 Edit 菜单中的 Cut；或者右击，在弹出的快捷菜单中选择 Cut；或者直接按键盘上的删除键。

➢数据的复制、粘贴、清除、撤销、重做

选中对象，使用 Edit 菜单中的 Copy（复制）、Paste（粘贴）、Clear（清除）、Undo（撤销）、Redo（重做）等命令；或者右击，在弹出的快捷菜单中选择，以及单击工具栏上按钮。

➢数据保存

选择 File 菜单中的 Save（保存），或者单击工具栏上按钮。需要注意，不同文件有不同的保存类型。

3　数据预处理

在数据文件建立之后，通常还需要对数据进行必要的预加工处理，这是数据分析过程的关键步骤，为后续的数据分析和建模做必要准备。

3.1 数据菜单基本功能

表 3.1　Data 菜单项主要功能

名称	功能
定义变量属性（Define Variable Properties）	定义变量值的标签
设置不知测量级别（Set Measurement Level for Unknown）	用于测量级别未知的字段设置
复制变量属性（Copy Data Properties）	以一个外部 SPSS 文件为模板，为数据集定义其中选定变量的变量值标签
定义日期（Define Dates）	自动生成时间变量
定义多重响应集（Define Multiple Response Sets）	定义复选变量
验证（Validation）	定义单个变量或交叉变量的有效性，及检验变量值的有效性
标识重复个案（Identify Duplicate Cases）	识别重复的观测值
标识异常个案（Identify Unusual）	识别不寻常的观测量
排序个案（Sort Cases）	观测量排序
排序变量（Sort Variables）	变量值排序
转置（Transpose）	数据文件转置
重组（Restructure）	数据格式重排
合并文件（Merge Files）	数据文件合并
分类汇总（Aggregate）	数据分类汇总
正交设计（Orthogonal Design）	用于自动生成正交设计表格及在统计分析中做正交设计
复制数据集（Copy Dataset）	为当前工作数据文件复制一个新的数据集作为模板，用于定义文件或者变量的性质

续表

名称	功能
拆分文件（Split File）	数据文件拆分
选择个案（Select Cases）	观测量选择
加权个案（Weight Cases）	观测量加权

3.2 个案排序和变量排序

◆个案排序（Sort Cases）

数据排序便于数据的浏览，有助于了解数据的取值情况，缺失值的多少，快捷地找到数据的最大值和最小值，进而可以计算出数据的全距，初步把握和比较数据的离散程度和排列规律。排序分为升序（Ascending）和降序（Descending）两类。

选择菜单“File | Open（文件 | 打开）”，打开数据文件“3.1. sav”，选择“Data | Sort Cases（数据 | 排序个案）”，弹出如图 3.1 所示的个案排序（Sort cases）设置对话框。

排序依据（Sort by）选择需要排序的变量“年份”，选择“Descending”进行降序排列。原来升序排列的变量会变成降序。

图 3.1　个案排序

注意：数据排序是对整行进行数据排序，不单单是对某列变量进行排序；在多重排序中要特别注意指定排序变量的次序；数据排序后必然会打乱原有数据集的次序，建议做好原始数据文件备份。

◆**变量排序**（Sort Variables）

选择菜单“Data | Sort Variables（数据 | 排序变量）”，弹出如图 3.2 所示的变量排序设置对话框。选择相应的变量属性，再选择升序或降序排列。

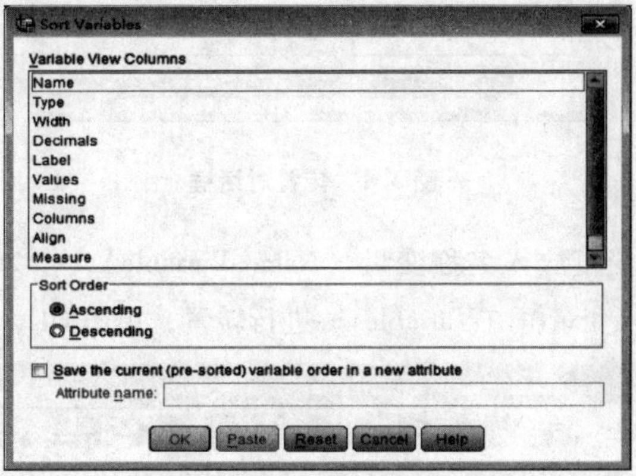

图 3.2　变量排序

3.3 转置

转置（Transpose）即行列互换。选择菜单“File | Open（文件 | 打开）”打开如图 3.3 数据文件“3.2.sav”，然后选择“Data | Transpose（数据 | 转置）”，弹出如图 3.4 所示的对话框：

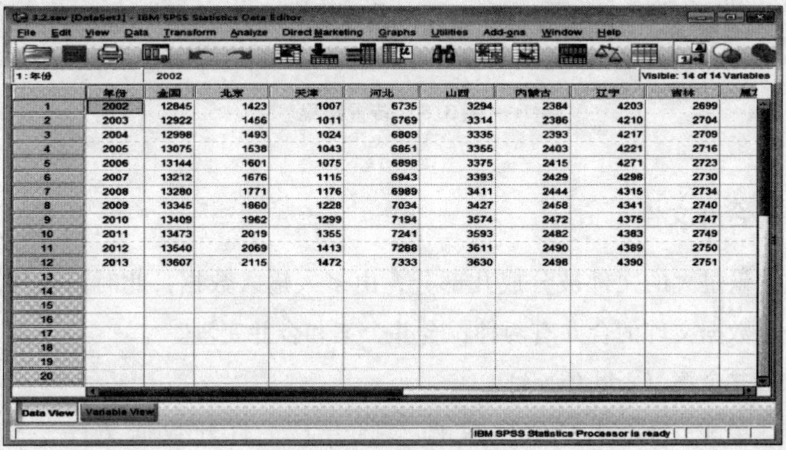

图 3.3　转置前数据

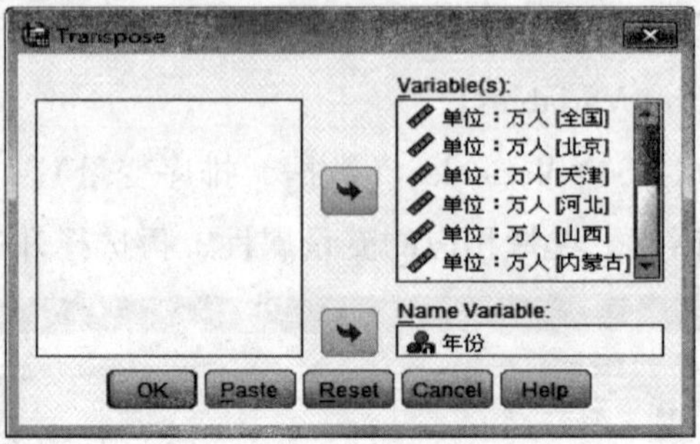

图 3.4　转置对话框

将“年份”变量放入名称变量（Name Variable），作为转置后的新变量名，其余变量移入变量框（Variables）进行转置，单击 OK，结果见图 3.5。

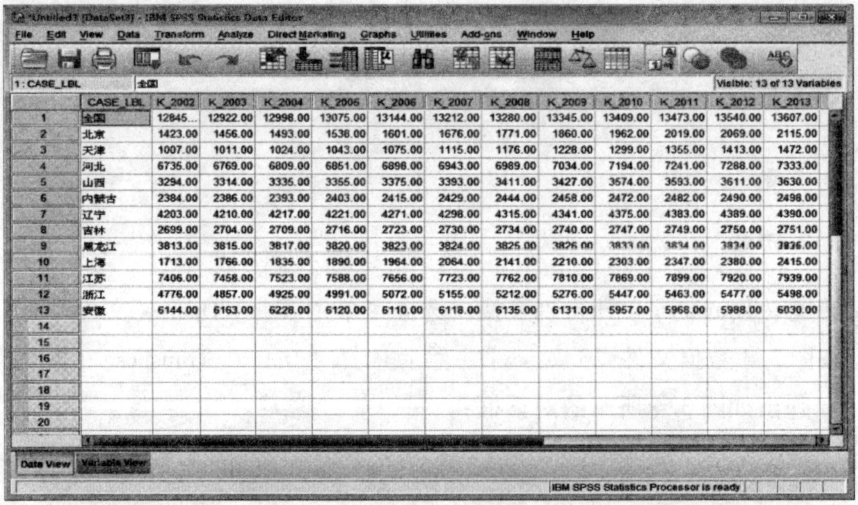

	CASE_LBL	K_2002	K_2003	K_2004	K_2005	K_2006	K_2007	K_2008	K_2009	K_2010	K_2011	K_2012	K_2013
1	全国	12845...	12922.00	12998.00	13075.00	13144.00	13212.00	13280.00	13345.00	13409.00	13473.00	13540.00	13607.00
2	北京	1423.00	1456.00	1493.00	1538.00	1601.00	1676.00	1771.00	1860.00	1962.00	2019.00	2069.00	2115.00
3	天津	1007.00	1011.00	1024.00	1043.00	1075.00	1115.00	1176.00	1228.00	1299.00	1355.00	1413.00	1472.00
4	河北	6735.00	6769.00	6809.00	6851.00	6898.00	6943.00	6989.00	7034.00	7194.00	7241.00	7288.00	7333.00
5	山西	3294.00	3314.00	3335.00	3355.00	3375.00	3393.00	3411.00	3427.00	3574.00	3593.00	3611.00	3630.00
6	内蒙古	2384.00	2386.00	2393.00	2403.00	2415.00	2429.00	2444.00	2458.00	2472.00	2482.00	2490.00	2498.00
7	辽宁	4203.00	4210.00	4217.00	4221.00	4271.00	4298.00	4315.00	4341.00	4375.00	4383.00	4389.00	4390.00
8	吉林	2699.00	2704.00	2709.00	2716.00	2723.00	2730.00	2734.00	2740.00	2747.00	2749.00	2750.00	2751.00
9	黑龙江	3813.00	3815.00	3817.00	3820.00	3823.00	3824.00	3825.00	3826.00	3833.00	3834.00	3834.00	3836.00
10	上海	1713.00	1766.00	1835.00	1890.00	1964.00	2064.00	2141.00	2210.00	2303.00	2347.00	2380.00	2415.00
11	江苏	7406.00	7458.00	7523.00	7588.00	7656.00	7723.00	7762.00	7810.00	7869.00	7899.00	7920.00	7939.00
12	浙江	4776.00	4857.00	4925.00	4991.00	5072.00	5155.00	5212.00	5276.00	5447.00	5463.00	5477.00	5498.00
13	安徽	6144.00	6163.00	6228.00	6120.00	6110.00	6118.00	6135.00	6131.00	5957.00	5968.00	5988.00	6030.00
14													
15													
16													
17													
18													
19													
20													

图 3.5　转置结果

3.4 合并文件

数据量过大的文件被分成几部分，由多人输入数据，此时就会用到数据的合并。数据文件的合并有两种：合并个案和合并变量。

◆合并个案（Add Cases）

选择菜单“File | Open（文件 | 打开）”，打开数据文件“3.1.sav”“3.3.sav”，在“3.1.sav”数据编辑器窗口选择菜单“Data | Merge File | Add Cases（数据 | 合并文件 | 添加个案）”，弹出如图 3.6 所示的对话框。

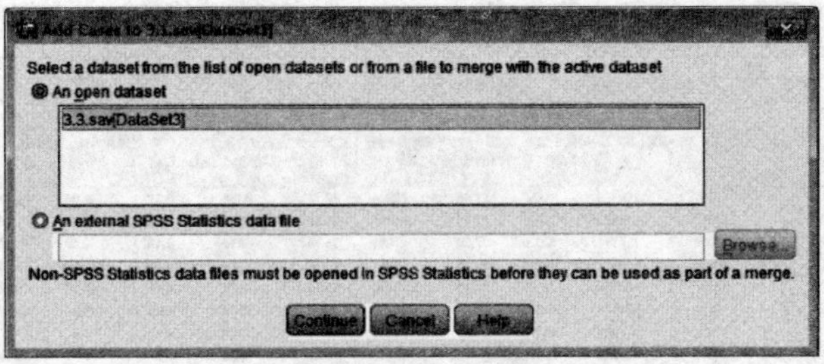

图 3.6　合并个案对话框

选择包含新个案的文件“3.3.sav”，单击 Continue 按钮，进入合并个案窗口。

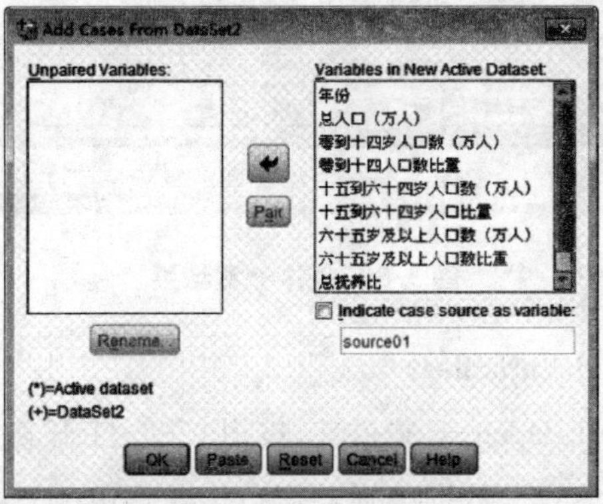

图 3.7　合并个案窗口

右侧的列表（Variables in New Active Dataset）是两个数据文件配对的变量，左侧的列表（Unpaired Variables）是未匹配变量，右边标有“*”号的为第一个数据文件中有而第二个数据文件没有的变量，标有“+”号的是第二个数据文件有而第一个数据文件没有的变量。点击 OK 确认，弹出图 3.8 的结果对话框。

注意：为了方便了解数据的变化，可以在第三步中通过勾选“将个案源表示为变量（Indicate case source as variable)”来标记个案的源文件。

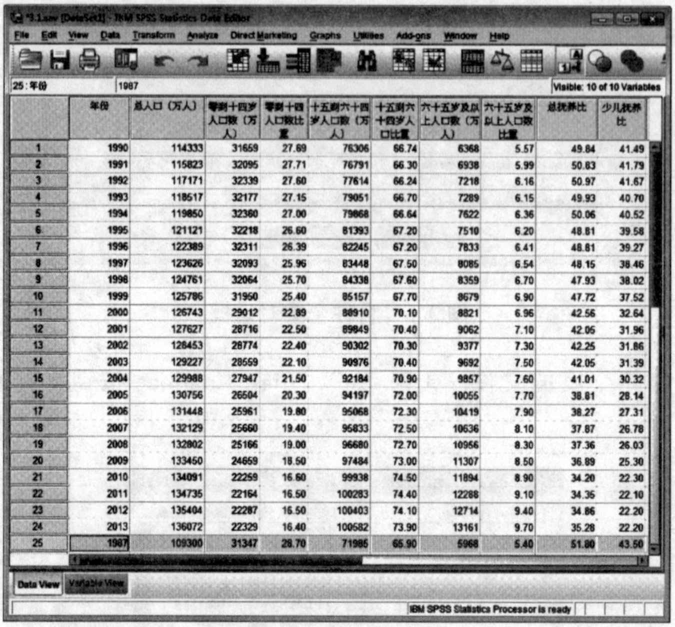

	年份	总人口（万人）	零到十四岁人口数（万人）	零到十四人口数比重	十五到六十四岁人口数（万人）	十五到六十四岁人口比重	六十五岁及以上人口数（万人）	六十五岁及以上人口数比重	总抚养比	少儿抚养比
1	1990	114333	31659	27.69	76306	66.74	6368	5.57	49.84	41.49
2	1991	115823	32095	27.71	76791	66.30	6938	5.99	50.83	41.79
3	1992	117171	32339	27.60	77614	66.24	7218	6.16	50.97	41.67
4	1993	118517	32177	27.15	79051	66.70	7289	6.15	49.93	40.70
5	1994	119850	32360	27.00	79868	66.64	7622	6.36	50.06	40.52
6	1995	121121	32218	26.60	81393	67.20	7510	6.20	48.81	39.58
7	1996	122389	32311	26.39	82245	67.20	7833	6.41	48.81	39.27
8	1997	123626	32093	25.96	83448	67.50	8085	6.54	48.15	38.46
9	1998	124761	32064	25.70	84338	67.60	8359	6.70	47.93	38.02
10	1999	125786	31950	25.40	85157	67.70	8679	6.90	47.72	37.52
11	2000	126743	29012	22.89	88910	70.10	8821	6.96	42.56	32.64
12	2001	127627	28716	22.50	89849	70.40	9062	7.10	42.05	31.96
13	2002	128453	28774	22.40	90302	70.30	9377	7.30	42.25	31.86
14	2003	129227	28559	22.10	90976	70.40	9692	7.50	42.05	31.39
15	2004	129988	27947	21.50	92184	70.90	9857	7.60	41.01	30.32
16	2005	130756	26504	20.30	94197	72.00	10055	7.70	38.81	28.14
17	2006	131448	25961	19.80	95068	72.30	10419	7.90	38.27	27.31
18	2007	132129	25660	19.40	95833	72.50	10636	8.10	37.87	26.78
19	2008	132802	25166	19.00	96680	72.70	10956	8.30	37.36	26.03
20	2009	133450	24659	18.50	97484	73.00	11307	8.50	36.89	25.30
21	2010	134091	22259	16.60	99938	74.50	11894	8.90	34.20	22.30
22	2011	134735	22164	16.50	100283	74.40	12288	9.10	34.35	22.10
23	2012	135404	22287	16.50	100403	74.10	12714	9.40	34.86	22.20
24	2013	136072	22329	16.40	100582	73.90	13161	9.70	35.28	22.20
25	1987	109300	31347	28.70	71985	65.90	5968	5.40	51.80	43.50

图 3.8　合并个案结果

◆**合并变量（Add Variables）**

选择菜单“File | Open（文件 | 打开）”，打开数据文件“3.1.sav”“3.4.sav”，在“3.1.sav”数据编辑器窗口选择菜单“Data | Merge File | Add Variables（数据 | 合并文件 | 添加变量）”，弹出如图 3.9 所示的对话框。

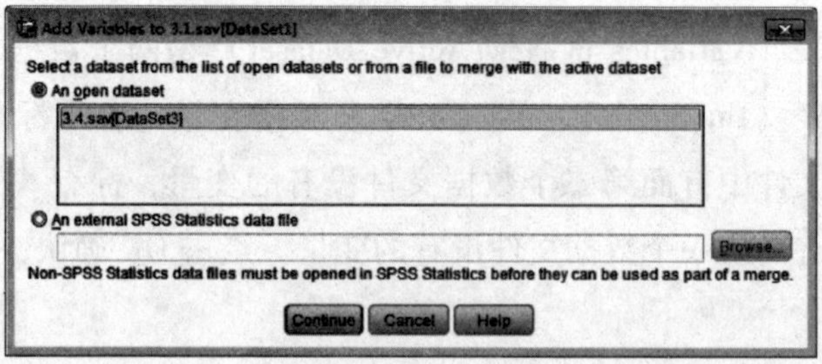

图 3.9　合并变量对话框

选择包含新个案的文件“3.4.sav”，单击 Continue 按钮，进入合并个案窗口。

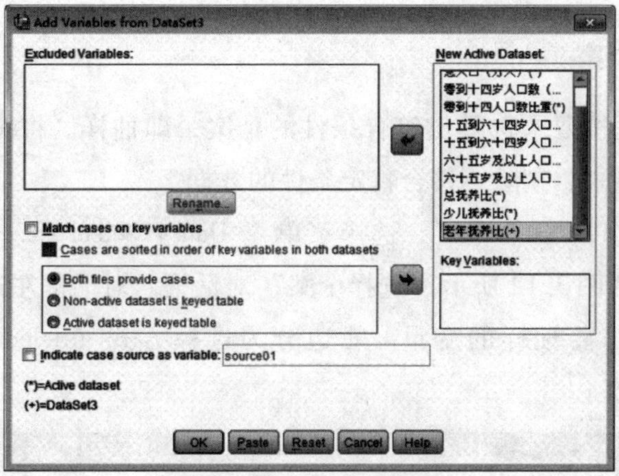

图 3.10　合并变量窗口

右侧的列表（New Active Dataset）是两个数据文件配对的变量，左侧的列表（Excluded Variables）是未匹配变量，右边标有“＊”号的为第一个数据文件中有而第二个数据文件没有的变量，标有“＋”号的是第二个数据文件有而第一个数据文件没有的变量。点击 OK 确认，弹出图 3.11 结果。

	年份	总人口（万人）	零到十四岁人口数（万人）	零到十四人口数比重	十五到六十四岁人口数（万人）	十五到六十四岁人口比重	六十五岁及以上人口数（万人）	六十五岁及以上人口数比重	总抚养比	少儿抚养比	老年抚养比
1	1990	114333	31659	27.69	76306	66.74	6368	5.57	49.84	41.49	8.35
2	1991	115823	32095	27.71	76791	66.30	6938	5.99	50.83	41.79	9.03
3	1992	117171	32339	27.60	77614	66.24	7218	6.16	50.97	41.67	9.30
4	1993	118517	32177	27.15	79051	66.70	7289	6.15	49.93	40.70	9.22
5	1994	119850	32360	27.00	79868	66.64	7622	6.36	50.06	40.52	9.54
6	1995	121121	32218	26.60	81393	67.20	7510	6.20	48.81	39.58	9.23
7	1996	122389	32311	26.39	82245	67.20	7833	6.41	48.81	39.27	9.54
8	1997	123626	32093	25.96	83448	67.50	8085	6.54	48.15	38.46	9.69
9	1998	124761	32064	25.70	84338	67.60	8359	6.70	47.93	38.02	9.91
10	1999	125786	31950	25.40	85157	67.70	8679	6.90	47.72	37.52	10.20
11	2000	126743	29012	22.89	88910	70.10	8821	6.96	42.56	32.64	9.92
12	2001	127627	28716	22.50	89849	70.40	9062	7.10	42.05	31.96	10.09
13	2002	128453	28774	22.40	90302	70.30	9377	7.30	42.25	31.86	10.38
14	2003	129227	28559	22.10	90976	70.40	9692	7.50	42.05	31.39	10.65
15	2004	129988	27947	21.50	92184	70.90	9857	7.60	41.01	30.32	10.69
16	2005	130756	26504	20.30	94197	72.00	10055	7.70	38.81	28.14	10.67
17	2006	131448	25961	19.80	95068	72.30	10419	7.90	38.27	27.31	10.96
18	2007	132129	25660	19.40	95833	72.50	10636	8.10	37.87	26.78	11.10
19	2008	132802	25166	19.00	96680	72.70	10956	8.30	37.36	26.03	11.33
20	2009	133450	24659	18.50	97484	73.00	11307	8.50	36.89	25.30	11.60
21	2010	134091	22259	16.60	99938	74.50	11894	8.90	34.20	22.30	11.90
22	2011	134735	22164	16.50	100283	74.40	12288	9.10	34.35	22.10	12.25
23	2012	135404	22287	16.50	100403	74.10	12714	9.40	34.86	22.20	12.66
24	2013	136072	22329	16.40	100582	73.90	13161	9.70	35.28	22.20	13.08

图 3.11　合并变量结果

3.5 选择个案

选择个案是按要求选择出符合条件的个案，即抽样。将符合某种特定条件的数据筛选出来，剔除不符合特定条件的数据。

打开数据文件“3.5.sav”，选择菜单“ Data | Select Cases（数据 | 选择个案）”，打开如图 3.12 所示“选择个案”对话框。对话框左边是文件中的所有变量，选中需要抽样的变量。右边分为选择方式（Select）和输出方式（Output）选项框。

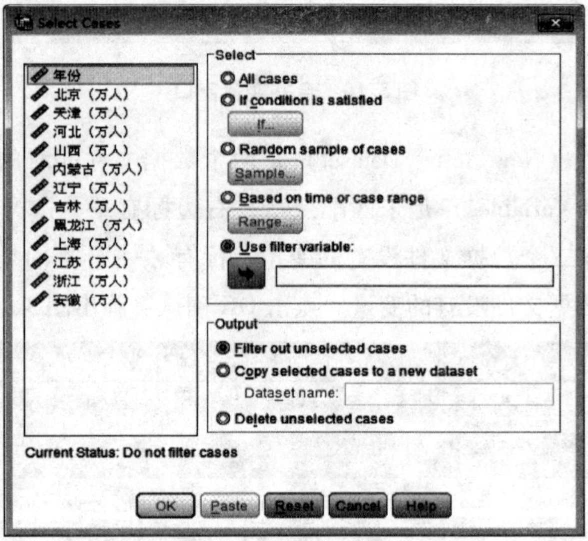

图 3.12　选择个案对话框

◆选择方式

➢全部个案都选择（All cases），是系统默认状态。

➢如果条件满足（If condition is satisfied），表示按条件选。

➢随机选择个案（Random sample of cases），在所有的个案中采取随机抽样方式进行个案选择。

➢基于时间或个案全距（Bases on time or case range），在指定的范围内随机选择个案。

➢使用筛选器变量（Use filter variable），要求选择一个变量来过滤个案，这个变量称为过滤变量。过滤变量的值为 0 时，个案将不被选中。

◆**结果处理**

➢筛除未选中的个案（Filter out unselected cases），未被选中的个案将加上筛除符号，保留在文件中。

➢将选中的个案拷贝到新数据库中（Copy selected cases to a new dataset）。

➢删掉未选中的个案（Delete unselected cases）。

以“年份”变量为例，选择条件抽样，单击 If 按钮，弹出“Select Cases：If”窗口。条件表达式中的变量名从左侧框中选择，其他函数符号或数字可以从图中的计算模板选择。从左框中选择“年份”进入“条件表达式”，从计算模版中选择“＞”和数字“2007”。按 Continue 和 OK 确认后，弹出图 3.13 所示结果。

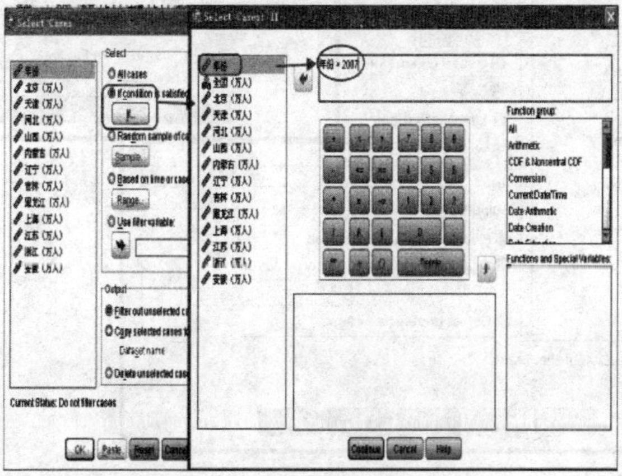

图 3.13　按条件抽样

	年份	全国(万	北京(万人)	天津(万人)	河北(万人)	山西(万人)	内蒙古(万人)	辽宁(万人)	吉林(万人)	黑龙江(万人)	上海(万人)	江苏(万人)	浙江(万人)	安徽(万人)
1	2002	12845	1423	1007	6735	3294	2384	4203	2689	3813	1713	7406	4776	6144
2	2003	12922	1456	1011	6769	3314	2386	4210	2704	3815	1766	7458	4857	6163
3	2004	12998	1493	1024	6809	3335	2393	4217	2709	3817	1835	7523	4925	6228
4	2005	13075	1538	1043	6851	3355	2403	4221	2716	3820	1890	7588	4991	6120
5	2006	13144	1601	1075	6898	3375	2415	4271	2723	3823	1964	7656	5072	6110
6	2007	13212	1676	1115	6943	3393	2429	4298	2730	3824	2064	7723	5155	6118
7	2008	13280	1771	1176	6989	3411	2444	4315	2734	3825	2141	7762	5212	6135
8	2009	13345	1860	1228	7034	3427	2458	4341	2740	3826	2210	7810	5276	6131
9	2010	13409	1962	1299	7194	3574	2472	4375	2747	3833	2303	7869	5447	5957
10	2011	13473	2019	1355	7241	3593	2482	4383	2749	3834	2347	7899	5463	5968
11	2012	13540	2069	1413	7288	3611	2490	4389	2750	3834	2380	7920	5477	5988
12	2013	13607	2115	1472	7333	3630	2498	4390	2751	3835	2415	7939	5498	6030

图 3.14　条件抽样结果

◆选择随机选择个案

单击“Sample”按钮，弹出“Select Cases：Random Sample”窗口，在“大约（Approximately）”选项中，填入数字“30”，抽出30%的个案。Approximately是按照给定的百分比从所有个案中随机选择。精确（Exactly）是在前若干个个案中随机选择一定数量的个案的选项，在前窗口填入要选择的个案数，在后窗口填入选定范围的个案数。具体操作如图3.15所示，确认后弹出图3.16所示的结果。

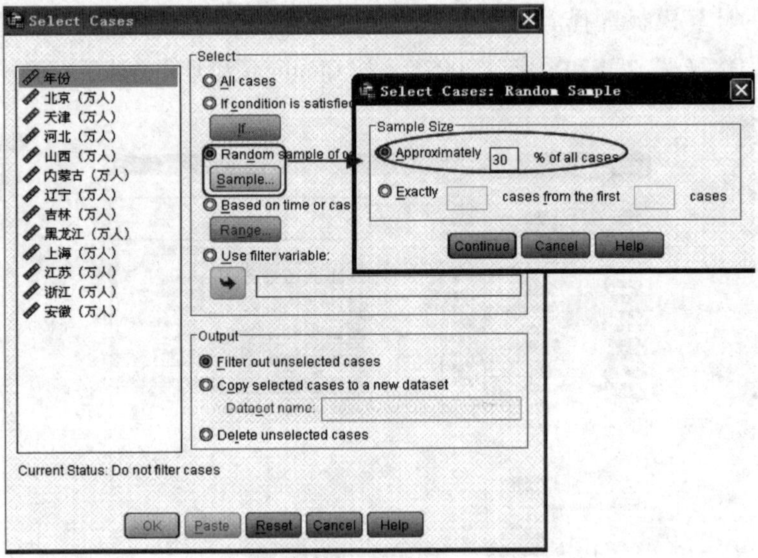

图3.15 随机抽样

	年份	全国（万	北京（万人）	天津（万人）	河北（万人）	山西（万人）	内蒙古（万人）	辽宁（万人）	吉林（万人）	黑龙江（万人）	上海（万人）	江苏（万人）	浙江（万人）	安徽（万人）	filter_$
1	2002	12845	1423	1007	6735	3294	2384	4203	2699	3813	1713	7406	4776	6144	1
2	2003	12922	1456	1011	6769	3314	2386	4210	2704	3815	1766	7458	4857	6163	0
3	2004	12998	1493	1024	6809	3335	2393	4217	2709	3817	1835	7523	4925	6228	0
4	2005	13075	1538	1043	6851	3355	2403	4221	2716	3820	1890	7588	4991	6120	1
5	2006	13144	1601	1075	6898	3375	2415	4271	2723	3823	1964	7656	5072	6110	1
6	2007	13212	1676	1115	6943	3393	2429	4298	2730	3824	2064	7723	5155	6118	0
7	2008	13280	1771	1176	6988	3411	2444	4315	2734	3825	2141	7762	5212	6135	0
8	2009	13345	1860	1228	7034	3427	2458	4341	2740	3826	2210	7810	5276	6131	0
9	2010	13409	1962	1299	7194	3574	2472	4375	2747	3833	2303	7869	5447	5957	1
10	2011	13473	2019	1355	7241	3593	2482	4383	2749	3834	2347	7899	5463	5968	1
11	2012	13540	2069	1413	7288	3611	2490	4389	2750	3834	2380	7920	5477	5988	1
12	2013	13607	2115	1472	7333	3630	2498	4390	2751	3835	2415	7939	5498	6030	1

图3.16 随机抽样结果

◆**选择基于时间或个案全距**

单击“范围（Range）”，进入“Select Cases：Range”范围窗口。将个案编号最小值输入到“第一个个案（First Case）”中，最大值输入到“最后一个个案（Last Case）”下面的窗口中，具体操作如图 3.17 所示，确认后弹出如图 3.18 所示结果。

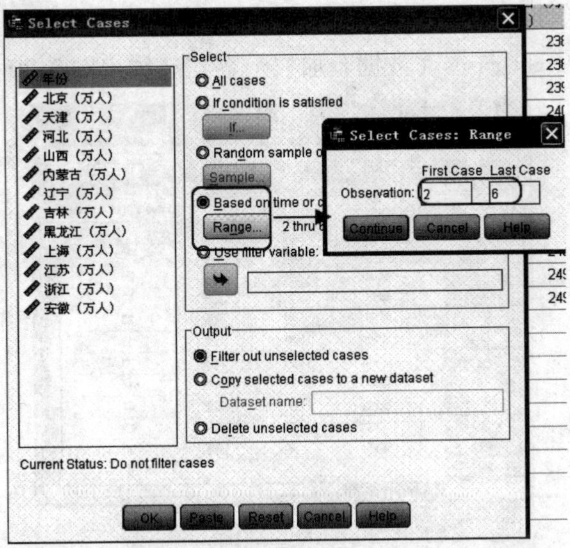

图 3.17 基于时间或全距抽样

	年份	全国(万	北京(万人)	天津(万人)	河北(万人)	山西(万人)	内蒙古(万人)	辽宁(万人)	吉林(万人)	黑龙江(万人)	上海(万人)	江苏(万人)	浙江(万人)	安徽(万人)
1	2002	12845	1423	1007	6735	3294	2384	4203	2689	3813	1713	7406	4776	6144
2	2003	12922	1456	1011	6769	3314	2386	4210	2704	3815	1766	7458	4857	6163
3	2004	12988	1493	1024	6809	3335	2393	4217	2709	3817	1835	7523	4925	6228
4	2005	13075	1538	1043	6851	3355	2403	4221	2716	3820	1890	7588	4991	6120
5	2006	13144	1601	1075	6898	3375	2415	4271	2723	3823	1964	7656	5072	6110
6	2007	13212	1676	1115	6943	3393	2429	4298	2730	3824	2064	7723	5155	6118
7	2008	13280	1771	1176	6989	3411	2444	4315	2734	3825	2141	7762	5212	6135
8	2009	13345	1860	1228	7034	3427	2458	4341	2740	3826	2210	7810	5276	6131
9	2010	13409	1962	1299	7194	3574	2472	4375	2747	3833	2303	7869	5447	5957
10	2011	13473	2019	1355	7241	3593	2482	4383	2749	3834	2347	7899	5463	5968
11	2012	13540	2069	1413	7288	3611	2490	4389	2750	3834	2380	7920	5477	5988
12	2013	13607	2115	1472	7333	3630	2498	4390	2751	3835	2415	7939	5498	6030

图 3.18 基于时间或全距抽样结果

3.6 加权个案

当数据权重失衡时需要进行个案加权处理。加权个案处理以后，做后续计算的时候系统会按照加权后的结果进行分析，但原始数据文件不显示加权前后差异。

打开数据文件“3.6.sav”，图 3.19 显示数据的性别变量权重失衡。打开菜单“Data | Weight cases（数据 | 加权个案）”，弹出图 3.20 所示对话框。

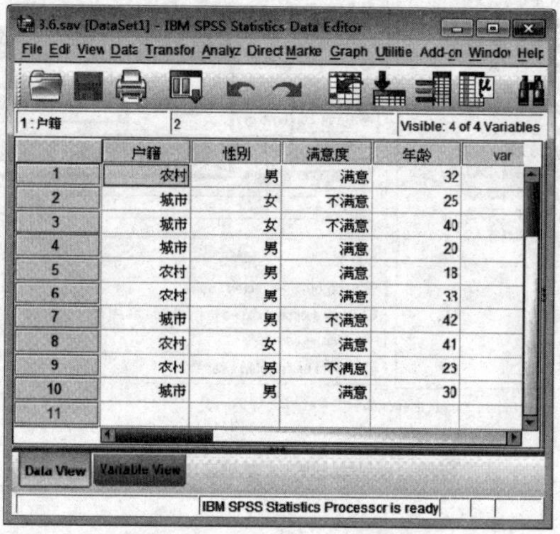

图 3.19　个案加权原始数据

系统默认设置是请勿对个案加权（Do not weigh cases），将性别变量选入加权个案（Weight cases by），用于变量加权。

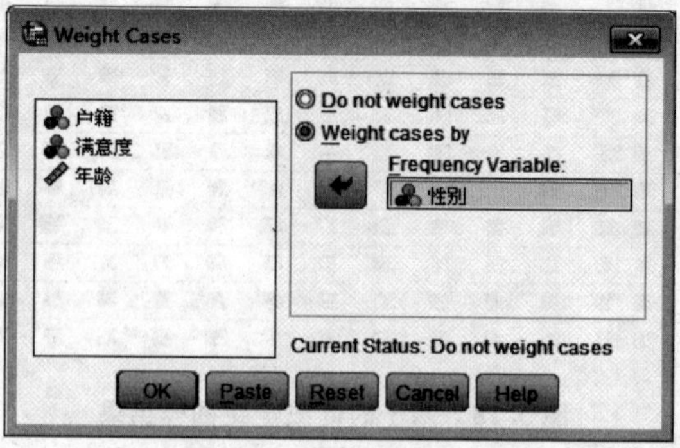

图 3.20　个案加权对话框

3.7 分类汇总

SPSS中分类汇总是按照用户指定的分类变量对个案进行分组，并对每组个案的各变量值计算描述统计量，如求和、算平均值等，使数据更加直观、清晰。

打开文件“3.6.sav”，选择菜单“Data | Aggregate | （数据 | 分类汇总）”，弹出如图3.21“Aggregate Data”窗口。

以“性别”变量作为分组变量，以“年龄”变量作为汇总变量，计算该变量均值，如图3.21所示操作。

➢分组变量（Break Variables），选入需要分组的变量。

➢汇总变量（Summaries of Variables），选入需要进行汇总的变量。

➢函数（Function），分类汇总变量的函数。

➢变量名和标签（Name Label），改变系统默认的变量名和变量名标签。

➢保存（Save），保存文件。

➢将汇总变量添加到活动数据集（Add aggregated variables to active dataset）。

➢创建只包含汇总变量的新数据集（Create a new dataset containing only the aggregated variables）。

➢写入只包含汇总变量的新数据文件（Write a new data file containing only the aggregated variables）。

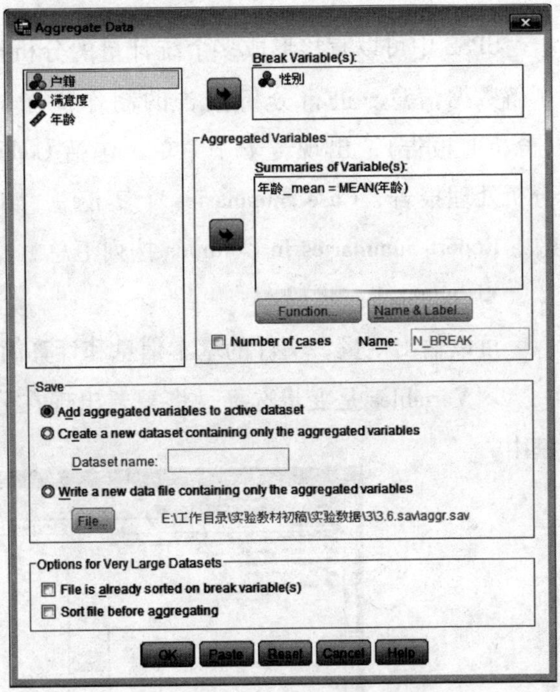

图3.21 汇总数据对话框

4　描述性统计

描述性统计采用图表方法和数量方法综合分析统计数据，通过描述数据的特征，找到数据的基本规律。

4.1 分析报告

SPSS 中可以直接形成多个统计量的分析报告，以表格的形式方便使用者了解数据信息。进行分析报告的制作，首先点击菜单“Analyze | Reports”（分析 | 报告），出现若干子菜单，包括 Codebook 代码本、OLAP Cubes 在线分析处理报告、Case Summaries 个案汇总、Report Summaries in Rows 按行汇总、Report Summaries in Columns 按列汇总。

◆Codebook：**代码本**

可以输出变量、文件的基本信息和计算简单的统计量。

➢ Variables 是变量选择，将需要出现在分析报告中的变量选入右边的方框中。

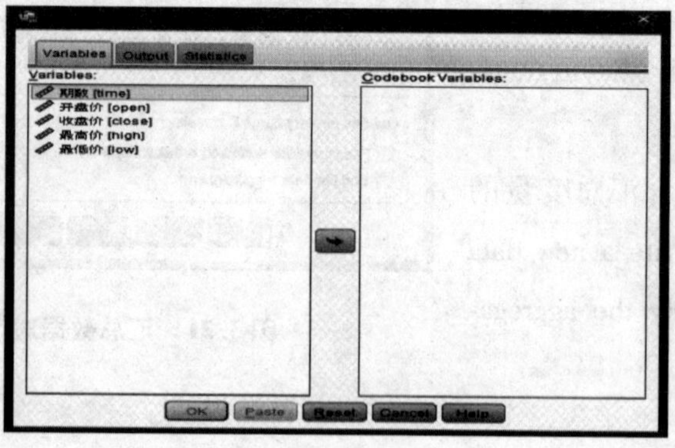

图 4.1　Codebook – Variables

➢ Output 是变量形式输出，点击需要的选项。

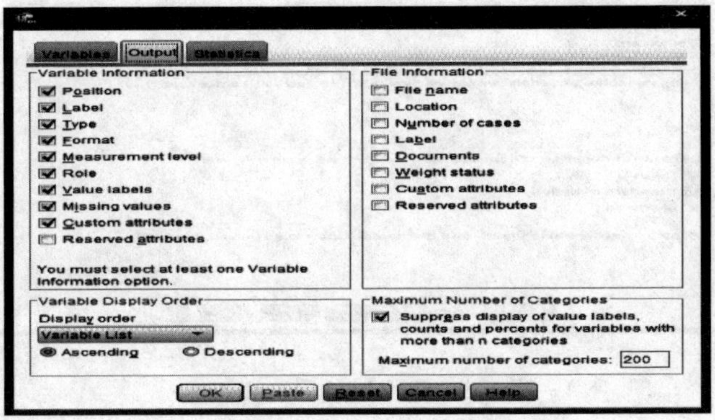

图 4.2 Codebook－Output

➢ Variables information（变量信息）：Position 位置、Label 变量名标签、Type 类型、Format 格式、Measurement level 测量水平、Role 角色、Value labels 值标签、Missing values 缺失值、Custom attributes 自定义属性、Reserved attributes 保留属性。

➢ File information（文件信息）：File name 文件名、Location 位置、Number of cases 个案数、Label 标签、Documents 文档、Weight status 权重状态、Custom attributes 自定义属性、Reserved attributes 保留属性。

➢ Variable Display Order（变量显示顺序）：Ascending 升序、Descending 降序。

➢ Maximum Number of Categories（最大类别数）：设置具有 n 个类别以上时，不显示值标签、百分比等。

➢ Statistics 是统计量选择，其中：Counts and percents（计数和百分比）适用于所有名义与有序变量（包括所有字符串变量）、多重响应集和尺度变量的标注值。Central Tendency and dispersion（集中趋势和离散）指标包括 Mean 均值、Standard deviation 标准差、Quartiles 四分位数。

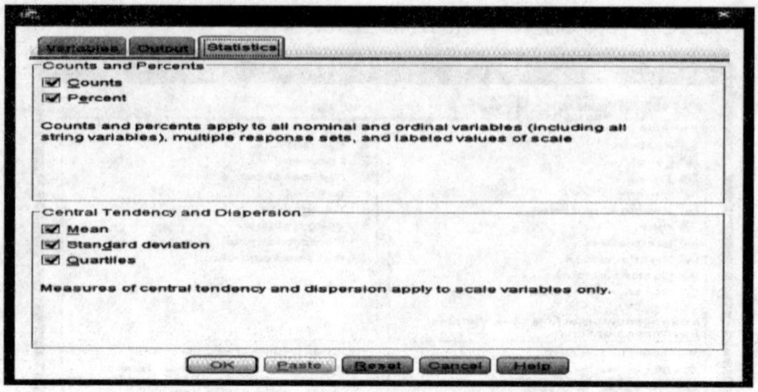

图 4.3　Codebook – Statistics

◆OLAP

在线处理报告可以按分组变量的类别分别创建单独的层，计算变量的相关统计量，并以分层的方式输出结果。选择 OLAP 子菜单后出现如图 4.4 所示对话框。从左侧变量框中选入一个或几个变量。

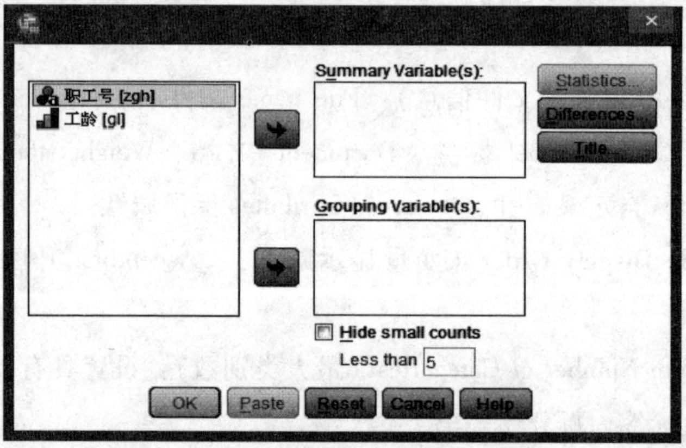

图 4.4　OLAP

➢ Summary Variable（s）表示摘要变量，其中不允许出现字符变量，必须是数值型变量。

➢ Grouping Variable（s）表示分组变量，应选取左侧变量框中的分类变量、取值有限的数值型变量或短字符型变量。

➢ Hide small counts 表示隐藏较小计数，如选择了此选项，则下面的对话框就会被激活，可以在框内填入需要的数值。

点击 Statistics 按钮，弹出如图 4.5 所示统计量选择对话框，按向右箭头按钮选中相应统计量：Median 中位数、Grouped Median 组中值、Std. Error of Mean 均值的标准误差、Minimum 最小值、Maximum 最大值、Range 极差、First 第一个、Last 最后一个、Variance 方差、Kurtosis 峰度、Std. Error of Kurtosis 峰度的标准误差、Skewness 偏度、Std. Error of skewness 偏度的标准误差、Harmonic Mean 调和均值、Geometric Mean 几何均值、Percent of Sum in（zgh）合计%（Close）、Sum 合计、Number of cases 个案数、Mean 均值、Standard Deviation 标准值、Percent of Total Sum 总和百分比、Percent of Total N 总个案数的百分比。

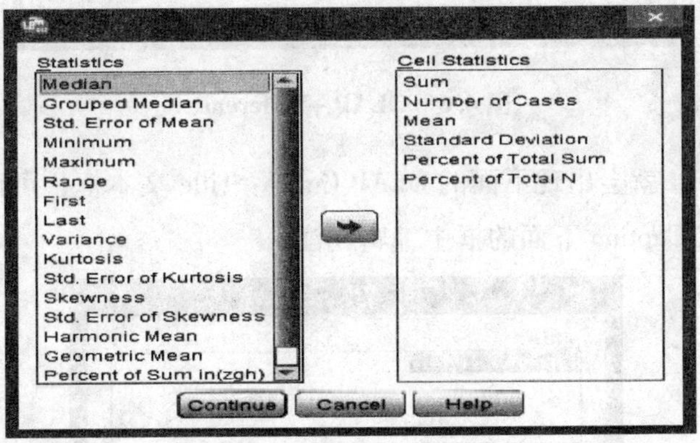

图 4.5　OLAP – Statistics

点击 Differences 差分按钮，出现图 4.6 所示文本框。Differences for Summary Statistics 表示摘要统计量的差值，如果需要统计出变量之间的差值，选中 Differences between variables。如果要求分组之间的差值，选 Differences between groups。系统默认 None。Type of Difference 表示差值类型，Percentage difference 是百分比差值，Arithmetic difference 表示算术差值。

Differences between Variables 是变量之间移动的差值。Variable 选择需要分析的变量，Minus variable 选择减法变量，Percent table 百分比标签，Arithmetic table 表示算术标签。选好变量和减法变量后，点击旁边的箭头，则会在 Pairs 中形成需要的两个变量的差值，也可以选入多组变量求差值，如有不需要的变量，先选中不需要的变量，然后点击 Delete Pair 可以删除。

Differences between Groups of Cases 是个案组之间移动的差值。Grouping variable 分组变量，将需要进行个案组求差值的变量选入分组变量，然后把被减数位置的变量组选入 Category，在减数位置的变量组选入 Minus category 负类别，Percent label 为百分比标签，Arithmetic label 表示算术标签。

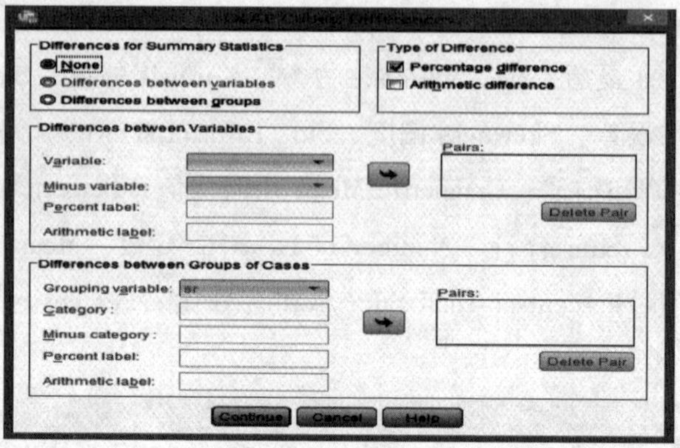

图 4.6　OLAP – Differences

点击 Title，就会出现下面的 OLAP Cubes：Title 文本框，可以在 Title 下面填入题目，在 Caption 下面的框中编辑题注。

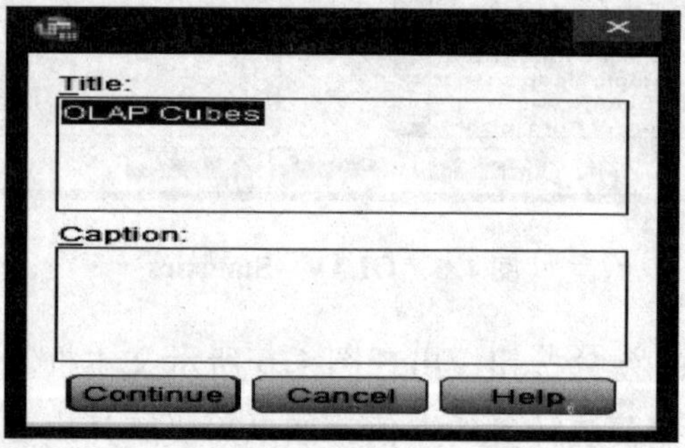

图 4.7　OLAP – Title

◆个案汇总（Case Summaries）

用于按分组变量（一个或多个）类别中的变量计算组统计量并列表形成摘要。

Variables 对话框中选入要进行个案分组的变量，在 GroupingVariable（s）中选入分组的变量。Display cases 表示显示个案，其中 Limit cases to first 表示限制输出前面数量的个案，可在后面的文本框中填入需要的数值，Show only valid cases 表示仅显示有效个案，Show case numbers 表示显示个案号。

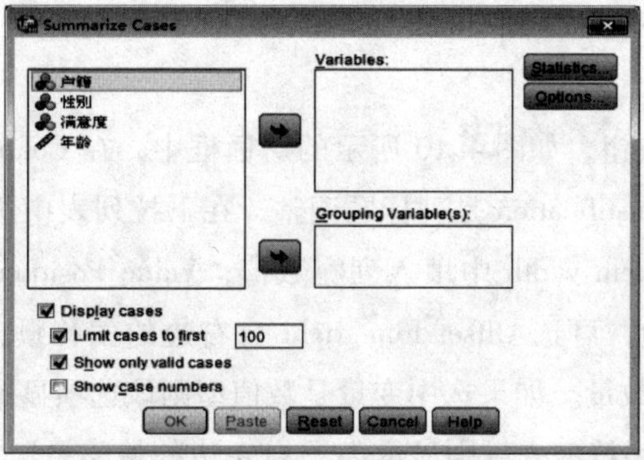

图 4.8 个案汇总

点击 Statistics 统计量按钮可以选择相应的统计量。

点击 Options 按钮，在 Title 中填入题目，可以在 Caption 中加入题注，Subheadings for totals 中加入总计副标题。总副标题中会输出概述表中显示各分组的总和。选中 Exclude cases with missing values list wise，可以在报告中按列表排除含有缺失值的个案，同时可以在 Missing statistics appear as 中设计缺失统计量显示的标签。

◆按行汇总和按列汇总

和个案汇总相比，SPSS 中可以直接按行或按列汇总生成更复杂的报告，按行汇总和按列汇总方法类似，仅以按行汇总为例演示。点击 Rcport Summaries in Rows，出现按行汇总报告对话框，如图 4.9。

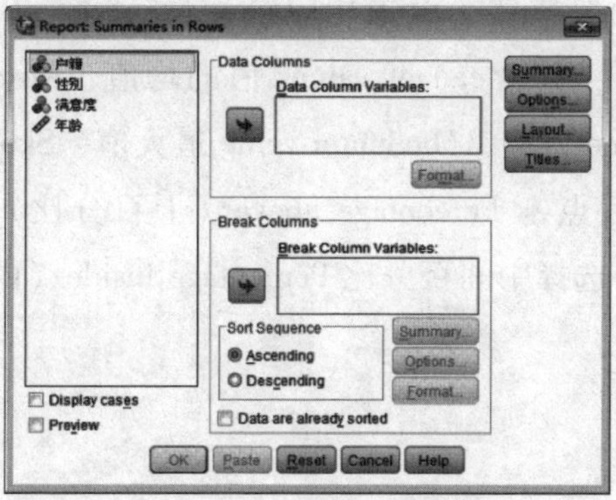

图 4.9 按行汇总对话框

从左侧变量列表中选入需要分析的目标变量到 Date Column Variables（数

据列变量）中，分组变量到 Break Column Variables（终止列变量），再选择排序方式。

点击 Format 按钮，如图 4. 10 所示的对话框中，在 Column Title 填入列标题，Column Title Justification 是列标题调整，在下拉列表中选择向左、向右或居中对齐。在 Column width 中填入列宽数值；Value Position within Column 表示列中位数的位置，可选 Offset from right 自右边的偏移量，然后在 Offset amount 中填入偏移数量。如果选中变量是数值型则该选项显示为“自右边的偏移量”，如果选中字符型变量则显示为“自左边的偏移量”，或者选择“Centered within Column”（在列中居中）。Column Content 中列显示内容有两种选择，Values 列变量或者是 Values Labels 表示的列变量标签。

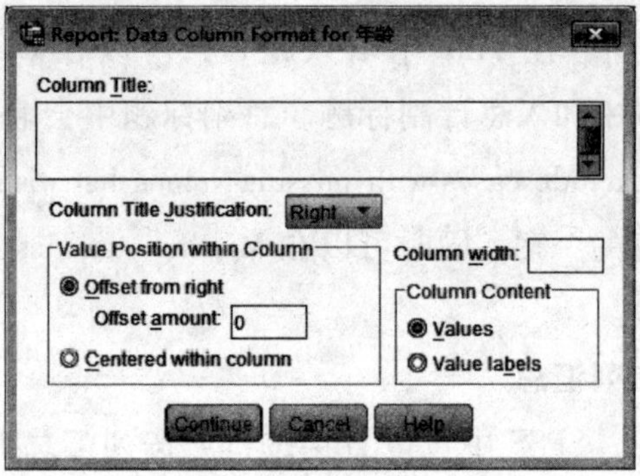

图 4. 10　按行汇总 – 格式

单击 Summary 摘要按钮，设置相应统计量：Sum of values 变量值求和、Standard deviation 标准差、Mean of values 值的均值、Kurtosis 峰度、Minimum value 最小值、Variance 方差、Maximum value 最大值、Skewness 偏度、Number of cases 个案数，然后点击 Percentage above（上百分比）或 Percentage below（下百分比），也可以选择中间百分比 Percentage inside（内百分比）。

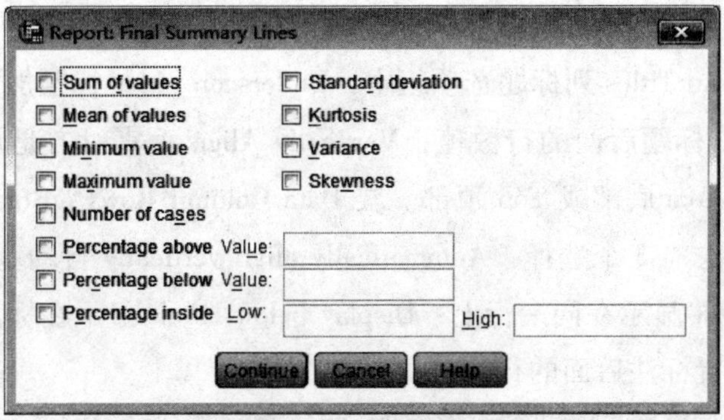

图 4.11 按行汇总－摘要

点击 Options（选项）按钮打开图 4.12 所示对话框，选择 Exclude cases with missing values listwise，按列表排除含有缺失值的变量，在 Missing Values Appear as 在后面的方格中输入缺失值显示的名称，在 Number Page from 后输入数值，表示数值页面的起点。

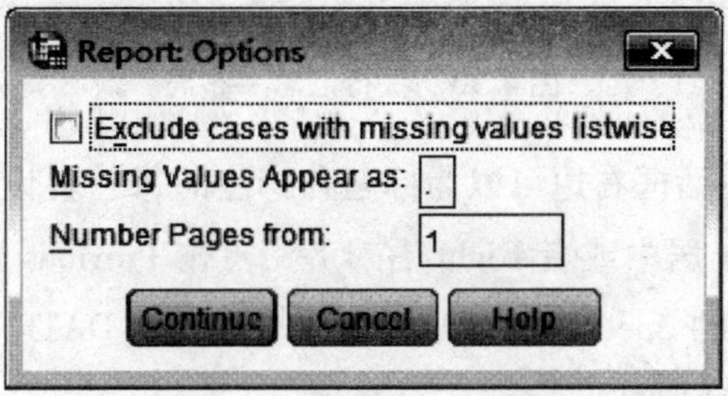

图 4.12 按行汇总－选项

点击 Layout（布局），出现的对话框中选项依次是：

➢ Page Layout 页面布局选项组，包括 Page Begins on Line 一页的开始行和 Ends on Line 结束行，Line Begins in Column 一行的开始列和 Ends in Column 结束列，Alignment within Margins 对齐输出的报告是向左、向右或居中对齐。

➢ 在 Page Titles and Footers 页标题和页脚选项组中，包括 Lines after Title（s）标题后面的行，报告标题与第一行之间的空行数；Lines before Footer（s）页脚前面的行，报告脚注与最后一行之间的行数。

➢ 在 Break Columns 分组列选项组中，包括 All Breaks in first column 所有分组都在第一列中，激活 Indent at Each Break（每个分组出的缩进）并在后面输入数值；如果所有分组变量都在第一列，对于不同水平的分组变量，系统会根据设计的数值向右缩进，默认缩进量为两个空格。

➢在 Column Titles 列标题选项组中，Underscore titles 标题加下划线，Lines after Title（s）标题后面的行数值，Vertically Align 垂直对齐是设计列标题的对齐方式，Bottom 底部或 Top 顶部。在 Data Column Rows &Break Labels 数据列行与分组标志有 3 个选择：Automatically align vertically 自动垂直对齐；Display on same row 显示在同一行上；Display below labels 显示在标注下面，Lines after Labels 设置标注后面的行数。

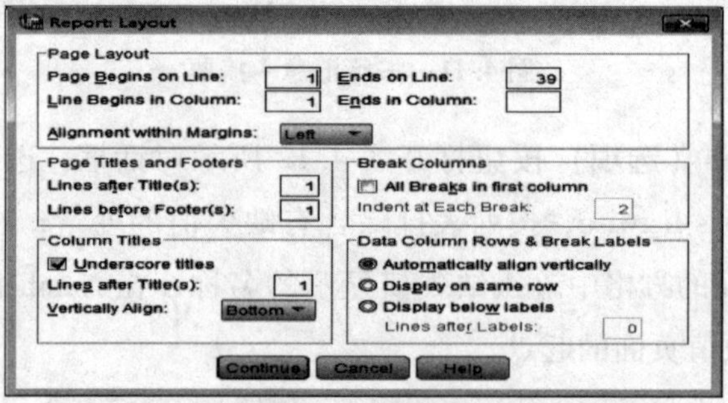

图 4.13　按行汇总 - 布局

点击 Titles，对话框右边可以为标题和脚注的每一页设置对齐方式，包括 Left 左对齐、Center 居中或者 Right 右对齐，点击 Previous 到上一页或 Next 下一页翻页。左下角的 Special Variables 特殊变量中，DATE 日期和 PAGE 页码也可以被选为标题或脚注。

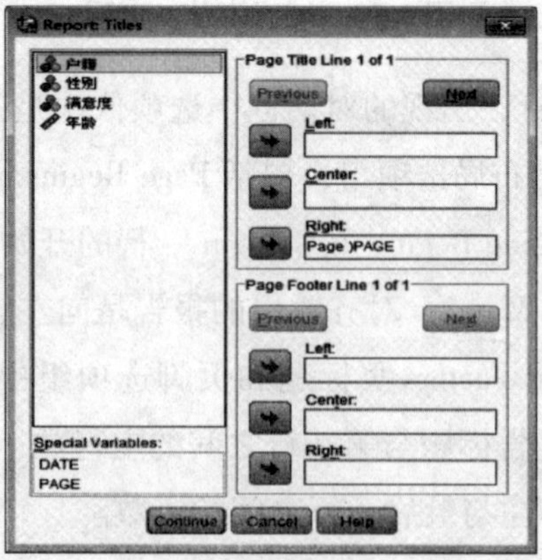

图 4.14　按行汇总 - 标题

4.2 频数分析

频数分析是单变量描述性统计中最常用的方法，用频数分布表和条形图、饼图和直方图等统计图来直观地描述数据的分布特征。

打开数据文件“4.1.sav”，选择菜单“Analyze | Descriptive Statistics | Frequencies（分析 | 描述统计 | 频数分析）”，如图 4.15。将左边列表中需要分析的一个或多个变量选入右边框内。勾选 Display frequency tables 将输出频数分析表。

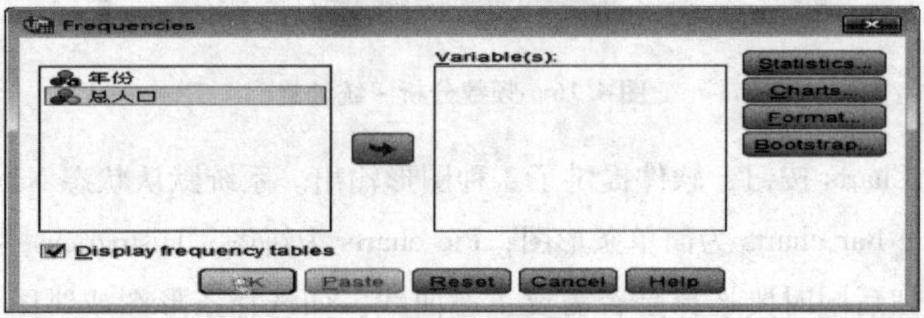

图 4.15 频数分析

单击 Statistics 按钮设置统计量。Percentile Values 百分数选项组中包括 Quartiles 四分位数；Cut points for（ ）equal groups 按设定的数值将数据平均分成 n 个相等组，数值范围 2～100；Percentile（s）输入自定义的百分数，范围为 0～200 的整数，单击 Add 添加数值，Remove 删除已输入的百分数，Change 修改。

Central Tendency 集中趋势选项组包括 Mean 均值、Median 中位数、Mode 众数、Sum 合计。

Values are group midpoints 表示分组计算中位数和百分位数。

Dispersion 离散趋势选项组中包括 Std. deviation 标准差、Variance 方差、Range 极差、Minimum 最小值、Maximum 最大值、S. E. mean 均值的标准误差。

Distribution 分布选择组包括 Skewness 偏度和 Kurtosis 峰度。

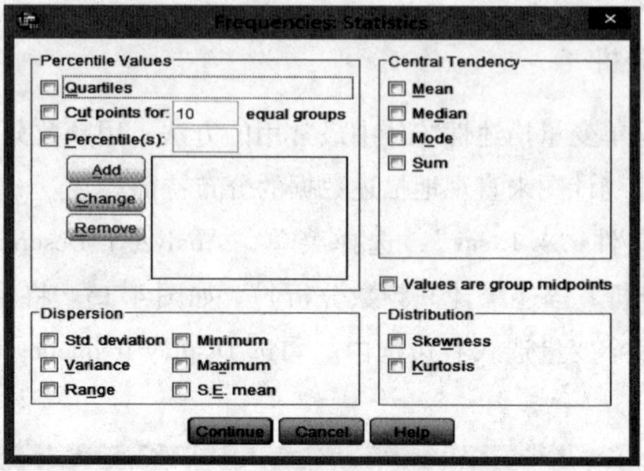

图 4.16　频数分析 - 统计量

单击 Charts 按钮，软件提供了 3 种图形输出。系统默认状态 None 不输出任何图形；Bar charts 为简单条形图；Pie charts 为饼图；Histograms 为直方图，点击此按钮后同时要选择是否需要正态曲线。如选择条形图或饼图，需要对 Chart Values 进行选择，Frequencies 表示用频数作图，Percentages 表示用百分比作图。

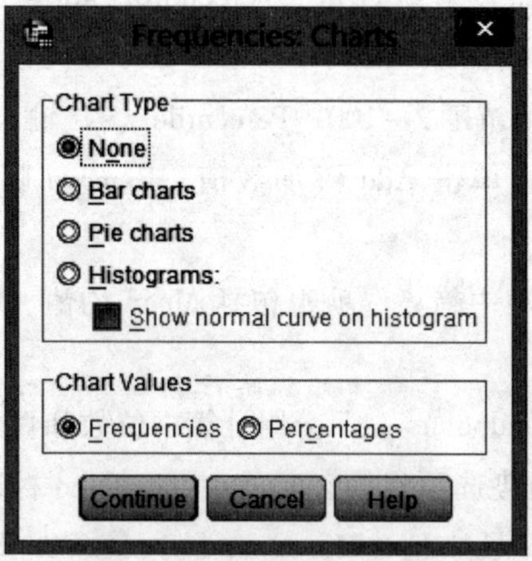

图 4.17　频数分析 - 统计图

点击 Format 按钮，对频数分布表的输出格式进行选择。Order by 排序方式选项组有 4 种频数分布表的排列顺序：Ascending values 按变量值的升序排列，系统默认状态；Descending values 按变量值的降序排列；Ascending counts 按频数升序排列；Descending counts 按频数降序排列。

Multiple Variables 是两种输出表格的方式，Compare variables 将所有变量统计结果放在同一表格中输出；Organize output by variables 不同组变量统计结果各输出一个表。

Suppress tables with many categories 给出频数分布表输出分类数量的最大值，系统默认为 10。

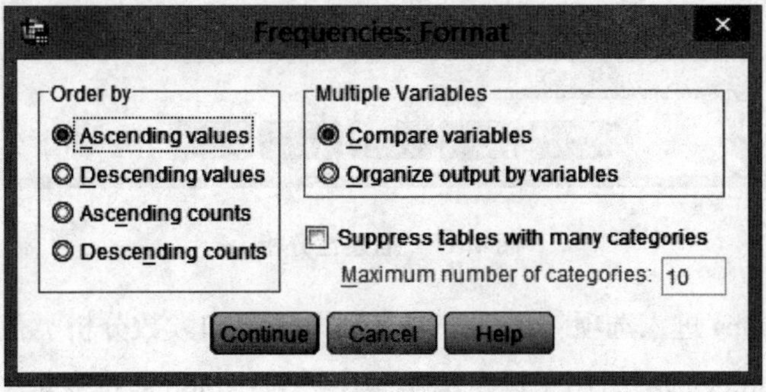

图 4.18 频数分析－格式

单击右侧的 Bootstrap 按钮，自助法采用重抽样技术抽取样本，计算给定的统计量，重复 N 次（>1000）得到 N 个统计量 t。计算上述 N 个统计量 t 的样本方差，得到统计量的方差。

4.3 描述性分析

SPSS 中描述性分析同频数分析相比，除了计算变量的相关统计量，还可以输出标准分数，但没有图形功能。

打开数据文件“4.1.sav”，选择菜单“Analyze | Descriptive Statistics | Descriptives（分析 | 描述统计 | 描述性分析）”，将左边列表中需要分析的变量选入右边文本框。勾选 Save standardized values as variables，计算标准分数并以新变量出现在数据文件中。

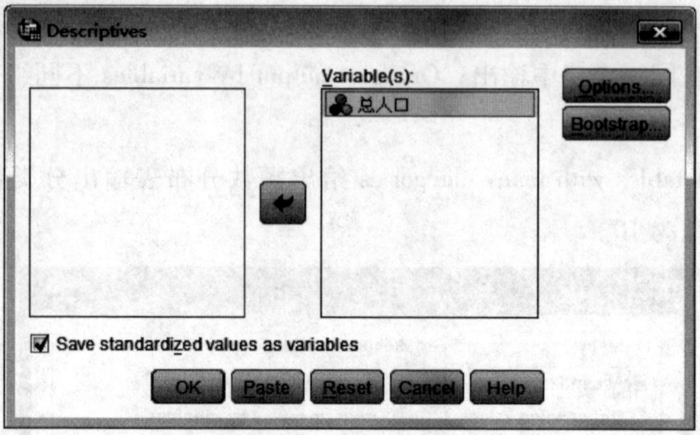

图 4.19　描述性分析

点击 Options 进入选项对话框，可以选择输出和频数分析类似的相关统计量。Display Order 选项组用于设定输出顺序：Variable list 按变量文本框中的排列顺序输出，Alphabetic 按各变量的首字母顺序输出，Ascending means 按均值的升序排列，Descending means 按均值的降序排列。

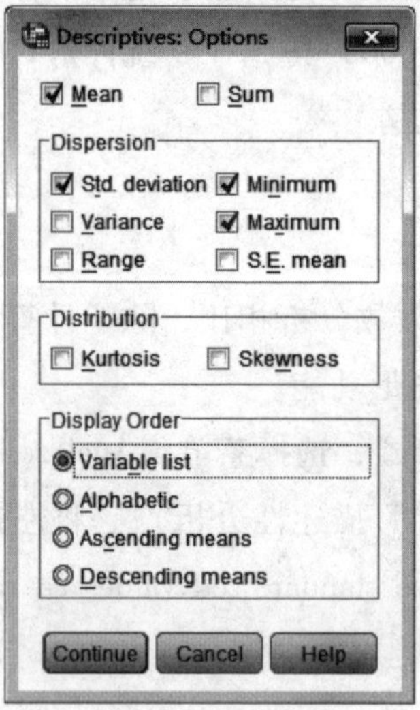

图 4.20　描述性分析－选项

4.4 数据探索

对数据的分布特征完全不了解时，数据探索可以对变量进行初步分析，获得详尽的信息。除了常见的描述性统计指标，探索分析还可以绘制茎叶图和箱线图，进行正态检验和等方差检验。

打开数据文件“4.1.sav”，选择菜单“Analyze | Descriptive Statistics | Explore（分析 | 描述性统计 | 探索）”，打开数据探索对话框。从源变量列表中选择分析的目标变量，转移到 Dependent List 因变量列表框中，分组变量移入 Factor List 因子列表，标签变量移到 Label Cases by 框中。Display 输出选项中可以选择输出 Statistics 统计量、Plots 统计图，或者选 Both 同时输出图和表。

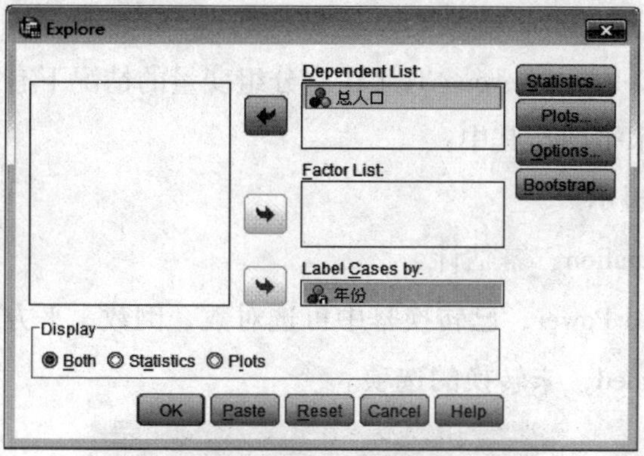

图 4.21　数据探索

点击“Statistics”，选择 Descriptives，可以输出均值、中位数、5% 的调整均值、方差、标准差、极差、最大值、最小值、峰度、偏度等常用的统计量，复选框 Confidence Interval for Mean 用于设置均值的置信区间，默认设置 95%。M－estimators 复选框用于输出 4 种均值的极大似然估计量，包括稳健估计量、非降稳健估计量、波估计量、复权重估计量。Outliers 用于输出离群点，包括最大和最小的 5 个数值及相关信息。Percentiles 用于输出百分位数，包括 5%、10%、25%、30%、75%、90% 和 95% 等百分数。

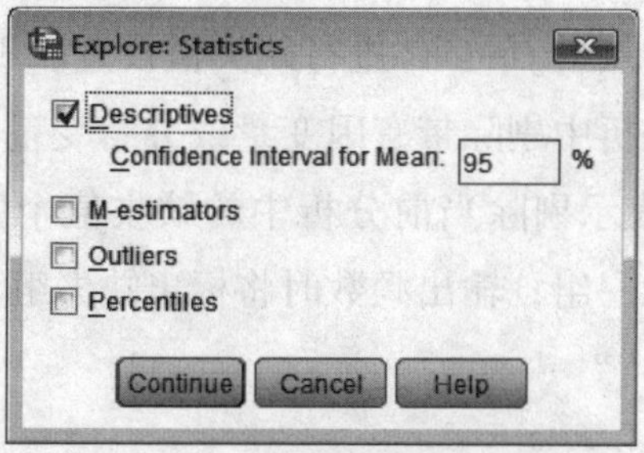

图 4.22　数据探索－统计量

数据探索对话框中点击 Plots 进行图形设置。

Boxplots 箱线图选项组中，Factor levels together 表示不同分组的同一因变量显示在同一箱线图中，Dependents together 表示同一组的不同因变量显示在同一箱线图中，None 表示不显示箱线图。

Descriptive 描述性下选择 Stem – and – leaf 输出茎叶图，选择 Histogram 输出直方图。Normality plots with tests 复选框表示输出正态概率图和离散正态概率图。

Spread vs Level with Levene Test 在有分组变量的情况下有效，用于设置数据转换所得散布水平图。其中：

- None，不显示。
- Power estimation，幂估计。
- Transformed Power，已转换幂中可选对数、倒数、平方、立方等。
- Untransformed，未转换的选项。

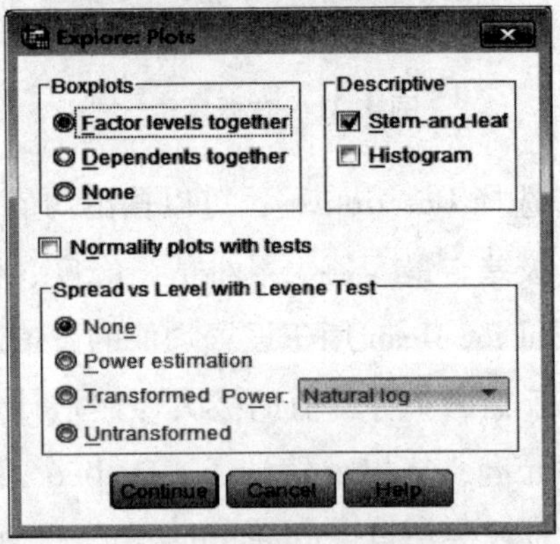

图 4.23　数据探索 – 绘图

数据探索对话框中点击 Options 进行缺失值设置。Exclude cases listwise 是默认选项，表示所有分析中剔除带有因变量或分组变量中有缺失值的观测量。Exclude cases pairwise 表示剔除当前分析中的缺失值个案。Report values 将变量中的缺失值单独分为一组，输出频数时将标出缺失组。

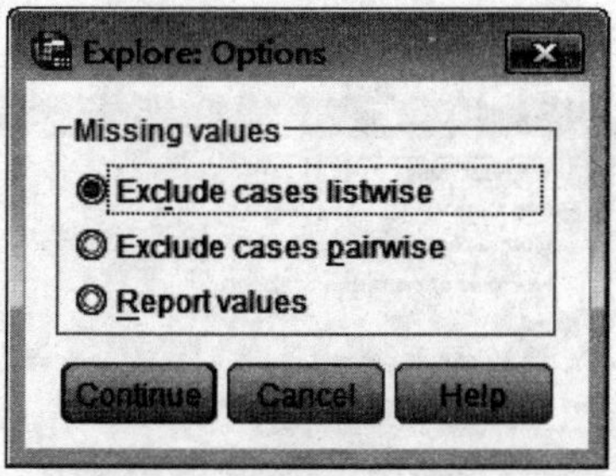

图 4.24　数据探索－选项

4.5 列联表分析

列联表是指两个或多个分类变量交叉形成的频数分布表，又称交叉表、交互表。对于数值型变量相关关系的测度通常是进行相关分析，对离散的分类变量和顺序变量相关关系的研究通常采用列联表分析。

打开数据文件“4.2.sav”，从菜单栏中选择“Analyze｜Descriptive Statistics｜Crosstabs（分析｜描述性统计｜交叉表）”，打开交叉表对话框。选择 Rows 行变量和 Columns 列变量，Layer 1 of 1 选项组中选入控制变量，将频数表分层，单击 Next 可以再选下一个控制变量。可以勾选 Display layer variables in table layers，在表层中展示分层变量。下方的 Display clustered bar charts 复选框表示显示分类条形图，Suppress tables 表示只输出统计量，不输出多维列联表。

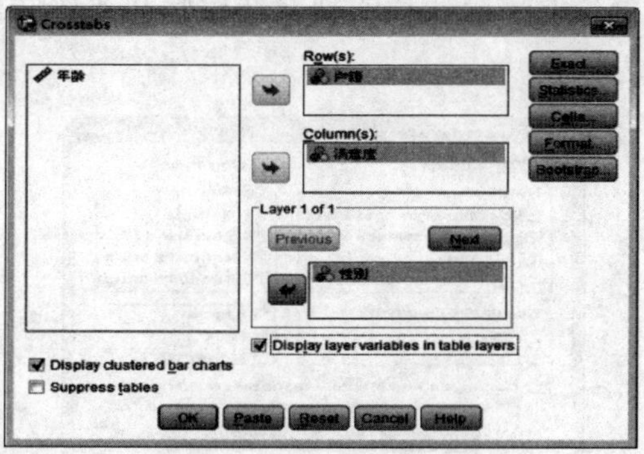

图 4.25　交叉表分析

单击 Exact 进行精确检验设置，Asymptotic only 表示渐近法，只计算近似概率，也可选择按 Monte Carlo 法计算精确概率，并设置置信度和样本数，Exact 表示在给定时间内计算精确概率。

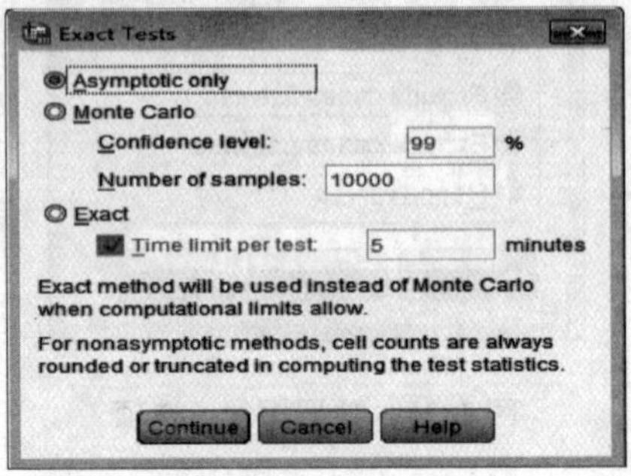

图 4.26　交叉表分析－精确

单击 Statistics 按钮设置统计量。第一行复选框有 Chi－square 卡方检验，Correlations 相关系数的检验。

Nominal 选项组用来定义分类变量的相关性，包括 Contingency coefficient 基于卡方检验对相关性的检验、Phi and Cramer's 系数、Lambda 系数、Uncertainty coefficient 显示不确定系数。

Ordinal 选项组用来定义顺序变量的相关系数，包括 Gamma 系数、Somers'd 检验、Kendall's tau－b 检验、Kendall's tau－c 检验。

Nominal by interval 按区间标定可选择 Eta 检验相关性。

Kappa 检验内部一致性，Risk 风险行变量对列变量的影响，McNemar 进行二值变量的非参数检验。Cochran's and Mantel－Haenszel statistics 进行一个二值因素变量和一个二值响应变量的独立性检验和齐次性检验。众多检验方法中，通常选用卡方检验。

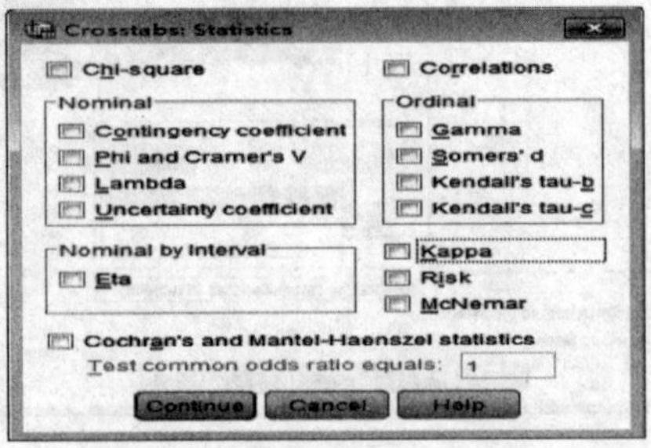

图 4.27　交叉表分析－统计量

单击 Cell 设置单元显示。Counts 计数选项组中包括实际频数 Observed，期望频数 Expected，Hide small counts less than 表示隐藏较小计数。

Z－test 检验表中每列的比例是否相等。

Percentages 百分比选项组中可以设置表格按行百分比、列百分比或者总和百分比显示。

Residuals 残差选项组中，Unstandardized 计算非标准化残差，Standardized 计算标准化残差，Adjusted standardized 计算调整后的标准化残差。

Noninteger Weights 设置频数取整的方法，包括 Round cell counts 四舍五入单元格计数，Round case weights 对加权样本在使用前四舍五入取整，Truncate cell count 舍位取整，Truncate case weights 对加权样本在使用前舍位取整，No adjustments 表示不取整。

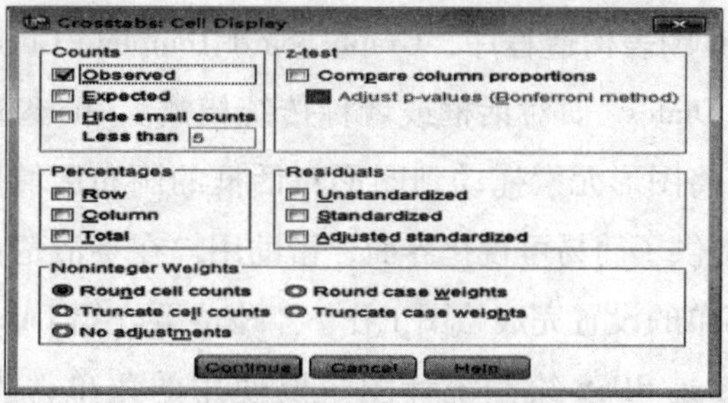

图 4.28 交叉表分析－单元显示

此外，点击 Format 设置排序方式。

5 统计图

5.1 基本菜单

SPSS 的绘图功能主要通过 Graphs 图形菜单实现，该菜单下有 3 个作图的子菜单：Chart Builder 图表构造程序，Graph board Template Chooser 图形画板模板选择程序，Legacy Dialogs 旧对话框或者称传统模式。Chart Builder 是简单的图形绘制工具，只需将图形元素拖动到图形对话框的画布区域即可。Graph board Template Chooser 提供了简易可视化界面，帮助用户在不清楚自己要输出图形类型的情况下通过简单的设置完成绘图工作。本书主要介绍 Legacy Dialogs 做图。

Legacy Dialogs 是 SPSS 绘制统计图主要使用的菜单，能够绘制 Bar 条形图、3 - D Bar 三维条形图、Line 线图、Area 面积图、Pie 饼图、High - Low 高低图、Boxplot 箱图、Error Bar 误差条图、Population Pyramid 人口金字塔图、Scatter/Dot 散点图/点状图、Histogram 直方图等。散点图绘制方法在第九章相关分析中解释。

5.2 条形图

条形图用条形的高低或者长短来表示频数或者频率，适用于展示分类变量或者顺序变量。条形图有 3 种常用图形、3 种统计量的描述模式，交互形成 9 种组合。

条形图常用的 3 种图形类型有：

➢简单条形图 Simple：用单个条形展示类别。

➢复合条形图 Clustered：又称复式条形图，用于两个变量交叉分类的描述，两个变量的条形并列出现。

➢堆栈条形图 Stacked：也称分段条形图，用于两个变量交叉分类的描述，两个变量的条形分段呈现。

条形图常用的3种描述模式有：

➢个案分组模式 Summaries for groups of cases：根据分组变量对所有个案进行分组，每个条形是分组变量所有个案的一个类别。

➢变量分组模式 Summaries of separate variables：描述多个变量，每个条形是一个变量。

➢个案模式 Values of individual cases：每个条形是单个个案。

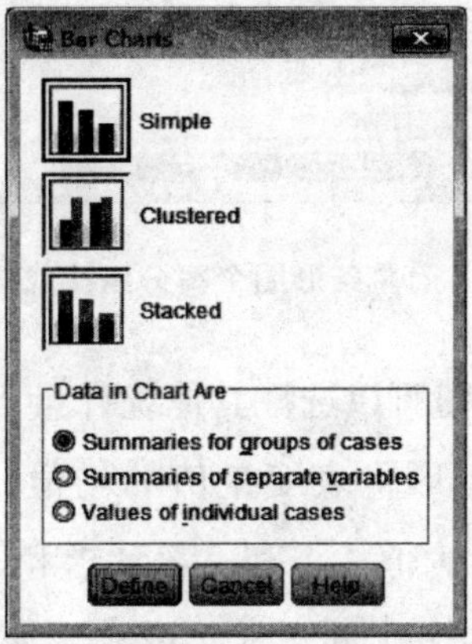

图5.1　条形图分类

◆简单条形图个案分组模式

打开数据文件“5.1.sav”，选择菜单“Graphs | Legacy Dialogs | Bar（图形 | 传统模式 | 条形图)”，再选择简单条形图 Simple 和个案分组模式 Summaries for groups of cases。

Bars Represent 条的表征选项组，定义条形代表的统计量，包括 N of cases 个案数即频数、% of cases 个案数的频率、Cum. N 累计频数、Cum. % 累计频率、Other statistic 其他统计量，默认是均值。

Category Axis 选择分组变量。

Panel by 分别在行和列上设置子图，其实是进行二次分类。如果两个变量含义有包含关系，如“地级市”变量从属于“省份”变量，必须选择 Nest variables（no empty rows/columns）嵌套变量（无空行/列）复选框，在建立从属关系时，确保 Panel by 选项组中父变量在子变量之前，否则会出现从属关系的颠倒。

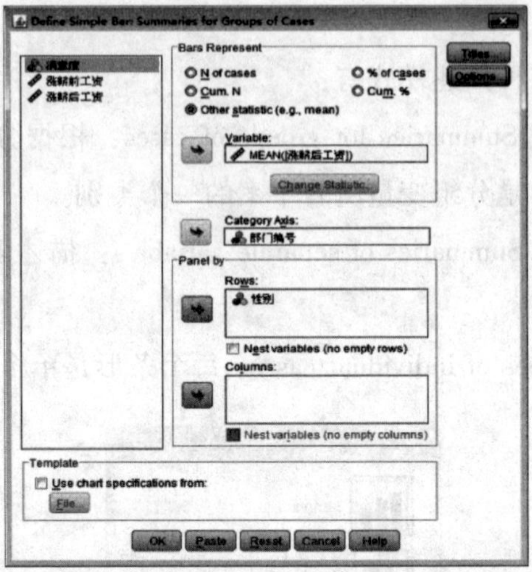

图 5.2　简单条形图个案分组模式对话框

点击 Change statistic 按钮可以选择其他统计量，Statistic for Selected Variables 选项组中，可以选择条形代表变量值的均值、标准差、中位数、方差、众数、最小值、个案数、最大值、求和、累计求和等。Value 文本框中输入相应数值，可将数据划分为两个区间，大于或小于该数值的区间，进行单区间设置，单选按钮包括：Percentage above 大于该数值的比例为条形长度，Number above 小于该数值的数目作为条形长度，Percentage below 小于该数值的比例为条形长度，Number below 小于该数值的数目作为条形长度。Low 和 High 分别代表区间下限和上限，进行双侧区间设置，其中 Percentage inside 以指定区间的比例为条形长度，Number inside 以指定区间的数据为条形长度。

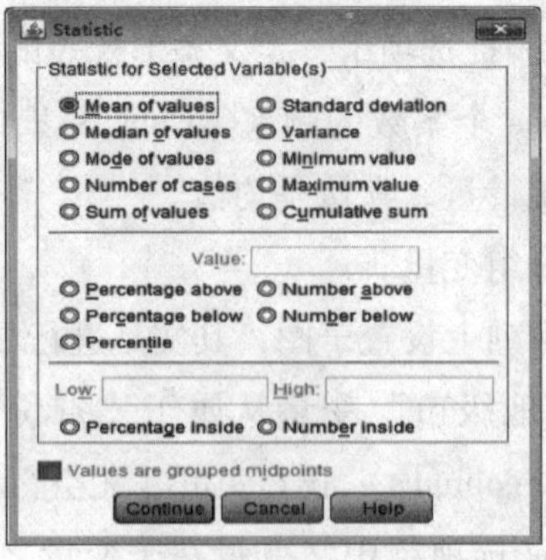

图 5.3　简单条形图个案分组模式 – 统计量

单击 Titles 按钮，依次选择标题第一行、标题第二行、子标题、脚注第一行、脚注第二行。

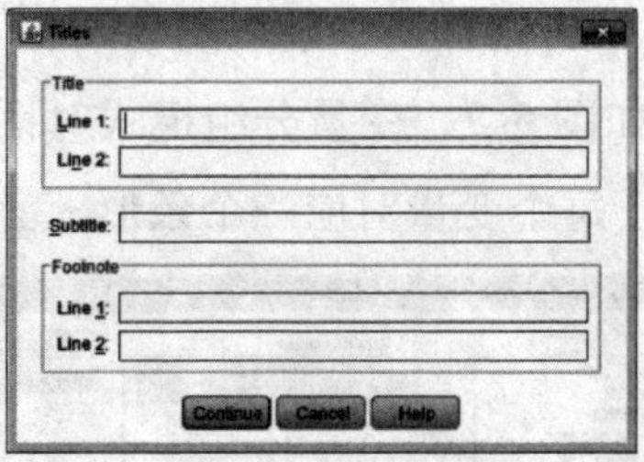

图 5.4　简单条形图个案分组模式 - 标题

单击 Options 按钮设置缺失值和误差条图。Display groups defined by missing values 表示显示由缺失值定义的分组。Error Bars Represent 误差条图选项组中，可以定义 Confidence intervals level 置信区间、Standard error 标准误差水平和 Standard deviation 标准差的水平。

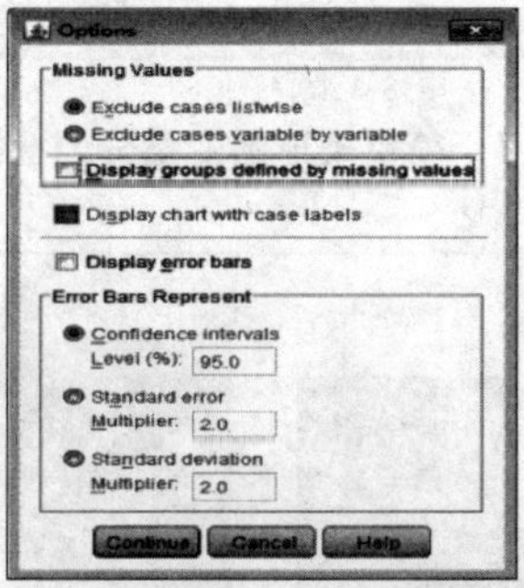

图 5.5　简单条形图个案分组模式 - 选项

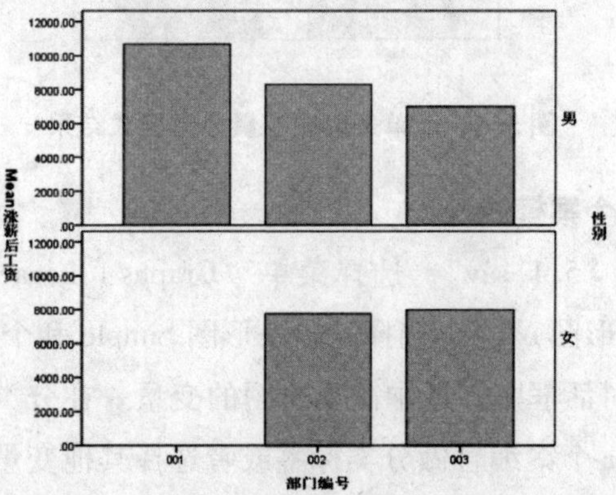

图 5.6　简单条形图个案分组模式结果

◆**简单条形图变量分组模式**

打开数据文件“5.1.sav”，选择菜单“Graphs | Legacy Dialogs | Bar（图形 | 传统模式 | 条形图）”，再选择简单条形图 Simple 和变量分组模式 Summaries of separate variables，如图 5.7，变量分组模式对话框中可以选择多个变量绘图，绘图结果见图 5.8，每个变量对应一个条形。

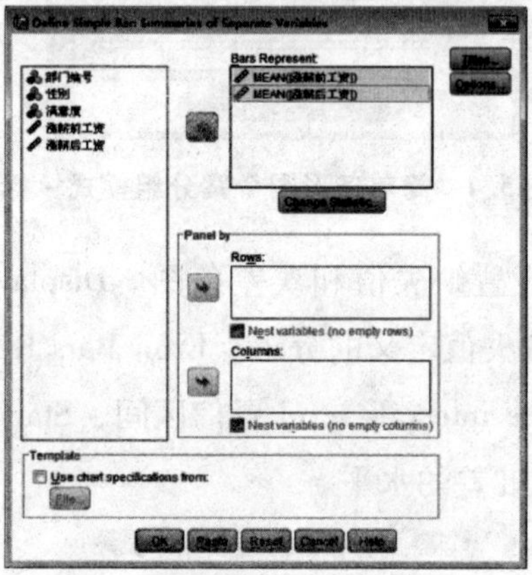

图 5.7　简单条形图变量分组模式

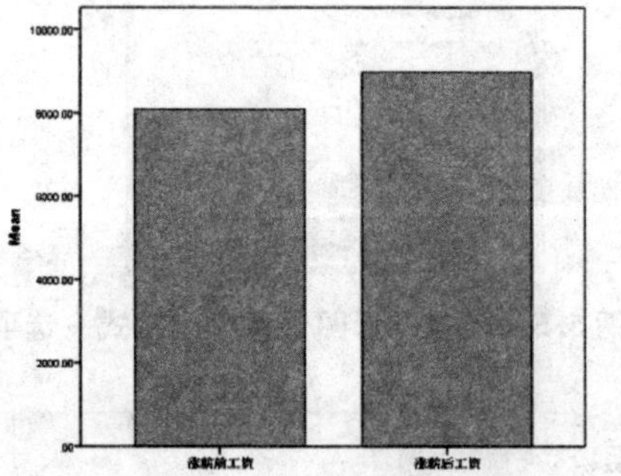

图 5.8　简单条形图变量分组模式结果

◆**简单条形图个案模式**

打开数据文件“5.1.sav”，选择菜单“Graphs | Legacy Dialogs | Bar（图形 | 传统模式 | 条形图）”，再选择简单条形图 Simple 和个案模式 Values of individual cases。在对话框中，选中需要绘图的变量。在分类标签选项组中，可以选择 Case number 个案编号做分类标签或者选择其他变量做分类标签。结果如图 5.10，条形高度代表选中变量的变量值，每个条形标明个案编号。

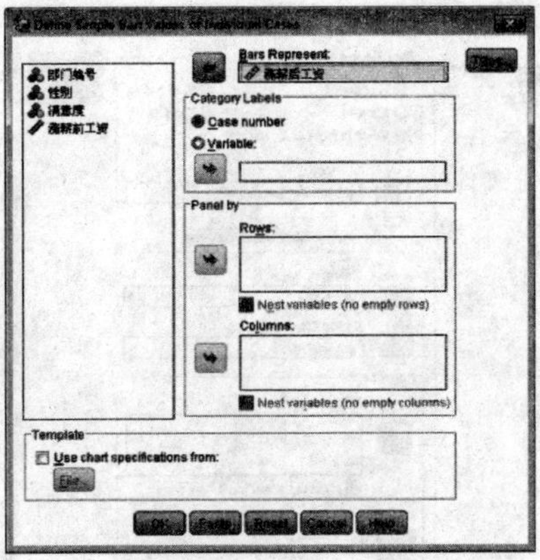

图 5.9　简单条形图个案模式

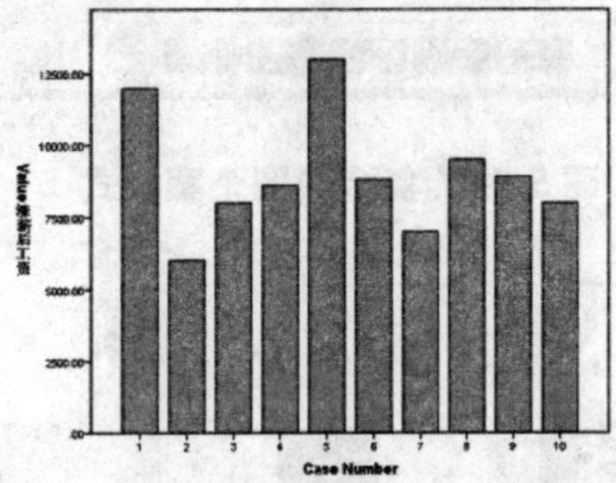

图 5.10　单条形图个案模式结果

◆复合条形图个案分组模式

打开数据文件“5.1.sav”，选择菜单“Graphs | Legacy Dialogs | Bar（图形 | 传统模式 | 条形图）”，再选择复合条形图 Clustered 和个案分组模式 Summaries for groups of cases。和简单条形图个案分组模式相比，复合条形图增加了一个 Define Clusters by 选项，用于进行二次分类，结果见图 5.12。

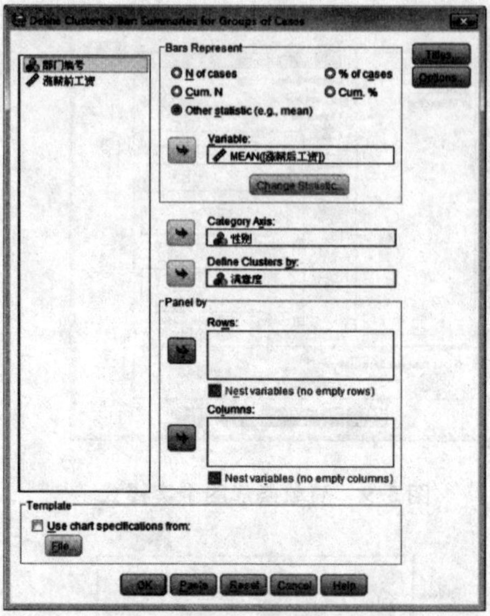

图 5.11　复合形图个案模式

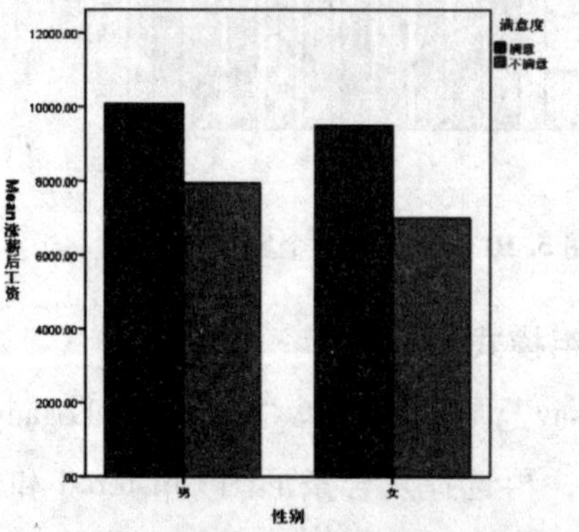

图 5.12　复合形图个案模式结果

◆**复合条形图变量分组模式**

打开数据文件“5.1.sav”，选择菜单“Graphs | Legacy Dialogs | Bar”（图形 | 传统模式 | 条形图），再选择复式条形图 Clustered 和变量分组模式 Summaries of separate variables。和简单条形图变量分组模式相比，复合条形图增加了一个 Category Axis 类别轴用于进行二次分类，结果见图 5.14。

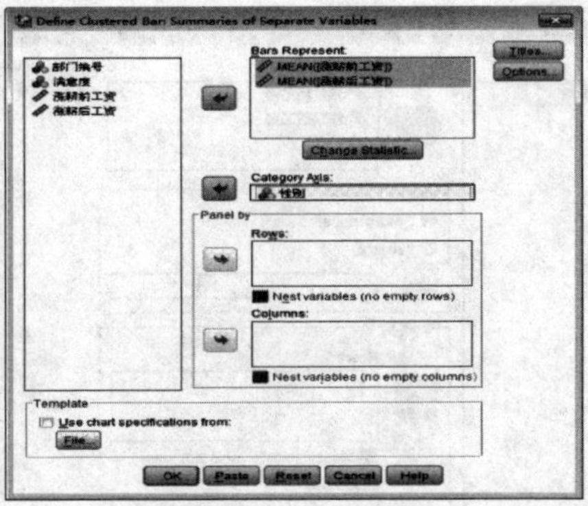

图 5. 13　复合条形图变量模式

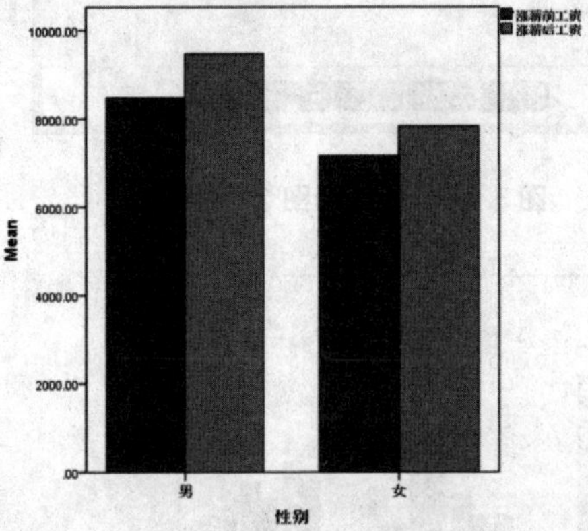

图 5. 14　复合形图变量模式结果

◆复合条形图个案模式

打开数据文件“5. 1. sav”，选择菜单“Graphs | Legacy Dialogs | Bar”（图形 | 传统模式 | 条形图），再选择 Clustered 和个案模式 Values of individual cases。和简单条形图个案模式相比，复合条形图对话框中可以选择多个变量进行分析，结果见图 5. 16。

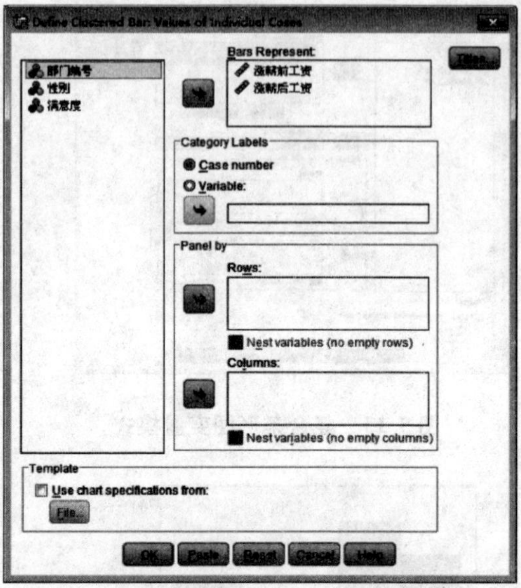

图 5.15　复合形图个案模式

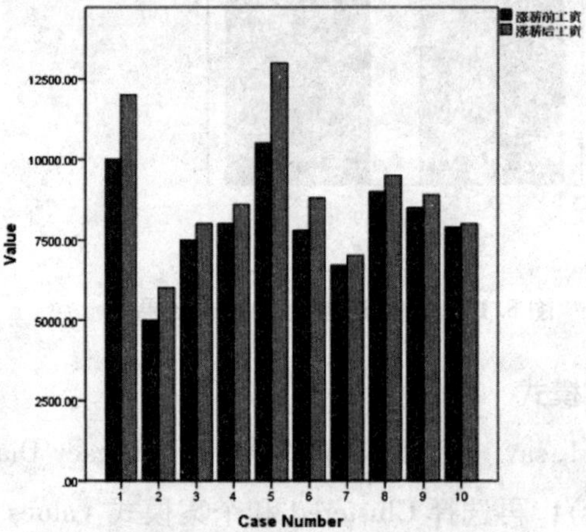

图 5.16　复合形图个案模式结果

◆堆栈条形图个案分组模式

堆栈条形图的做法和复合条形图原理相同。打开数据文件“5. 1. sav”，选择菜单“Graphs | Legacy Dialogs | Bar”（图形 | 传统模式 | 条形图），再选择堆栈条形图 Stacked 和个案分组模式 Summaries for groups of cases。复合条形图中用于二次分类的 Define Clusters by 选项改为 Define Stacks by，结果见图 5. 18。

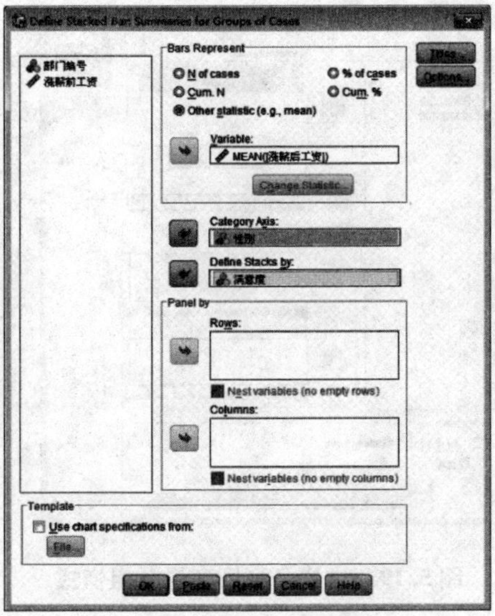

图 5.17　堆栈条形图个案分组模式

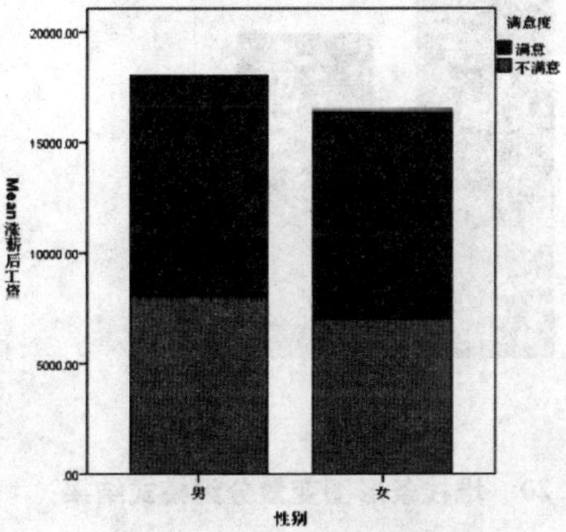

图 5.18　堆栈条形图个案分组模式结果

◆堆栈条形图变量分组模式

打开数据文件“5.1.sav”，选择菜单“Graphs | Legacy Dialogs | Bar”（图形 | 传统模式 | 条形图），再选择 Stacked 和变量分组模式 Summaries of separate variables。操作方法同复合条形图。

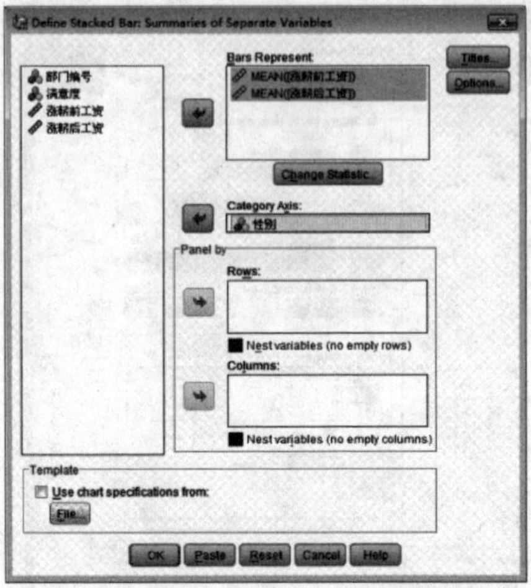

图 5.19　堆栈条形图变量分组模式

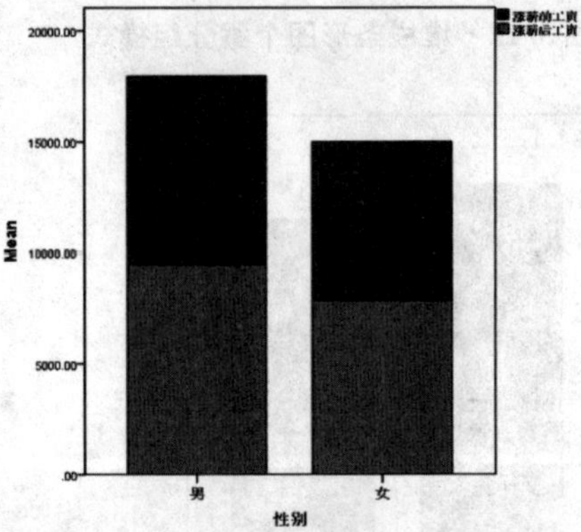

图 5.20　堆栈条形图变量分组模式结果

◆堆栈条形图个案模式

打开数据文件“5.1.sav”，选择菜单“Graphs | Legacy Dialogs | Bar”（图形 | 传统模式 | 条形图），再选择 Stacked 和个案模式 Values of individual cases。和简单条形图个案模式相比，堆栈条形图对话框中可以选择多个变量进行分析，结果见图 5.22。

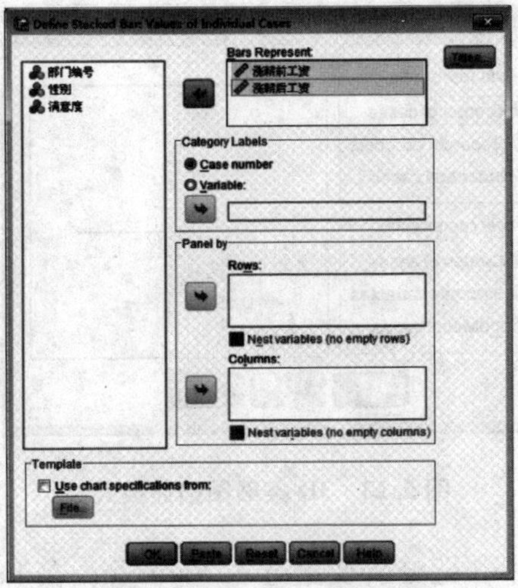

图 5.21　堆栈条形图个案分组模式

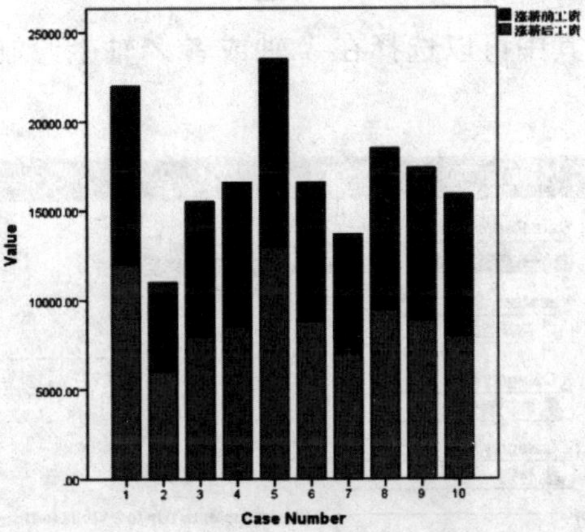

图 5.22　堆栈条形图个案分组模式结果

5.3 3D 条形图

打开数据文件“5.1.sav”，选择菜单“Graphs | Legacy Dialogs | 3 – D Bar”（图形 | 传统模式 | 3 – D 条形图），X 轴和 Z 轴分别有 3 种描述模式：个案分组模式、变量分组模式、个案模式，按默认设置。

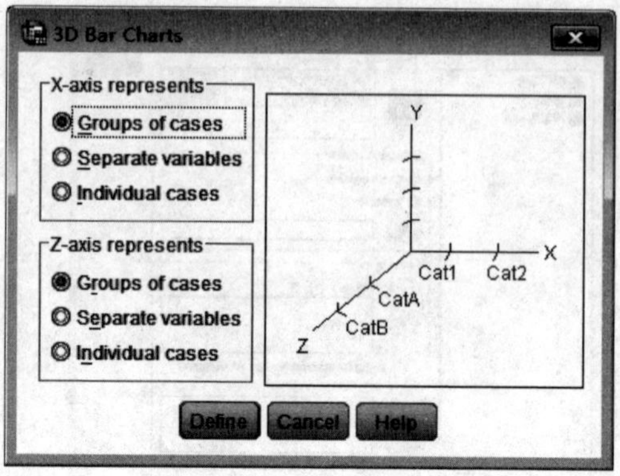

图 5.23　3D 条形图描述模式

在弹出的对话框中，把分析变量选入 Variable，在 Bars Represent 条形图的表征下拉菜单中选择该变量的统计量，如频数、频率、均值、方差等。再依次选择 X 轴和 Z 轴变量，以及字图。右边的 Stack/Cluster by 用于绘制堆栈条形图和复合条形图，其中可以选择在 X 轴或者 Z 轴上绘制复合条形图。绘图结果见图 5.25。

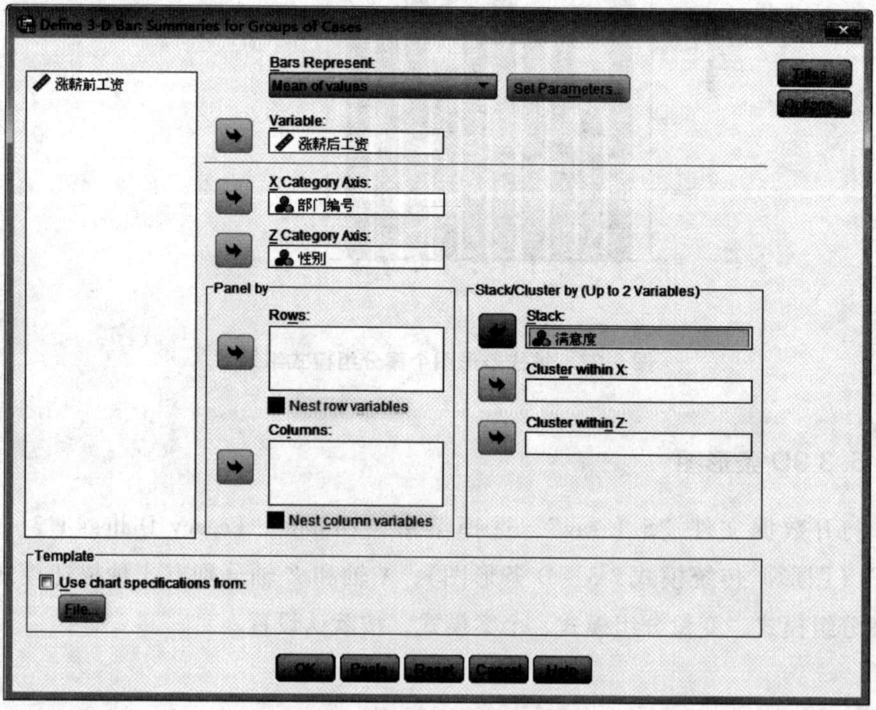

图 5.24　3D 条形图对话框

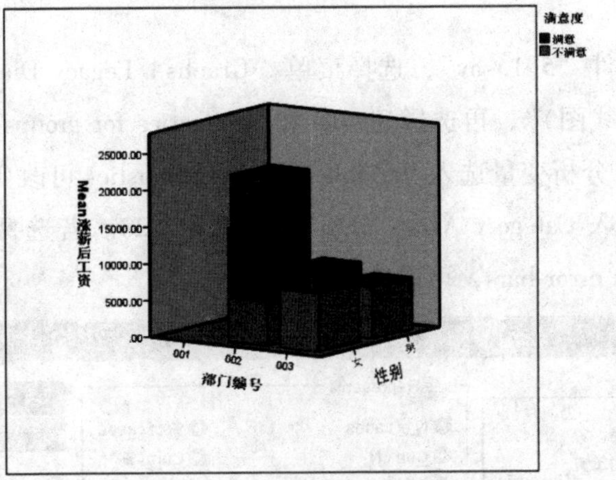

图 5.25　3D 条形图结果

5.4 线图

线图用于表现变量的变化趋势或者时间序列数据。线图分为 3 种类型：简单线图、多重线图、垂直线图。

- Simple 简单线图：用一条折线表示变化趋势。
- Multiple 多重线图：用多条折线表示多个变化趋势。
- Drop – line 垂直线图：反应差距及其变化趋势。

线图也存在 3 种描述模式：个案分组模式、变量分组模式、个案模式。下面仅以个案分组模式为例说明。

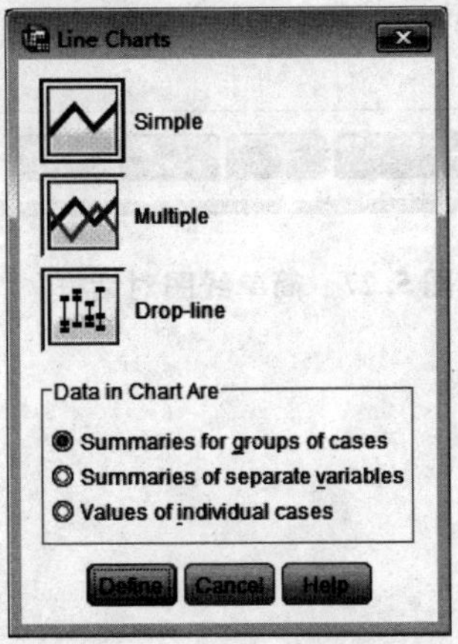

图 5.26　线图分类

◆简单线图

打开数据文件“5.1.sav”，选择菜单“Graphs | Legacy Dialogs | Line（图形 | 传统模式 | 线图）”，再选择 Simple 和 Summaries for groups of cases。单击 Other Statistics 将分析变量选入 Variable，Change Statistics 可改变该变量的统计量，分类变量选入 Category Axis，分析结果见图 5.28。若选择 Options 按钮，然后勾选 Display error bars，可以绘制误差条图。

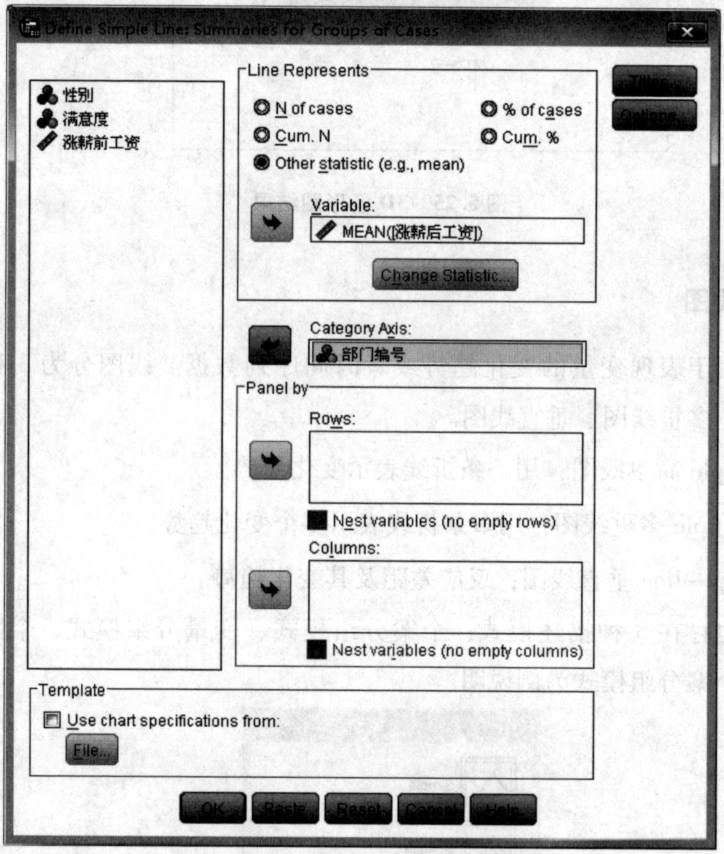

图 5.27 简单线图对话框

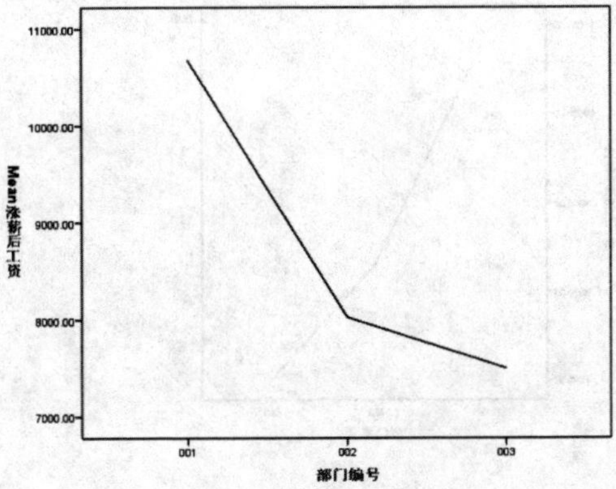

图 5.28 简单线图结果

◆多重线图

打开数据文件“5.1.sav”，选择菜单“Graphs | Legacy Dialogs | Line”（图形 | 传统模式 | 线图），再选择 Multiple 和 Summaries for groups of cases。将分析变量选入 Variable，选择该变量的统计量，分类变量选入 Category Axis，二次分类变量选入 Define Lines by，分析结果见图 5.30。

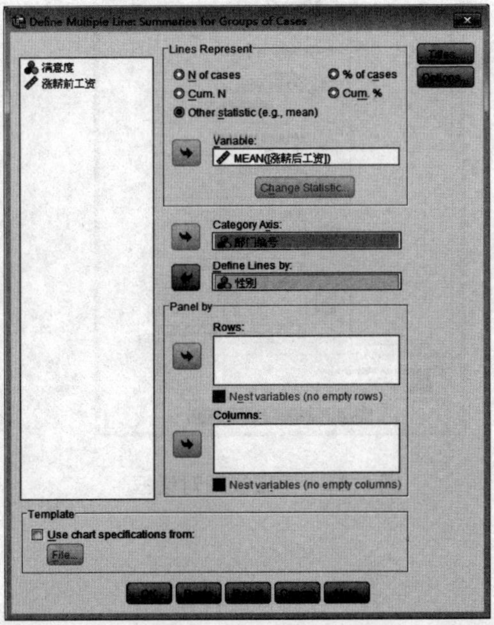

图 5.29 多重线图对话框

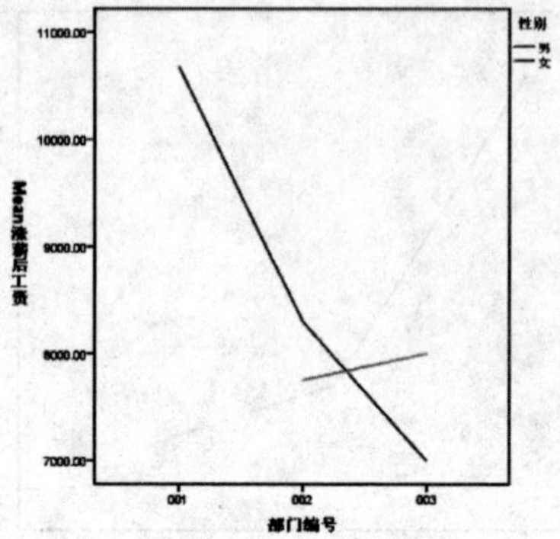

图 5.30　多重线图结果

◆垂直线图

打开数据文件“5.1.sav”，选择菜单“Graphs | Legacy Dialogs | Line”（图形 | 传统模式 | 线图），再选择 Drop－line 和 Summaries for groups of cases。将分析变量选入 Variable，选择该变量的统计量，分类变量选入 Category Axis，二次分类变量选入 Define Lines by，分析结果见图 5.32。

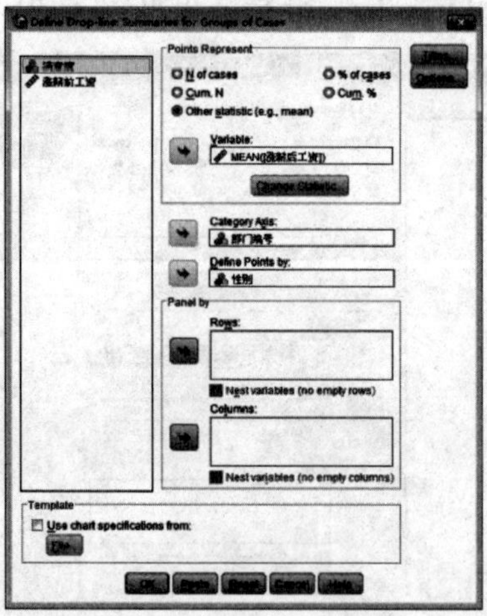

图 5.31　垂直线图对话框

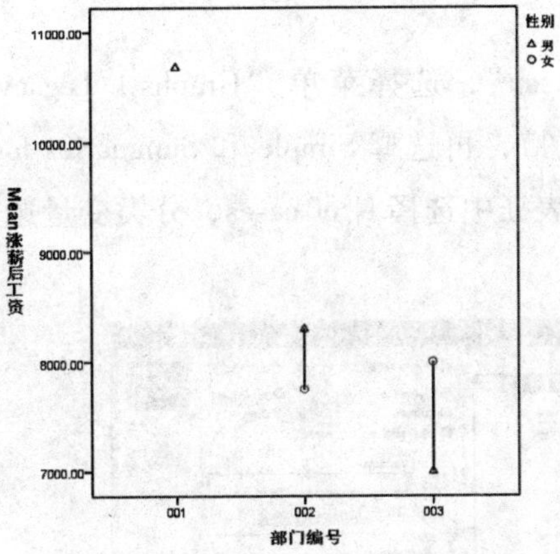

图 5.32 垂直线图结果

5.5 面积图

面积图用线段下的阴影面积来强调现象变化。面积图分为两种类型：简单面积图、层叠面积图。

➢ Simple 简单面积图：用面积变化表示现象变动趋势。

➢ Stacked 层叠面积图：也叫堆栈面积图，用不同面积表示多种现象变化的趋势。

面积图也存在 3 种描述模式：个案分组模式、变量分组模式、个案模式。下面仅以个案分组模式为例说明。

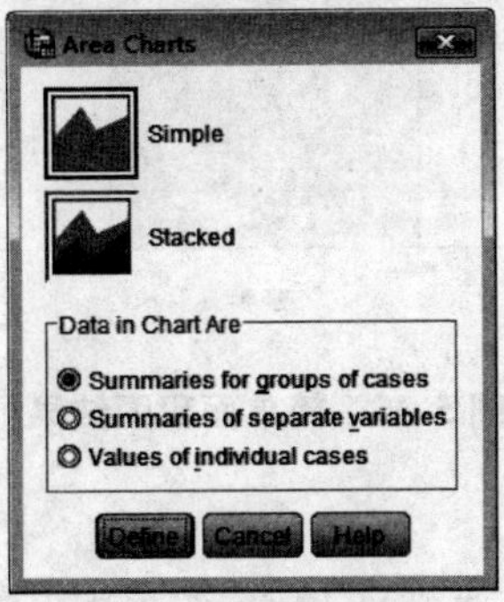

图 5.33 面积图分类

◆简单面积图

打开数据文件“5.1.sav”，选择菜单“Graphs | Legacy Dialogs | Area”（图形 | 传统模式 | 面积图），再选择 Simple 和 Summaries for groups of cases。在 Area Represents 面积的表征中选择 N of cases，分类变量选入 Category Axis，分析结果见图 5.35。

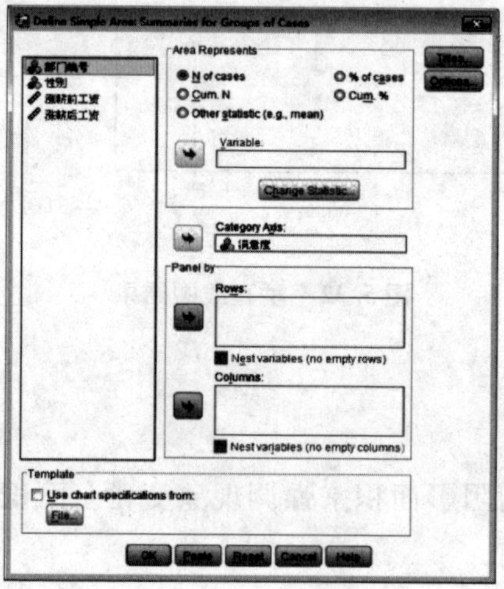

图 5.34　简单面积图对话框

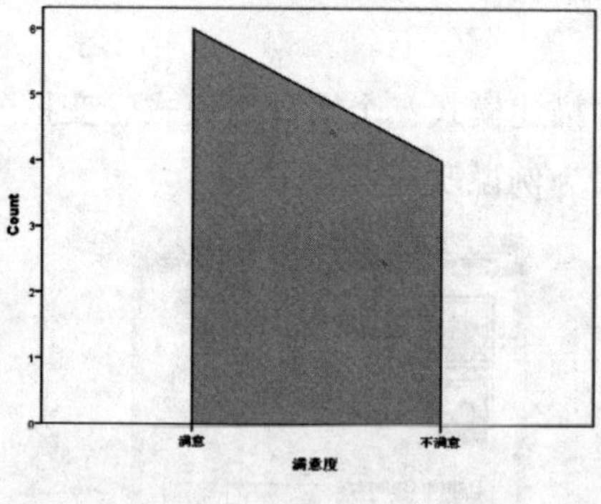

图 5.35　简单面积图结果

◆层叠面积图

打开数据文件“5.1.sav”，选择菜单“Graphs | Legacy Dialogs | Area”（图形 | 传统模式 | 面积图），再选择 Stacked 和 Summaries for groups of cases。在 Area Represents 中选择 N of cases，分类变量选入 Category Axis，二次分类变量选入 Define Area by 定义面积，分析结果见图 5.37。

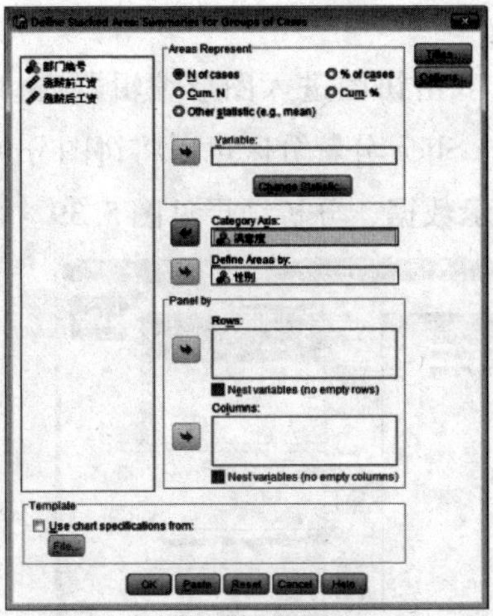

图 5.36 层叠面积图对话框

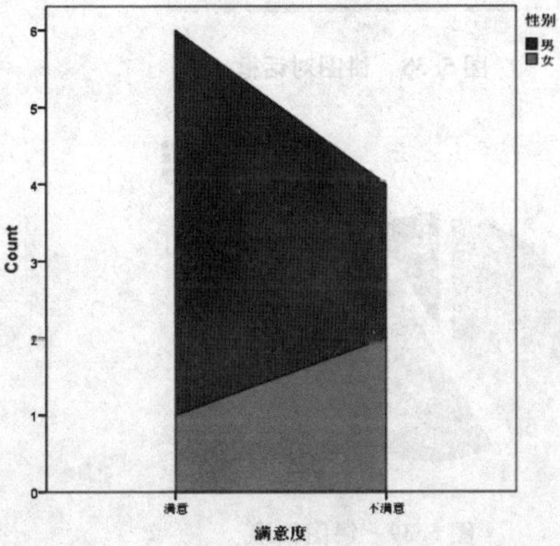

图 5.37 层叠面积图结果

5.6 饼图

饼图用圆中的扇形面积表示整体的构成部分及各部分之间的比例关系。饼图也存在 3 种描述模式：个案分组模式、变量分组模式、个案模式。下面仅以变量分组模式为例说明。

打开数据文件“5.2.sav”，选择菜单“Graphs | Legacy Dialogs | Pie”（图形 | 传统模式 | 饼图），再选择 Summaries of separate variables。将所有分析变

量选入 Slices Represent。

在结果输出窗口中，双击饼图进入图形编辑器窗口。单击鼠标右键，在弹出的菜单中选择 Explode Slice 分解分区可以将饼图分片，选择 Show Data Labels 显示数据标签可以显示数据，分析结果见图 5.39。

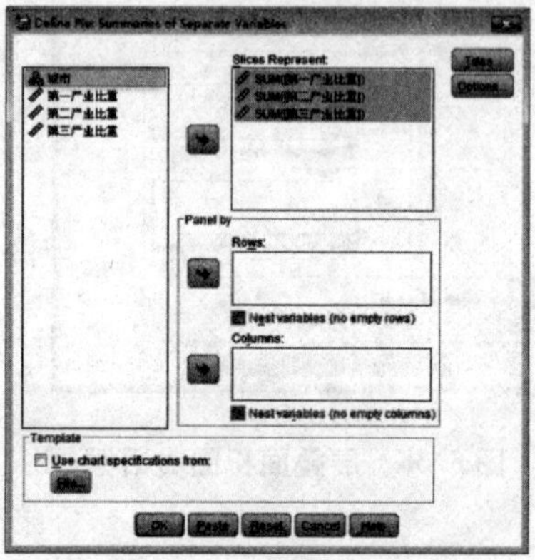

图 5.38　饼图对话框

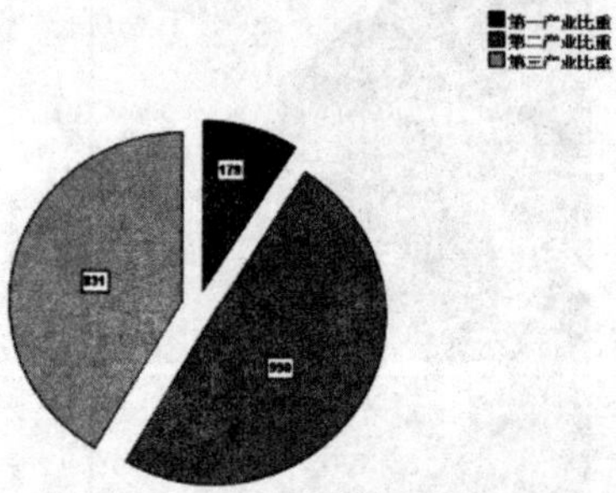

图 5.39　饼图结果

5.7 高低图

高低图用直线、条带或者阴影描述数据的变化，适用于表现股价、商品价格、汇率等的变化，分为以下 5 种类型：

➢ Simple high - low - close：简单高低收盘图。

➢ Clustered high - low - close：聚类高低收盘图。

➢ Simple range bar：简单极差图。

➢ Clustered range bar：复合极差图。

➢ Difference Area：差异面积图。

高低图也存在3种描述模式：个案分组模式、变量分组模式、个案模式。下面仅以个案分组模式为例说明。

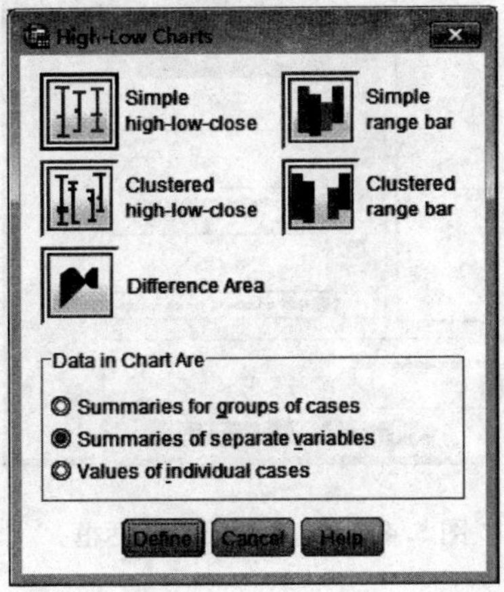

图5.40 高低图选项

◆简单高低收盘图

打开数据文件“5.3.sav”，选择菜单“Graphs | Legacy Dialogs | High - low”（图形 | 传统模式 | 高低图），再选择 Simple high - low - close 和 Summaries of separate variables。在 Bars Represent 中分别选择最高价 High、最低价 Low、收盘价 Close，分类变量选入 Category Axis。

双击结果窗口中的简单高低收盘图，进入图形编辑器按钮。选中圆点代表的 Close 收盘价，单击鼠标右键，选择 Add Interpolation Line 为图形添加趋势线。还可以在弹出的 Properties 对话框中选择 Interpolation line 选项卡，改变线形为 Spline 样条曲线。图形绘制结果见图5.42，反映了单支股票一周的走势。

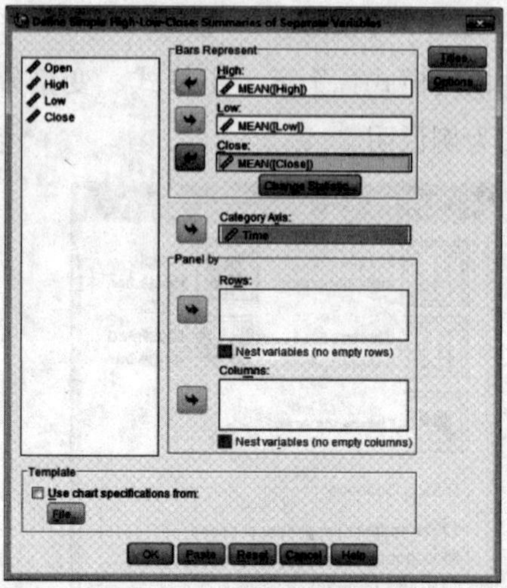

图 5.41　简单高低图对话框

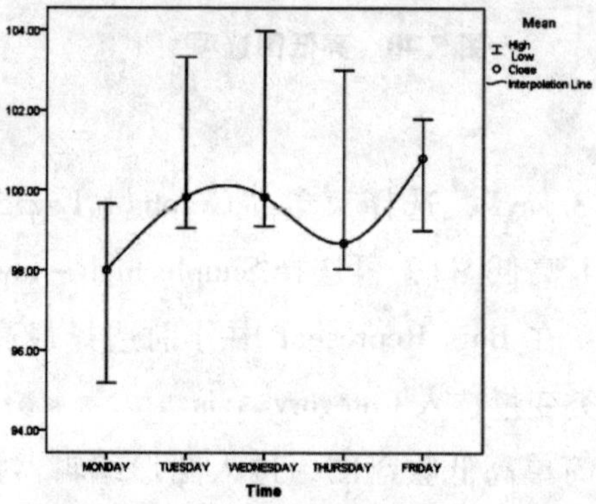

图 5.42　简单高低图结果

◆聚类高低收盘图

打开数据文件“5.4. sav”，选择菜单“Graphs | Legacy Dialogs | High - low”（图形 | 传统模式 | 高低图），再选择 Clustered high - low - close 和 Summaries of separate variables。在 Bars Represent 中首先选择第一支股票 001 的最高价 High、最低价 Low、收盘价 Close，分类变量选入 Category Axis。单击 Variable Set 1 of 1 中的 Next 按钮，再选入第二支股票 002 的最高价、最低价、收盘价，同样的方法继续录入第三支股票。图形绘制结果见图 5.44，反映了多支股票一周的走势。

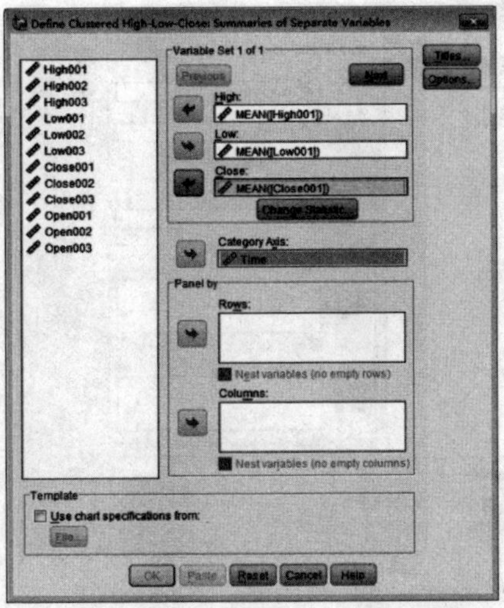

图 5.43　分类高低图对话框

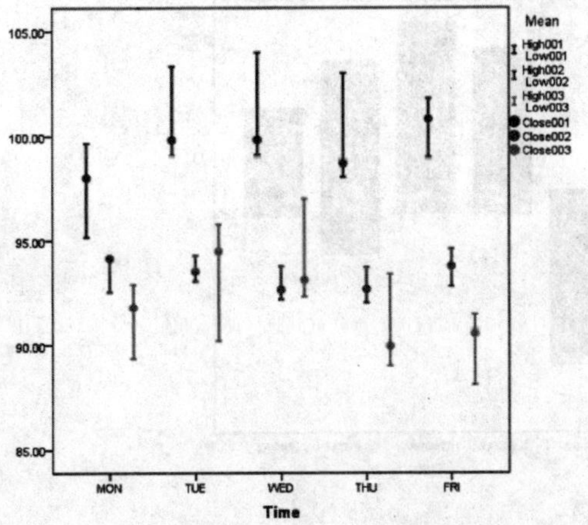

图 5.44　分类高低图结果

◆**简单极差图**

打开数据文件“5.3.sav”，选择菜单“Graphs | Legacy Dialogs | High－low”（图形 | 传统模式 | 高低图），再选择 Simple range bar 和 Summaries of separate variables。在 Bars Represent 中分别选择 1st 第一和 2nd 第二的变量，分类变量选入 Category Axis，图形结果见图 5.46。

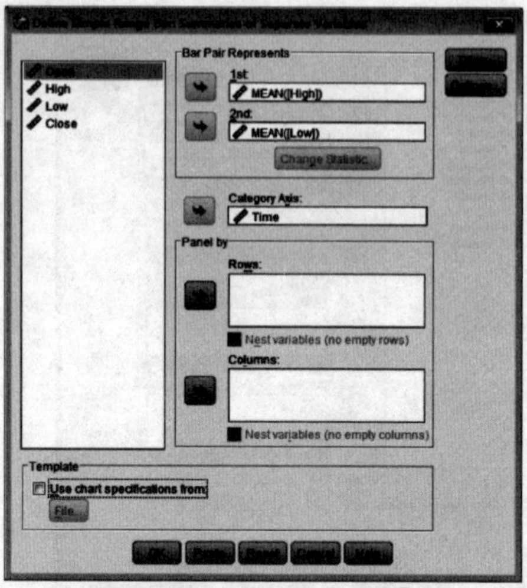

图 5.45　简单极差图对话框

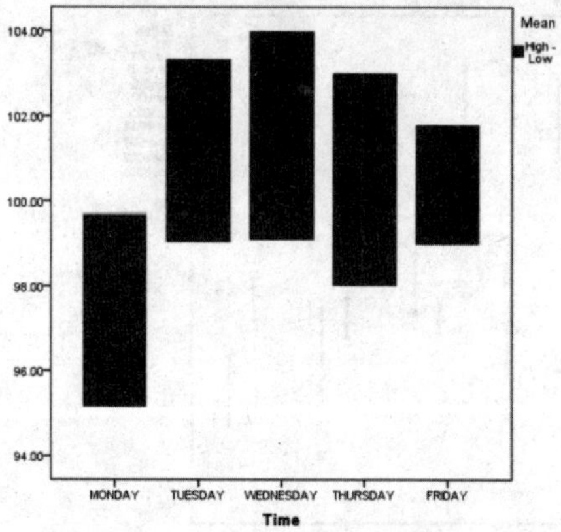

图 5.46　简单极差图结果

◆复合极差图

打开数据文件“5.4.sav”，选择菜单“Graphs | Legacy Dialogs | High - low”（图形 | 传统模式 | 高低图），再选择 Clustered high - low - close 和 Summaries of separate variables。在 Bars Represent 中首先选择第一支股票 001 的最高价 High、最低价 Low、收盘价 Close，分类变量选入 Category Axis。单击 Variable Set 1 of 1 中的 Next 按钮，再选入第二支股票 002 的最高价、最低价、收盘价，同样的方法继续录入第三支股票。图形绘制结果见图 5.48，反映了多支股票一周的走势。

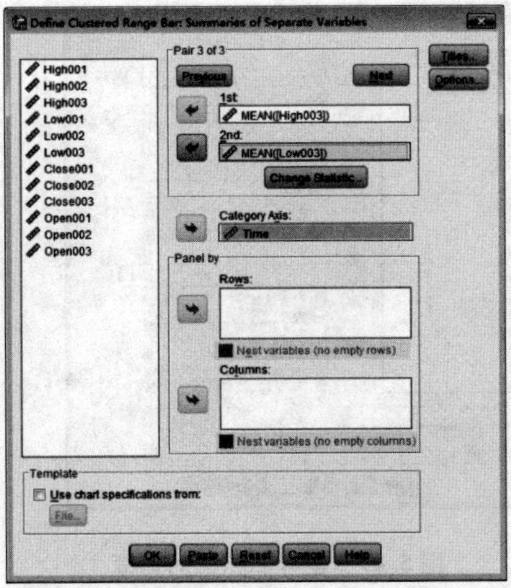

图 5.47　复合极差图对话框

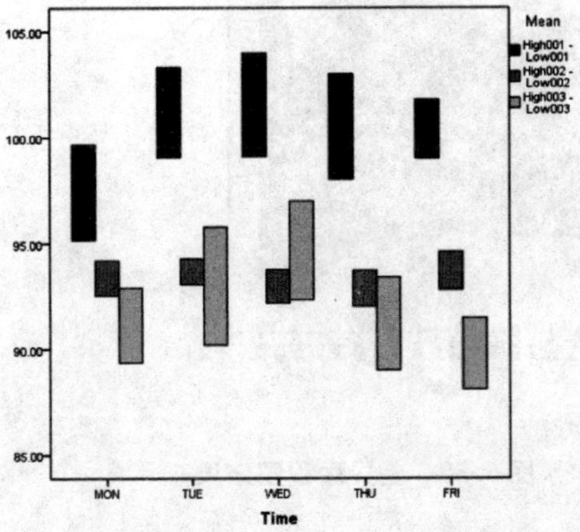

图 5.48　复合极差图结果

◆**差异面积图**

打开数据文件“5.2.sav”，选择菜单“Graphs | Legacy Dialogs | High－low”（图形 | 传统模式 | 高低图），再选择 Difference Area 和 Summaries of separate variables。在 Bars Represent 中分别选择 1st 第一和 2nd 第二的变量，分类变量选入 Category Axis，图形结果见图 5.50。

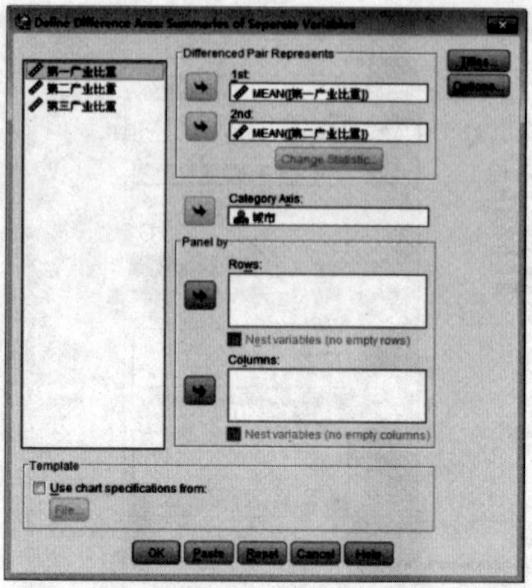

图 5.49　差异面积图对话框

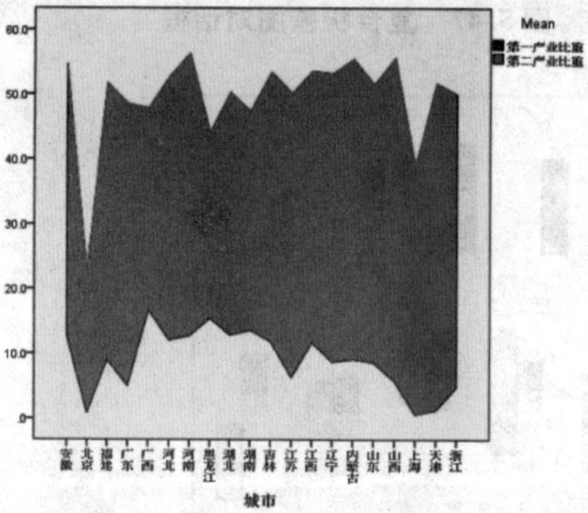

图 5.50　差异面积图结果

5.8 箱线图

箱线图也叫箱图，是用 5 个描述性统计量——最小值、最大值、中位数、下四分位、上四分位来直观表示数值型数据分布的统计图形，分为简单箱线图和分类箱线图两种类型。

➢ Simple Boxplot 简单箱线图：描述某个变量数据分布的图形。

➢ Clustered Boxplot 分类箱线图：用于描述多个变量数据分布的图形。

箱线图有两种描述模式：个案分组模式、变量分组模式。

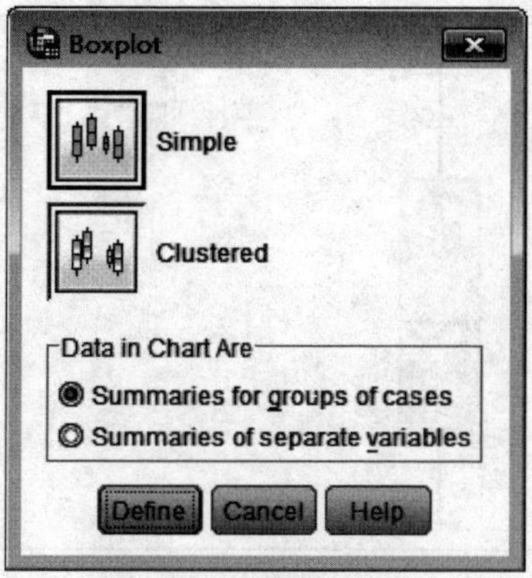

图 5. 51　箱线图分类

◆简单箱线图

打开数据文件“5. 5. sav”，选择菜单“Graphs | Legacy Dialogs | Boxplot”(图形 | 传统模式 | 箱线图)，再选择 Simple 和 Summaries for groups of cases。在弹出的对话框中，将分析变量选入 Variable，分类变量选入 Category Axis，标签变量选入 Label Cases by。图形结果见图 5. 53。

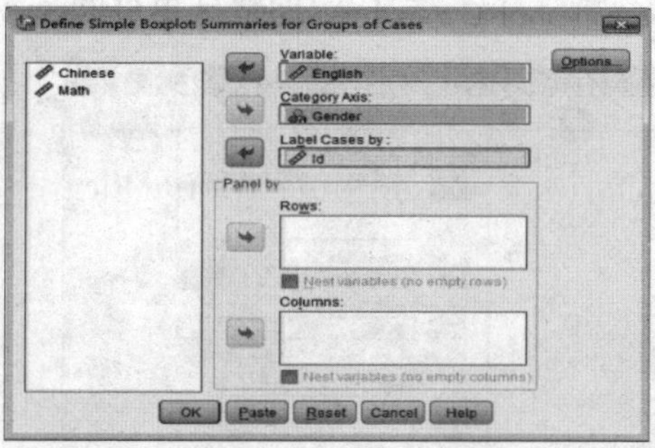

图 5. 52　简单箱线图对话框

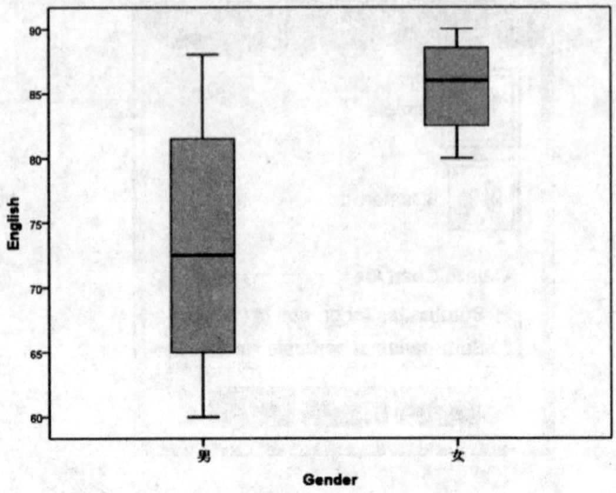

图 5.53　简单箱线图对话框

◆**分类箱线图**

打开数据文件“5.5.sav”，选择菜单“Graphs | Legacy Dialogs | Boxplot”（图形 | 传统模式 | 箱线图），再选择 Clustered 和 Summaries of Separate Variables。在弹出的对话框中，将所有分析变量选入 Variable，分类变量选入 Category Axis，标签变量选入 Label Cases by。图形结果见图 5.55。

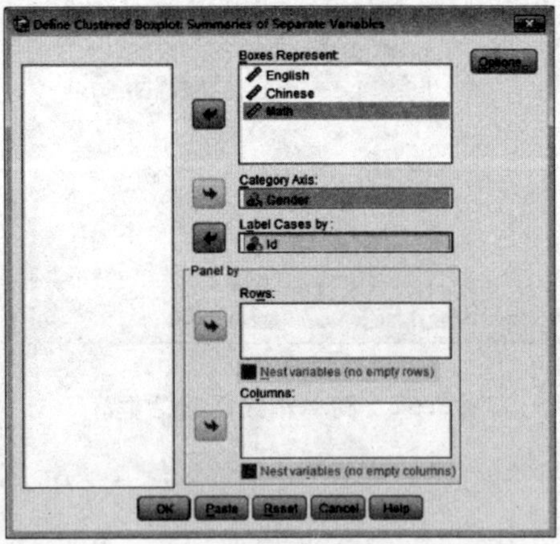

图 5.54　分类箱线图对话框

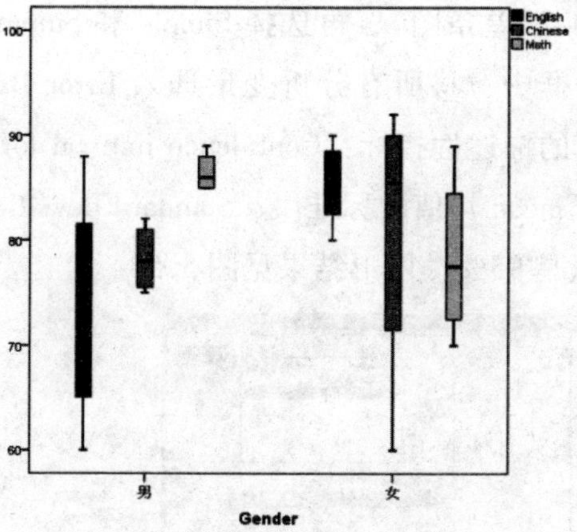

图 5.55 分类箱线图结果

5.9 误差条图

误差条图用于描述数据总体离散情况的变化，反映数据的离差。图中小方框表示平均数，图形的两端为置信区间和标准误差。分为以下两种类型：

- Simple 简单误差条图。
- Clustered 复合误差条图。

误差条图有两种描述模式：个案分组模式、变量分组模式。下面仅以个案分组模式为例说明。

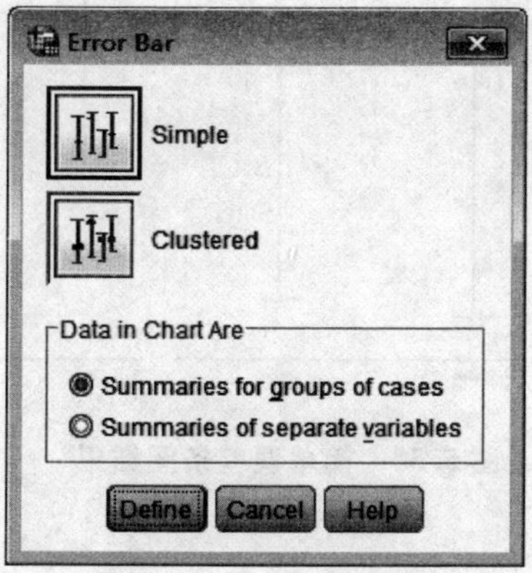

图 5.56 误差条图分类

◆简单误差条图

打开数据文件 "5.5.sav"，选择菜单 "Graphs | Legacy Dialogs | Error

Bar”（图形 | 传统模式 | 误差条图），再选择 Simple 和 Summaries of Separate Variables。在弹出的对话框中，将所有分析变量选入 Error Bars。Bars Represent 中可以选择图形对应的描述性指标：Confidence interval for mean 均值的置信区间、Standard error of mean 均值的标准误、Standard deviation 标准差。Level 中选择置信水平，默认是 95%。图形结果见图 5.58。

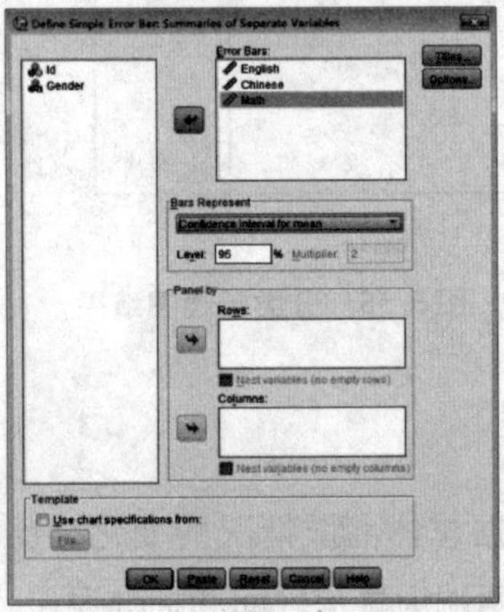

图 5.57　简单误差条图对话框

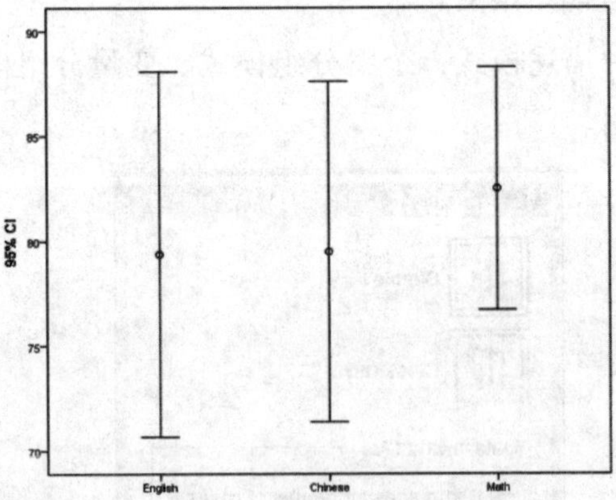

图 5.58　简单误差条图结果

◆复合误差条图

打开数据文件“5.5. sav”，选择菜单“Graphs | Legacy Dialogs | Error Bar”（图形 | 传统模式 | 误差条图），再选择 Clustered 和 Summaries of Separate Variables。在弹出的对话框中，将所有分析变量选入 Error Bars。Bars Represent 中可以选择图形对应的描述性指标：Confidence interval for mean 均值的

置信区间、Standard error of mean 均值的标准误、Standard deviation 标准差。Level 中选择置信水平，默认是 95%。和简单误差条图相比，复合误差条图增加了 Category Axis 分类变量选项。图形结果见图 5. 60。

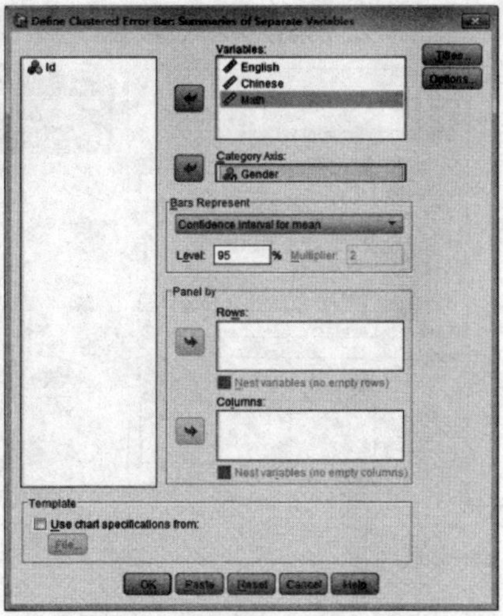

图 5. 59　复合误差条图对话框

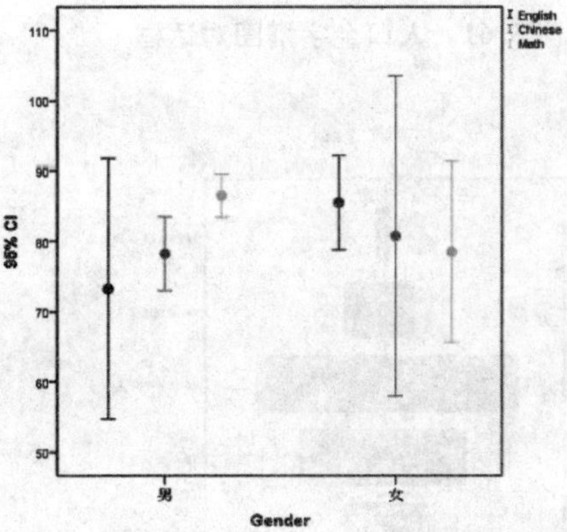

图 5. 60　复合误差条图结果

5. 10 人口金字塔图

人口金字塔图用于表现不同级别人口规模、城市规模等分布等。打开数据文件“5. 6. sav”，选择菜单“Graphs | Legacy Dialogs – Population Pyramid”（图形 | 传统模式 | 人口金字塔图）。在弹出的对话框中，Counts 中选择分析

对象，可以选择 Compute counts from data 从数据中计算数量，或者 Get counts from variable 选择一个分析变量，Show Distribution over 选择金字塔图纵向分层的变量，Split by 选择金字塔图横向分割的变量。图形结果见图 5. 62。

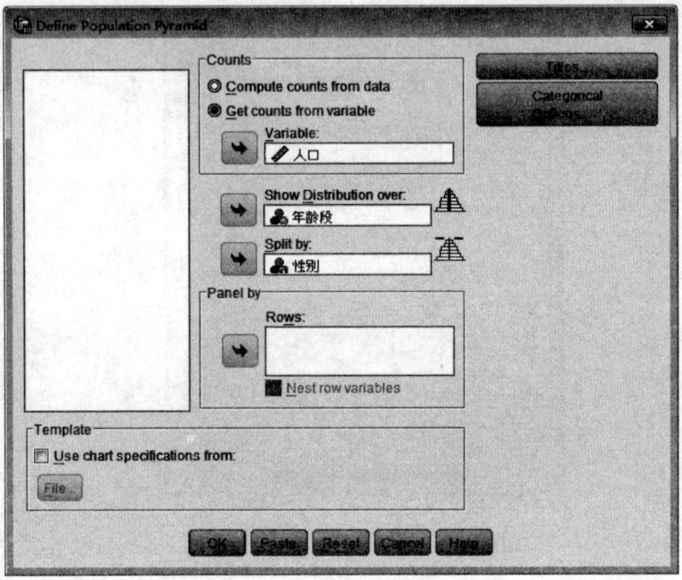

图 5. 61　人口金字塔图对话框

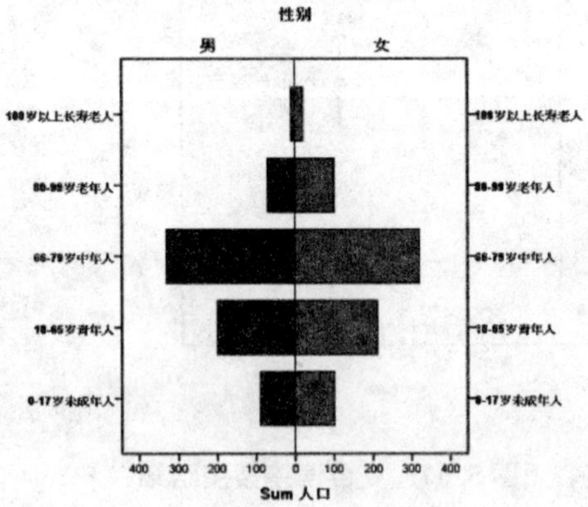

图 5. 62　人口金字塔图结果

5. 11 直方图

直方图用于展示数值型数据的分布，以横轴划分组别，宽度反映组距，以矩形的高度标志每组频数或频率，实际上是用矩形的面积来表示各组的频数分布。

打开数据文件“5.7.sav”，选择菜单“Graphs | Legacy Dialogs | Histogram”（图形 | 传统模式 | 直方图）。在弹出的对话框中，分析变量选入 Variable，可以勾选 Display normal curve 输出正态分布曲线。图形结果见图 5.64，展示了数值型数据分布的频数、正态曲线、均值、标准差和数据个数。

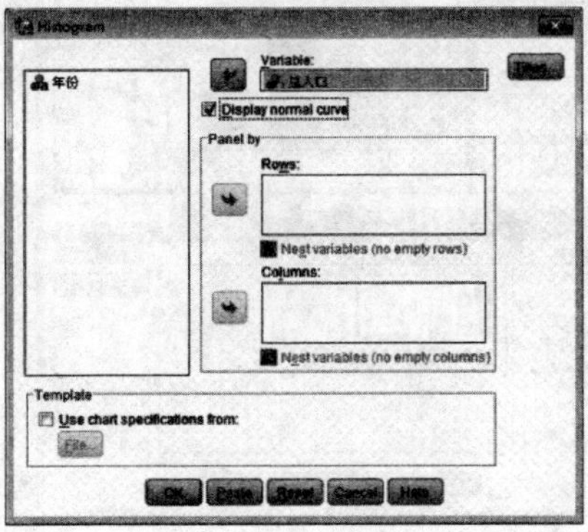

图 5.63 直方图对话框

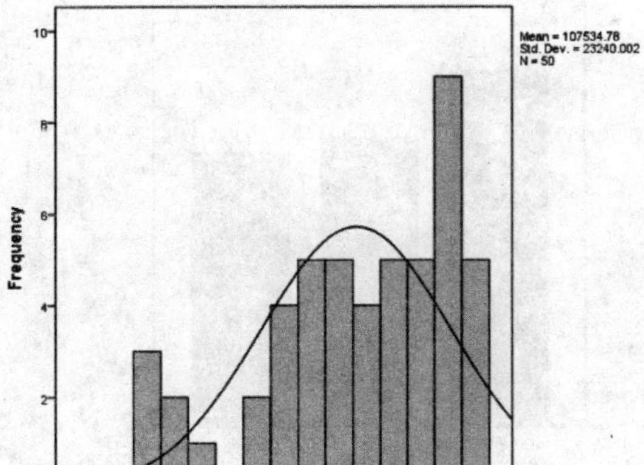

图 5.64 直方图结果

5.12 双轴线图

本节介绍用 Chart Builder 图表构造程序绘制双轴线图。打开数据文件 5.1.sav，选择菜单“Graphs | Chart Builder”（图形 | 图表构建程序），在下方

的 Gallery 库选项卡中选中需要绘制的双轴线图 Dual Axes，双击选中左边第一个图形，该图形将显示在上面的框中。在左上方的 Variables 源变量中选择 X 轴和 Y 轴对应的变量，分别拖入右边的框图中。注意双轴线图可以选择左右两个不同的 Y 轴变量。单击 OK 键后图形结果见图 5. 66。

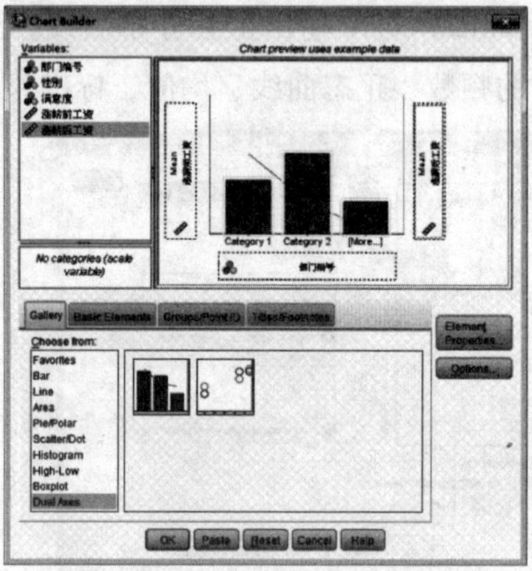

图 5. 65　双轴线图对话框

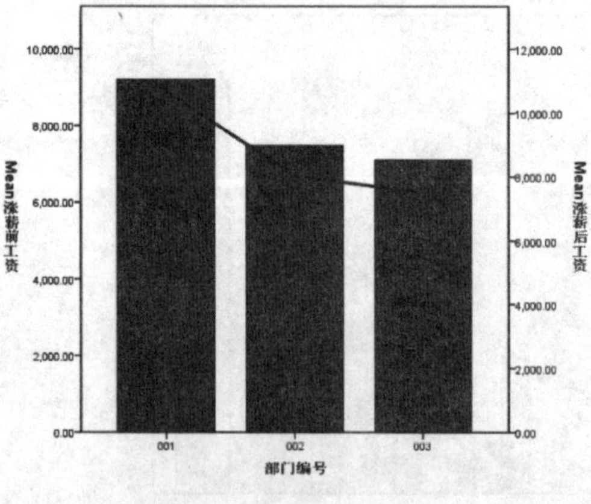

图 5. 66　双轴线图结果

5. 13 时间序列图

打开数据文件“5. 7. sav”，依次选择菜单“Analyze | Forecasting | Sequence Charts”（分析 | 预测 | 序列图）。

在弹出的序列图主对话框中，将进行时间序列分析的变量选入 Variable 列表框，标签变量选入 Time Axis Labels。转换选项组可以选择：Natural log transform 自然对数转换、Difference 差分、Seasonally difference 季节性差分、当前周期等。单击 OK 按钮完成操作。

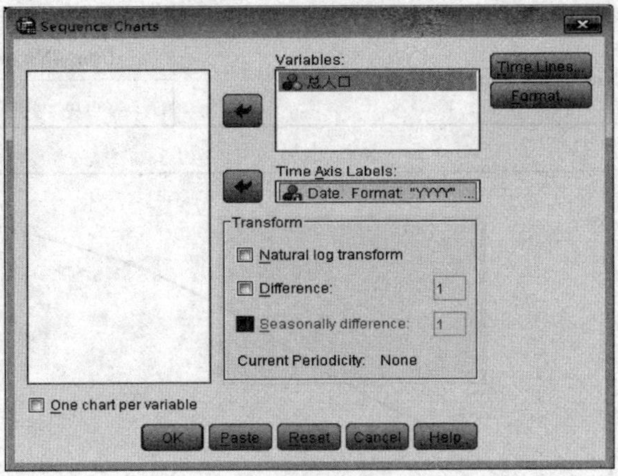

图 5.67　普通时间序列图绘制对话框

模型描述表中给出模型信息，包括模型名称、时间序列变量个数、是否对做图变量进行了转换、转换方法、是否进行了季节性差分及差分阶数等信息。个案摘要表给出数据集信息。

表 5.1　模型描述表

Model Description

Model Name		MOD_ 1
Series or Sequence	1	总人口
Transformation		None
Non - Seasonal Differencing		0
Seasonal Differencing		0
Length of Seasonal Period		No periodicity
Horizontal Axis Labels		Date_
Intervention Onsets		None
Reference Lines		None
Area Below the Curve		Not filled

Applying the model specifications from MOD_ 1

表 5.2　个案摘要表

Case Processing Summary

		总人口
Series or Sequence Length		50
Number of Missing Values in the Plot	User – Missing	0
	System – Missing	0

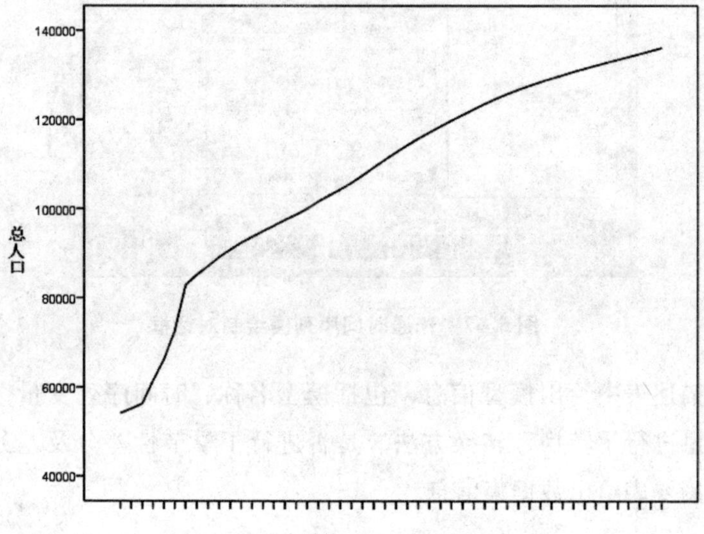

图 5.68　普通时间序列图

6　多重响应分析

多重响应分析对多选题进行描述性分析。统计软件中多重响应的标准记录方式有两种：

➢ 多重二分法。多选题中的每一个选项当作一个变量，变量值 0 表示没有被选中，1 表示被选中。

➢ 多重分类法。多选题中每一个选项当作一个变量，变量值相同，若该选项选中填入变量值，没选中不填，成为缺失值。

6.1 多重响应变量集

多重响应分析之前要将基本变量转换成多重响应变量集。软件最多可定义 20 个多重响应集，并将在使用者指定名称前加上“ $ ”符号，还可以输入不超过 40 个字符的多重响应变量集标签。

➢ 首先，建立如下数据文件（见“6. 1. sav”）：

多选题中共有 10 个选项，每个选项存成一个变量，变量类型为数值型，测量尺度为定类尺度 Nominal，变量值标签用 0 表示否，1 表示是。

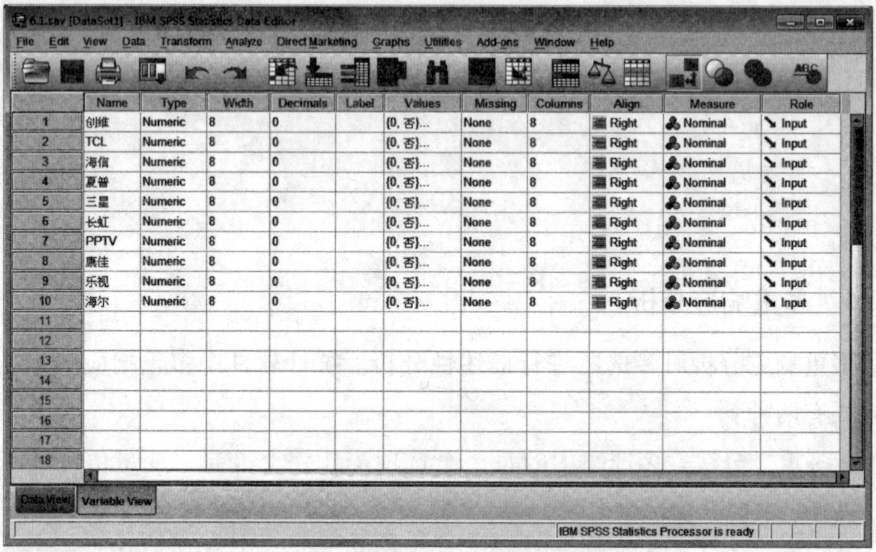

图 6.1　多重响应数据文件变量视图

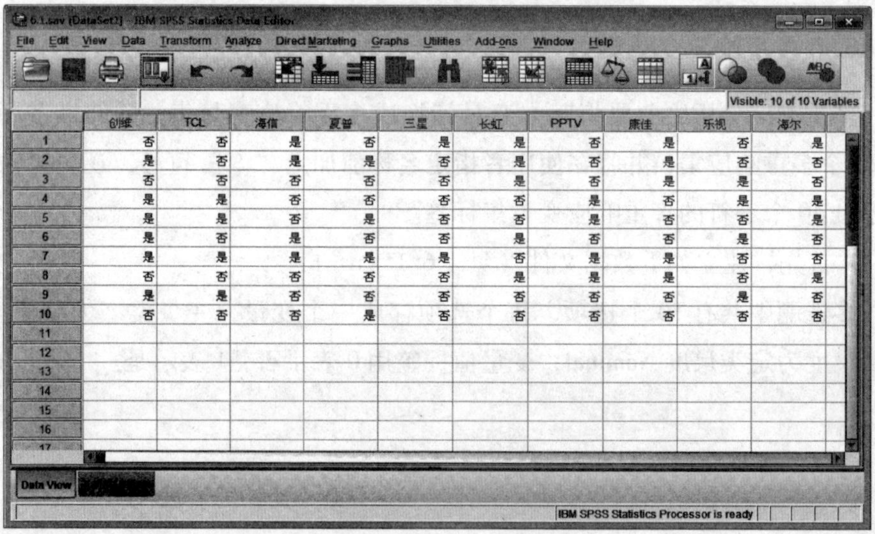

图 6.2　多重响应数据文件数据视图

➢定义多重响应集

依次选择菜单“Analyze | Multiple Response | Define Variable Sets”（分析 | 多重响应 | 定义变量集），在打开的对话框中，从左侧源变量选择多选题的选项变量进入 Variables in Set。

Variables Are Coded As 变量编码选项组有两种选择：Dichotomies 二分法单选按钮，表示每个多选题选项都是一个二元变量，Counted value 计数值中填入 1 表示该选项被选中，0 表示未选中。Categories 类别单选按钮，表示使用分类变量进行编码。范围文本框用于设置可选答案代码的起点和终点。

Name 文本框设置当前多重响应变量集的名称，系统自动在名称前加 $ 符号。Label 设置变量名标签。

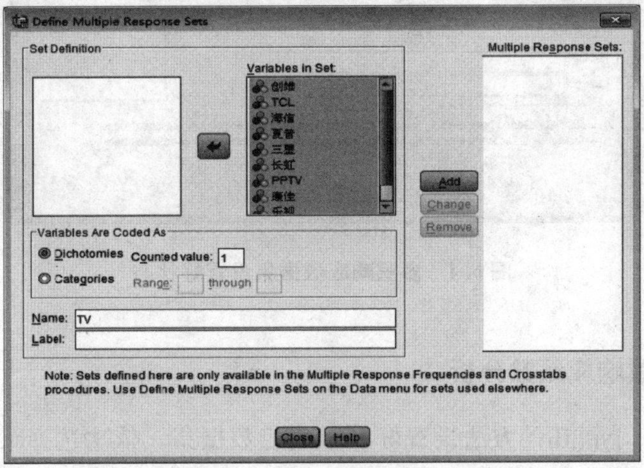

图 6.3 多重响应数据集对话框

单击 Add 按钮，设置好的多重响应变量集选入右侧的 Multiple Response Sets 集合中的变量对话框。

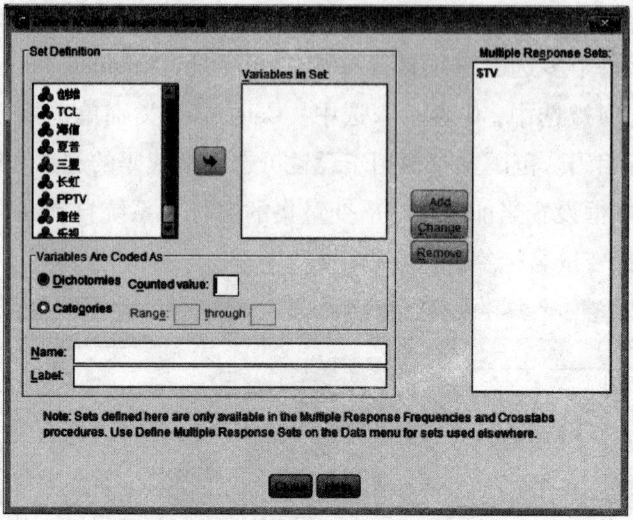

图 6.4　多重响应数据集设置好状态

6.2 多重响应频数分析

按照 6.1 节讲述的方法设置好多重响应数据集，依次选择菜单“Analyze | Multiple Response | Frequences”（分析 | 多重响应 | 频数）。在打开的对话框中，将左边 Multiple Response Sets 列表框中已经设置好的多重响应数据集选中，单击向右的箭头，移到 Table（s）for 表格列表框。单击 OK 按钮完成操作。

下面的缺失值选项组有两个复选框：

Exclude cases listwise within dichotomies 在二分集内按照列表顺序排除个案。

Exclude cases listwise within categories 在类别内按照列表顺序排除个案。

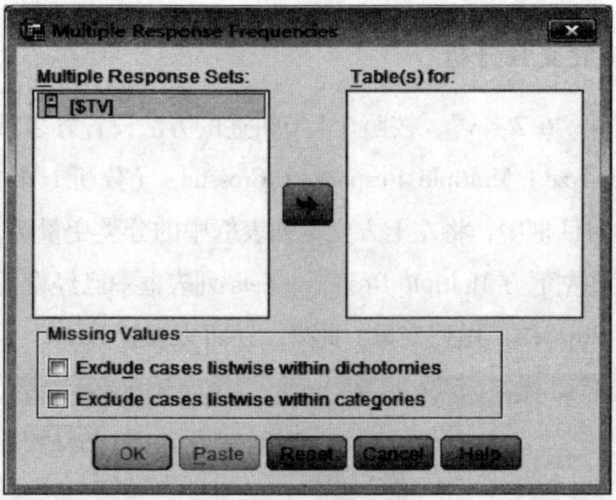

图 6.5　多重响应数据集频数分析对话框

表 6.1、表 6.2 为多重响应数据集频数分析的结果。

表 6.1　多重响应数据集频数分析个案摘要

Case Summary

	Cases					
	Valid		Missing		Total	
	N	Percent	N	Percent	N	Percent
$ TV[a]	10	100.0%	0	0.0%	10	100.0%

a. Dichotomy group tabulated at value 1.

表 6.2　多重响应数据集频数分析表

$ TV Frequencies

		Responses		Percent of Cases
		N	Percent	
$ TV[a]	创维	6	14.3%	60.0%
	TCL	4	9.5%	40.0%
	海信	4	9.5%	40.0%
	夏普	4	9.5%	40.0%
	三星	2	4.8%	20.0%
	长虹	5	11.9%	50.0%
	PPTV	4	9.5%	40.0%
	康佳	5	11.9%	50.0%
	乐视	4	9.5%	40.0%
	海尔	4	9.5%	40.0%
Total		42	100.0%	420.0%

a. Dichotomy group tabulated at value 1.

6.3 多重响应交互分析

打开数据文件“6.2.sav”，按照6.1节讲述的方法设置好多重响应数据集，依次选择菜单“Analyze | Multiple Response | Crosstabs（分析 | 多重响应 | 交互分析）”。在打开的对话框中，将左上方变量列表框中的分类变量选入右边的Column（s）左列变量；将左下方Multiple Response Sets列表框中已经设置好的多重响应数据集选中，移到Row（s）做列变量。此外，还可以设置Layer（s）分层变量。

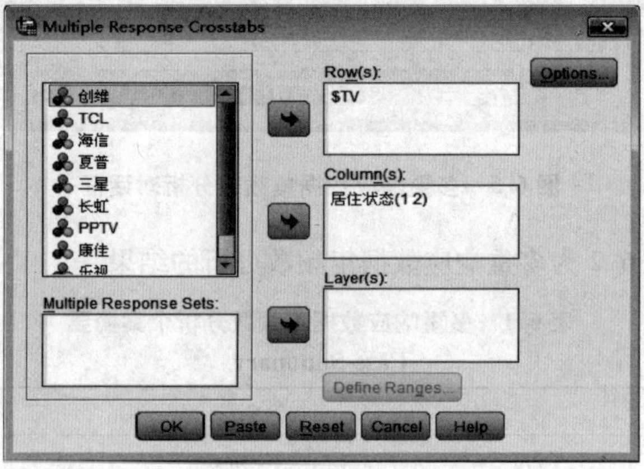

图6.6　多重响应数据集交互分析对话框

选中分类变量，单击Define Range设置变量范围。然后单击继续按钮。

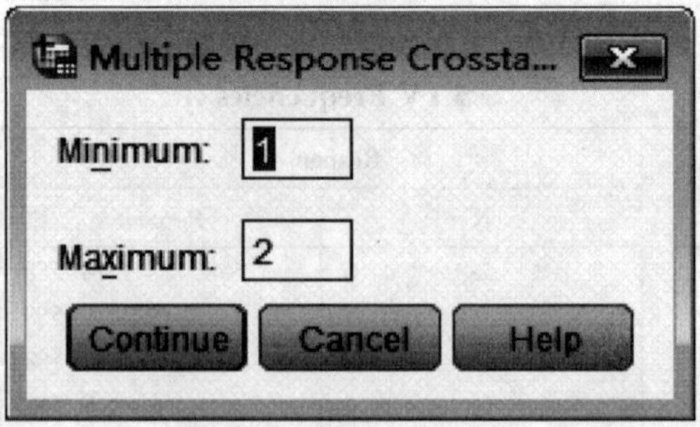

图6.7　多重响应数据集交互分析变量范围

单击Option按钮进行选项设置。Cell Percentages百分比选项组可选Row行百分比、Column列百分比、Total总和百分比。Match variables across response sets可设置跨响应集匹配变量。Percentages Based on设置百分数基于个案或者多重响应数据集。Missing Values设置缺失值。单击继续按钮，再单击OK按钮完成操作。

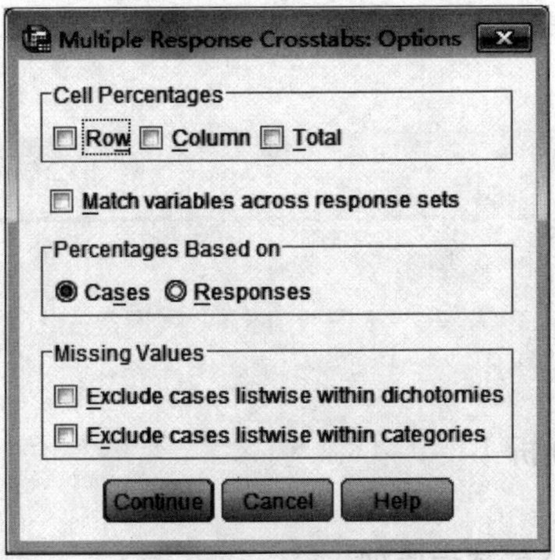

6.8 多重响应数据集交互分析选项按钮

表6.3、表6.4为多重响应数据集交互分析的结果。

表6.3 多重响应数据集交互分析个案摘要

Case Summary

	Cases					
	Valid		Missing		Total	
	N	Percent	N	Percent	N	Percent
$ TV * 居住状态	10	100.0%	0	0.0%	10	100.0%

表6.4 多重响应数据集交互分析交互表

$ TV * 居住状态 Crosstabulation

			居住状态		Total
			本地	外地	
$ TV[a]	创维	Count	4	2	6
	TCL	Count	3	1	4
	海信	Count	2	2	4
	夏普	Count	2	2	4
	三星	Count	1	1	2
	长虹	Count	2	3	5
	PPTV	Count	2	2	4
	康佳	Count	1	4	5
	乐视	Count	3	1	4
	海尔	Count	3	1	4
Total		Count	6	4	10

Percentages and totals are based on respondents.

a. Dichotomy group tabulated at value 1.

第三篇

提高篇

7　均值比较分析

7.1 均值比较分析基本原理

在实际统计分析中，经常会遇到根据样本所提供的信息，判断总体是否具有某种指定的特征。如判断总体分布是否服从某一类型的分布；总体的某个参数与某定值是否有实质性差异；同类型的两个总体的某个参数是否相同等等。这些都是假设检验问题，是根据某种实际需要，预先对未知总体作出一些假设，然后再根据实测的样本信息去检验假设的合理性，以决定对该假设的取舍。

假设检验分为两种，一种是参数检验，该种检验是我们已知总体的分布类型，对其未知参数做假设检验；另一种是非参数检验，该种检验是未知总体的分布类型，对其总体假设做假设检验。本章主要论述参数检验。

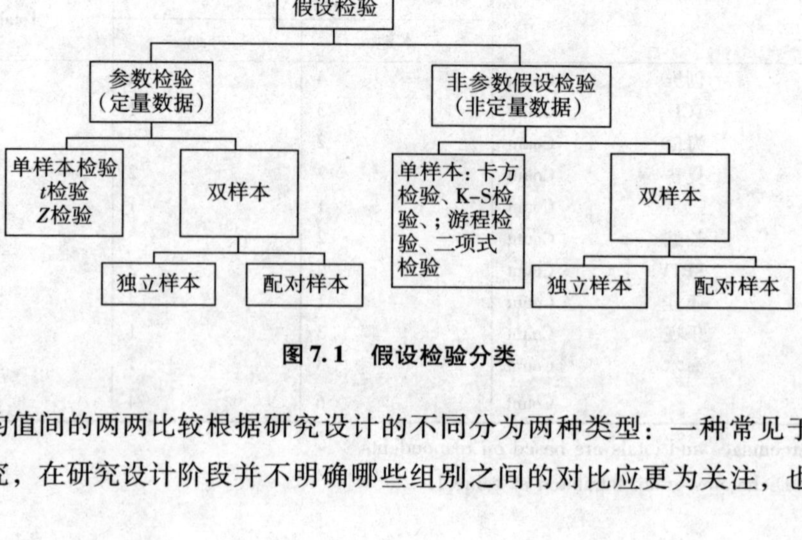

图 7.1　假设检验分类

均值间的两两比较根据研究设计的不同分为两种类型：一种常见于探索性研究，在研究设计阶段并不明确哪些组别之间的对比应更为关注，也不明确哪些组别间的关系已有定论、无需再探究，通过方差分析结果“概括而言各组均数不相同”的提示后，对每一对样本均数都进行比较，从中寻找有统计学意义的差异；另一种是在设计阶段根据研究目的或专业知识所决定的某些均数间的比较，常见于证实性研究中的多个处理组与对照组、施加处理后的不同时间点与处理前的比较。

7.2 单一样本 t 检验

单一样本 t 检验，是检验单个变量的均值与指定的检验值之间是否存在显著性差异。比较样本均值与总体均值之间的差异显著性检验，也属于单样本 t 检验。例如：关于某城市的人均 GDP 与 10000 元的差异显著性的检验问题。

◆**单一样本 t 检验的主要步骤：**

➤提出原假设 H_0 与备择假设 H_1，在样本 t 检验中，H_0 为 $\mu = \mu_0$，即假设样本均值与总体均值的差异是由抽样误差造成的，总体均值和检验值之间不存在显著差异。H_1 为 $\mu \neq \mu_0$，二者存在显著差异。

➤选取统计量 t 作为检验统计量，在 H_0 成立的条件下应服从自由度为 $n-1$ 的 t 分布，n 为样本个数。

$$t = \frac{\bar{X} - \mu_0}{S/\sqrt{n}} \tag{7.1}$$

式中，$\bar{X}$ 为样本均值，μ_0 为总体均值，S 是样本标准差，n 是数据个数。

➤确定显著性水平 α。α 是指若假设 H_0 为真，拒绝原假设的弃真概率。

➤计算检验统计量，根据公式计算检验统计量和对应的 P 值，并根据统计量 t 的分布查表确定临界值 t_0 及 H_0 的拒绝域。

➤根据检验统计量的值和检验统计量的概率 P 值作出决策。若 P 值小于显著性水平 α，就拒绝原假设，得出总体均值与检验值之间存在显著差异；否则，接受原假设，认为总体均值与检验值之间不存在显著差异。

◆**SPSS 实例分析**

本节通过单一样本 t 检验，分析城市的平均工资与人们给出的经验值之间是否存在显著差异。

打开数据文件 7.1.sav，依次选择菜单“Analyze | Compare Means | One -

Sample T Test（分析 | 比较均值 | 单一样本 t 检验）”，执行单一样本 t 检验过程，其主设置页面如图 7.2 所示。在变量列表选中分析变量入 Test Variable（s）列表框；在底部的 Test Value 输入框中输入“30000”作为总体均值的经验值。

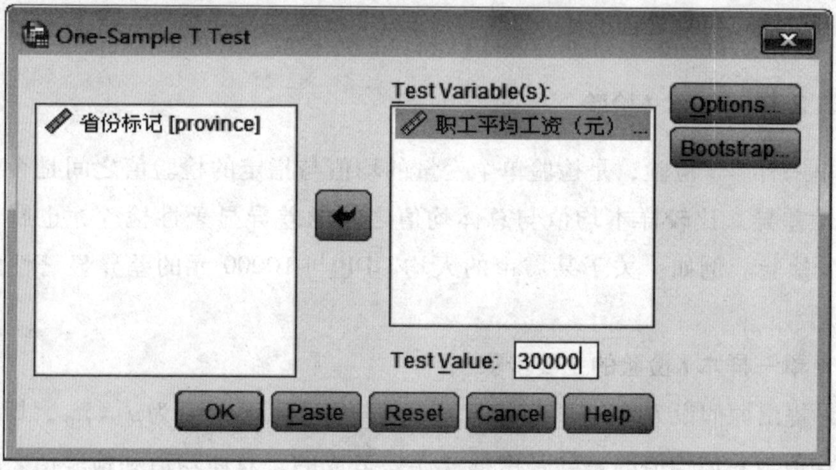

图 7.2　单一样本 t 检验对话框

单击 Options 按钮，在弹出的对话框中选择置信区间，指定样本均值与总体均值之间的置信区间，默认状态下为 95%。Missing Values 栏用于设置缺失值的处理方式，有如下两个选项：Exclude cases analysis by analysis 按分析顺序排除个案，在检验某个变量时，只是忽略了当前变量中含缺失值的记录，因此每个变量所用的记录数可能是不一样的，这是默认选项，能够充分地利用原始数据。Exclude cases listwise 按列表排除个案，在数据集中只要有一个变量含有缺失值，则在所有分析中忽略这个记录。

检验结果如下表。第一张表格 One - Sample Statistics 是单一样本统计量表，统计了样本的观测量个数、均值、标准差和均值的标准误。第二张表格 One - Sample Test 展示单一样本检验结果。Test Value 为检验值，t 是计算出的统计量值，df 是自由度，Sig.（2 - tailed）表示双尾检验的 P 值，Mean Difference 是均值差值，95% Confidence Interval of the Difference 表示置信区间，Lower 是下限，Upper 是上限。P 值大于给定的显著性水平 0.05，所以我们有理由接受原假设，认为总体均值与检验值之间不存在显著差异。

表 7.1 单一样本 t 检验结果

One – Sample Statistics

	N	Mean	Std. Deviation	Std. Error Mean
职工平均工资（元）	29	30093.3648	4456.65791	827.58060

One – Sample Test

	Test Value = 30000					
	t	df	Sig. (2 – tailed)	Mean Difference	95% Confidence Interval of the Difference	
					Lower	Upper
职工平均工资（元）	.113	28	.911	93.36483	–1601.8572	1788.5868

7.3 独立样本 t 检验

两独立样本 t 检验，用于检验两个样本是否来自具有相同均值的总体。例如：检验两个城市同龄男性的平均身高是否具有显著差异。独立样本 t 检验的实质就是对两个样本的均值之差进行 t 检验。

◆**独立样本 t 检验的主要步骤**

两独立样本 t 检验的主要步骤与单一样本 t 检验的步骤大体相同，以下仅介绍区别：

➢假设不同。在两独立样本 t 检验中，原假设 H_0 为 $\mu_1 = \mu_2$，即假设两个样本具有相同的均值。备择假设为 H_1 为 $\mu_1 \neq \mu_2$，即假设两样本均值不相等。

➢统计量的计算方法不同。根据两独立样本的方差是否相等，将独立两样本 t 检验分为一般的 t 检验和校正的 t 检验两种情况。

当样本方差相等的时候，采用一般的 t 检验。此时有，

$$t = \frac{\bar{X}_1 - \bar{X}_2}{\sqrt{\frac{(n_1 - n_2)s_1^2 + (n_2 - 1)s_2^2}{n_1 + n_2 - 2} * (\frac{1}{n_1} + \frac{1}{n_2})}} - t(n_1 + n_2 - 2) \qquad (7.2)$$

其中，$\bar{X}_i$ 代表样本均值，S_i 代表样本均值，n_i 代表样本个数（$i=1$，2）.

当样本方差不相等时，采用校正的 t 检验。此时有，

$$t = \frac{\bar{X}_1 - \bar{X}_2}{\sqrt{\frac{s_1^2}{n_1} + \frac{s_2^2}{n_2}}} - t(n) \qquad (7.3)$$

其自由度 n 计算如下，

$$n = \left(\frac{k^2}{n_1 - 1} + \frac{(1-k)^2}{n_2 - 1}\right)^{-1} \tag{7.4}$$

$$k = \frac{\frac{S_1^2}{n_1}}{\frac{S_1^2}{n_1} + \frac{S_2^2}{n_2}} \tag{7.5}$$

在进行两独立样本 t 检验之前，要通过 F 检验来看两样本的方差是否相等，从而选取恰当的统计方法。

➢注意：

☆两样本必须独立。否则，应该使用配对样本 t 检验功能。

☆样本总体必须服从正态分布。否则，应该考虑使用非参数检验。

◆**SPSS 实例分析**

本节通过两独立样本 t 检验过程，分析金融危机前后外商投资企业数量是否有显著变化。打开文件 7.2.sav，依次选择菜单“Analyze | Compare Means | Independent – Samples Test（分析 | 比较均值 | 独立样本 t 检验）”，执行两独立样本 t 检验过程，它的主设置界面如图 7.3 所示。从左边的变量列表单击选中待检验变量进入 Test Variable（s），分类变量选入 Grouping Variable。

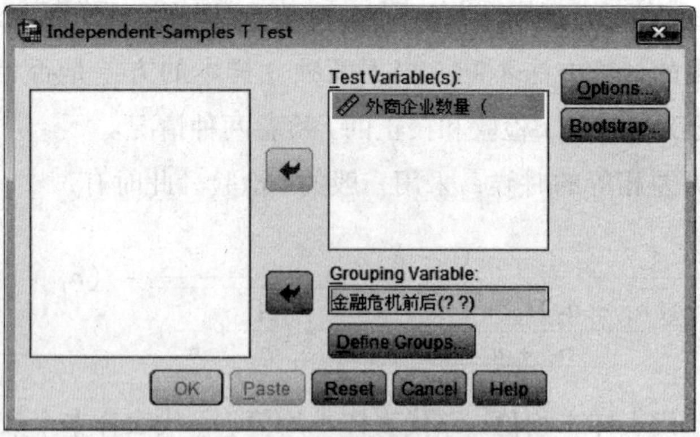

图 7.3　独立样本 t 检验对话框

单击 Define Groups 按钮，弹出如图 7.4 所示的对话框，在两个 Group 指定值输入框分别键入要分析的分组变量的两个类别取值“0”和“1”，数据中类别变量取其他值的记录将不计入分析，此处可以输入数字（整数或小数）或者字符。Cut point 割点选项，设定分解值，分类变量取值小于此处输入值的记录记为一类，其他记录记为一类。如果制定的分类变量是字符型的，此项不可用。单击 Continue 按钮返回主界面。

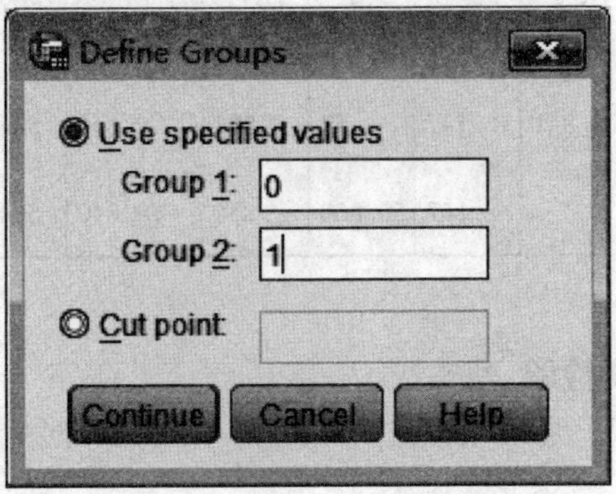

图 7.4 独立样本 t 检验定义组

◆**结果分析**

表 7.2 是独立样本 t 检验结果。Group Statistics 组统计量表格给出了两组个案的一些统计特征，包括：样本量（N）、均值、标准差、均值的标准误等。

Independent Samples Test 独立样本检验表格给出了关于方差齐次性的 Levene 检验和关于均值相等的 t 检验结果。从 P 值 0.884 和显著性水平 0.05 比较来看，接受原假设，认为两组分析变量没有显著性差异。

表 7.2 独立样本 t 检验结果

Group Statistics

	金融危机前后	N	Mean	Std. Deviation	Std. Error Mean
外商企业数量	金融危机前	29	1281.79	2000.994	371.575
	金融危机后	30	1361.63	2176.642	397.399

Independent Samples Test

		Levene's Test for Equality of Variances		t-test for Equality of Means						
		F	Sig.	t	df	Sig. (2-tailed)	Mean Difference	Std. Error Difference	95% Confidence Interval of the Difference	
									Lower	Upper
外商企业数量	Equal variances assumed	.041	.841	-.147	57	.884	-79.840	544.841	-1170.866	1011.186
	Equal variances not assumed			-.147	56.860	.884	-79.840	544.053	-1169.346	1009.665

7.4 配对样本 *t* 检验

◆原理与方法

配对样本 *t* 检验，用于检验两个相关的样本（配对资料）是否来自具有相同均值的总体。

◆配对数据来源的方式有两种：自身配对和同源配对。

➢自身配对：指同一个试验对象，在一个不同时间段内分别接收前后两次不同的处理，用其前后两次的观测值进行对照和比较；或者，对同一试验对象，取其不同部分的观测值或不同方法处理后的观测值进行自身对照和比较。例如：检验某种政策对经济发展前后是否有变化；检验两种税收政策对人的经济行为影响的区别。

➢同源配对：指将来源相同、性质相同的两个个体配成一对，如将地理位置、产业结构、消费结构、收入水平相同的两个地区配成一对，然后对配对的两个个体随机地实施不同的处理，再根据所得到的数据检查两种处理方法的效果。

◆配对样本 *t* 检验是针对配对数据的 *t* 检验。其检验方法是首先求出每对样本的差值，然后比较样本差值的均值和总体均值 0 之间的关系。如果两组数据没有差别，那么其样本差值的均值应该在 0 附近波动。否则认为两组数据是有差别的。这种方法的本质就是在对配对样本的差值同总体均值 0 作单样本 *t* 检验。

◆注意：

➢单样本 *t* 检验和两独立样本 *t* 检验一样，样本内部数据的顺序是任意调换的。而配对样本 t 检验的样本必须是一一对应的。样本内数据的顺序不能随意交换。

➢ 两独立样本 t 检验是指不同的方法作用于不同的群体，配对样本 t 检验是不同的方法作用于相同的群体。这样可以消除两独立样本造成的不公平的现象。

◆**检验统计量**

配对样本 t 检验的步骤与前面两独立样本 t 检验步骤相类似，它们的主要区别在于检验统计量不同，因此这里只是给出配对样本 t 检验的统计量。

在配对样本 t 检验中，设 x_{1i}、x_{2i}（$i=1,2,\cdots,n$）分别为两配对样本。其样本差值 $d_i = x_{1i} - x_{2i}$。此时检验计量为：

$$t = \frac{\bar{d}}{\sqrt{S_d^2/n}} \sim t(n-1) \tag{7.6}$$

其中 $\bar{d}$ 为 d_i 的均值，S_d^2 为 d_i 的方差，n 为样本数。

从式（7.6）可以看出，配对样本 t 检验就是差值的单样本 t 检验。

◆**SPSS 实例分析**

本节通过配对样本 t 检验，分析加入 WTO 后外商实际投资额是否有显著变化。打开数据文件“7.3.sav”，依次选择菜单“Analyze | Compare Means | Paired－Samples T Test（分析 | 比较均值 | 配对样本 t 检验）”，执行两配对样本 t 检验过程，它的主设置界面如图 7.6 所示。在变量列表中分别选中两个配对变量，放入右侧 Paired variables 配对样本列表框。可以选择多对变量进行两两配对。

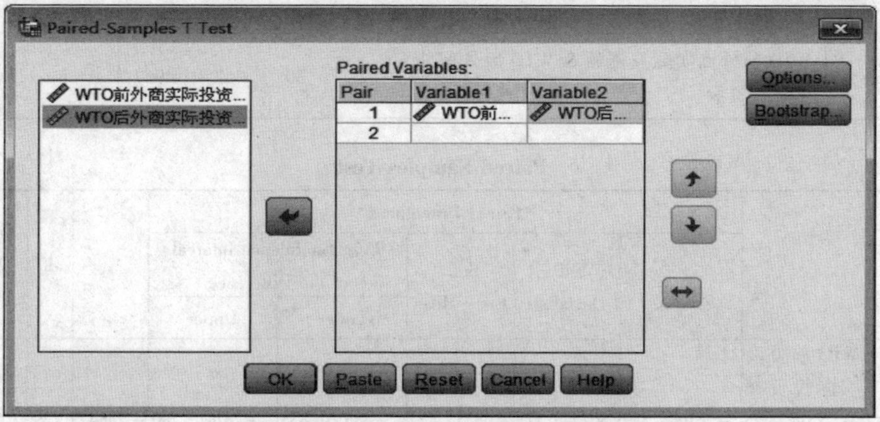

图 7.5　配对样本 t 检验对话框

◆**结果分析**

配对样本 T 检验结果见表“7.3”。Paired Samples Statistics 成对样本统计量表格给出了两组变量的一些统计特征值，包括均值、样本量、标准差、均值的标准误等。

Paired Samples Correlations 成对样本相关系数表格给出了两组变量的相关性检验结果，*N* 为数据个数，Correlation 是相关系数，Sig 是相关系数的显著性检验结果（具体分析方法见第 8 章）。若结果显示在 0.05 的显著性水平上，配对样本之间高度相关。

Paired Samples Tests 成对样本检验表格给出了关于差值的 *t* 检验结果，包括两个配对变量相减的差值的 Mean 均值、Std. Deviation 方差、Std. Error Mean 均值的标准误、95% Confidence Interval of the Difference 在 95% 置信区间的上下限、*t* 统计量的值、df 自由度、Sig. （2 - tailed）双尾检验的 *P* 值等。从 *t* 检验的 *P* 值 $0.001 < 0.05$ 看，因此拒绝原假设，认为配对样本之间存在显著差异，表示加入 WTO 能够显著地增加外商实际投资额。

表 7.3 配对样本 *t* 检验结果

Paired Samples Statistics

		Mean	N	Std. Deviation	Std. Error Mean
Pair 1	WTO 前外商实际投资额	1242994.86	30	2043368.176	373066.281
	WTO 后外商实际投资额	1804683.42	30	2631984.257	480532.383

Paired Samples Correlations

		N	Correlation	Sig.
Pair 1	WTO 前外商实际投资额 & WTO 后外商实际投资额	30	.962	.000

Paired Samples Test

		Paired Differences					t	df	Sig. (2 - tailed)
		Mean	Std. Deviation	Std. Error Mean	95% Confidence Interval of the Difference				
					Lower	Upper			
Pair 1	WTO 前外商实际投资额 - WTO 后外商实际投资额	-561688.559	867348.571	158355.459	-885561.838	-237815.280	-3.547	29	.001

8 方差分析

均值比较分析用于检验两个总体均值是否有显著差异，若需要比较多个总体均值，可引入方差分析。方差分析研究分类变量和顺序变量（因素）对数值型变量（观测变量）的影响，判断它们之间有无关系及关系强度。基本原理是从观测变量的方差入手，对全部观测值的变动进行分解，将由因素导致观测变量的系统性误差和随机误差加以比较，由此推断样本之间是否存在显著差异。若存在显著差异，说明因素对总体的影响是显著的。方差分析按观测变量的个数，分为单变量方差分析和多变量方差分析，按因素的个数分为单因素方差分析和多因素方差分析。

8.1 单因素方差分析

◆基本步骤

单因素方差分析研究一个控制变量是否对观测变量产生了显著影响。假设检验基本步骤与均值比较分析类似，但采用 F 统计量而不是 t 统计量。

➢提出原假设 H_0 与备择假设：$H_0: \mu_1 = \mu_2 = \cdots = \mu_k, H_1: \mu_1, \mu_2, \cdots, \mu_k$ 不全相等。μ_k 是因素的第 k 个水平下的观测变量的总体均值。原假设为不同因素水平下的观测变量各总体均值无显著差异。

➢选取统计量 F 作为检验统计量，在 H_0 成立的条件下 F 统计量服从（$k-1$，$n-k$）下各自由度的 F 分布。SSA 为因素 A 作用的变差，自由度为 $k-1$，SSE 是残差，自由度为 $n-k$。n 为数据个数。

$$F = \frac{MSA}{MSE} = \frac{\frac{SSA}{k-1}}{\frac{SSE}{n-k}} \tag{8.1}$$

➢确定显著性水平 α 。

➢计算检验统计量，根据公式计算检验统计量和对应的 P 值。

➢根据检验统计量的值和检验统计量的概率 P 值作出决策。若 P 值小于显著性水平 α ，就拒绝原假设，认为控制变量不同水平下观测变量各总体均值存在显著差异；否则，接受原假设，认为控制变量对观测变量没有显著影响。

◆SPSS 操作

打开数据文件“8.1.sav”，依次选择菜单“Analyze | Compare Means | One – Way ANOVA（分析 | 比较均值 | 单因素 ANOVA 分析）”。在弹出的对话框中，选择因素变量进入 Factor 作为分组变量，观测变量（因变量）进入 Dependent List。

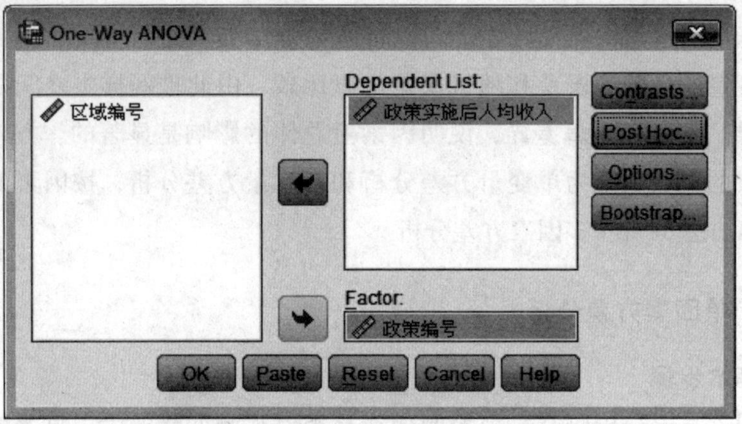

图 8.1 单因素方差分析对话框

单击 Contrasts 对比按钮对均值变动趋势进行趋势检验。选中 Polynomial 多项式进行趋势检验，在 Degree 次数下拉列表框中选择 Linear 线性多项式，还可以选择 Quadratic 二次多项式、Cubic 三次多项式、4th 四次、5th 五次。Coefficients 用于精确定义组间均值比较，可在其后的框中输入各组均值的系数。

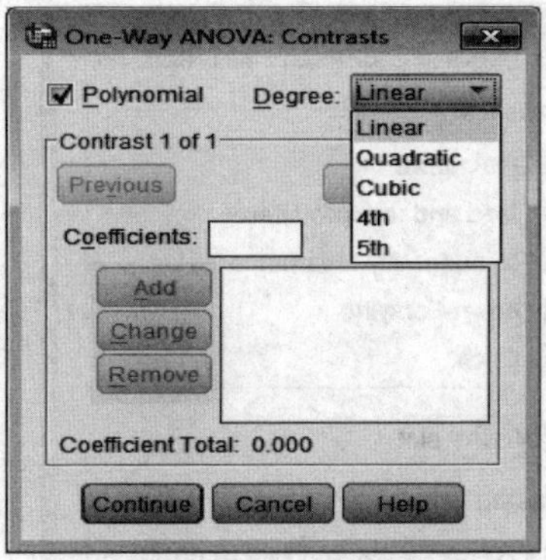

图 8.2 单因素方差分析对比按钮

单击 Post Hoc 按钮进入验后多重比较对话框。Equal Variances Assumed 是假设方差齐选项组，包括 LSD 最小显著性差异法、Bonferroni 修正最小显著性差异法、Sidak 多重配对比较，等等，这里选择 LSD 方法。Equal Variances Not Assumed 表示未假定方差齐性。显著性水平默认 0.05。

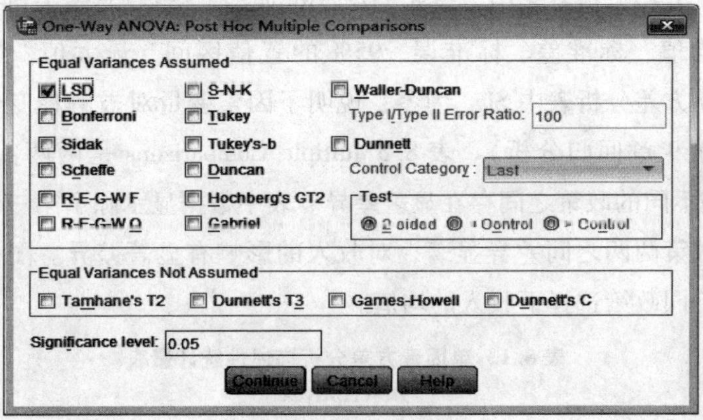

图 8.3 单因素方差分析 Post Hoc 按钮

单击 Options 选项按钮。Statistics 选项组用于输出统计量，包括 Descriptive 描述统计量，输出个案数、均值、最小值、最大值、标准差、标准误差、95% 的置信区间；Fixed and random effects 固定和随机效应模型的标准差、标准误差、95% 置信区间，随机效应模型的标准误差、95% 的置信区间及方差成分间的估计值；Homogeneity of variance test 用 Levene 统计量进行方差一致性检验；Brown – Forsythe 统计量；Welch 统计量。Means plot 表示输出均值分布图。Missing Values 定义缺失值处理方法。

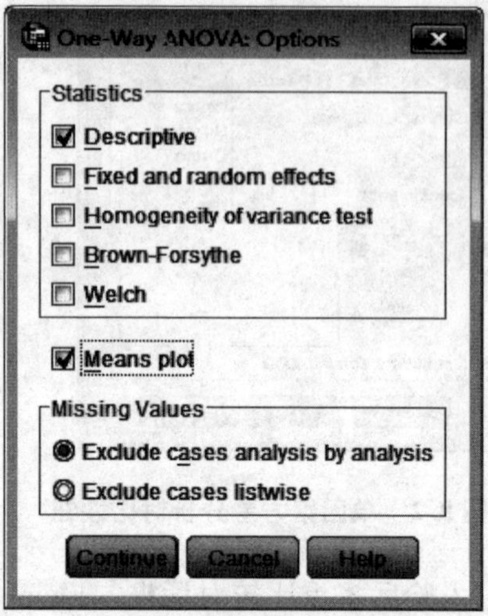

图 8.4　单因素方差分析选项按钮

◆**结果分析**

单因素方差分析各表中，表 8.1Descriptives 描述性统计量表可分组输出样本个数、均值、标准差、标准误、95% 的置信区间、最大值、最小值。表 8.2ANOVA 方差分析表中 Sig. 为零，说明了因素变量对被解释变量的线性贡献（详见第 9 章回归分析）。表 8.3Multiple Comparisons 是两两比较分析表，“＊”代表不同的政策之间存在显著差异。表中数据显示除了第三和第四项政策，其余政策两两之间差异显著，对收入的影响有显著差异。图 8.5 是均值图，显示不同政策选择下收入的均值。

表 8.1　单因素方差分析描述性统计量表

Descriptives

政策实施后人均收入

	N	Mean	Std. Deviation	Std. Error	95% Confidence Interval for Mean		Minimum	Maximum
					Lower Bound	Upper Bound		
1.000000000001	8	9137.50	396.187	140.073	8806.28	9468.72	8700	9900
2.000000000001	6	7450.00	367.423	150.000	7064.41	7835.59	6900	7800
3.000000000001	4	6100.00	416.333	208.167	5437.52	6762.48	5600	6600
4.000000000001	2	5500.00	141.421	100.000	4229.38	6770.62	5400	5600
Total	20	7660.00	1434.683	320.805	6988.55	8331.45	5400	9900

表 8.2 单因素方差分析表

ANOVA

政策实施后人均收入

			Sum of Squares	df	Mean Square	F	Sig.
Between Groups	(Combined)		36794250.000	3	12264750.000	84.813	.000
	Linear Term	Unweighted	24888646.552	1	24888646.552	172.109	.000
		Weighted	35644500.000	1	35644500.000	246.488	.000
		Deviation	1149750.000	2	574875.000	3.975	.040
Within Groups			2313750.000	16	144609.375		
Total			39108000.000	19			

表 8.3 单因素方差分析两两比较表

Post Hoc Tests

Multiple Comparisons

Dependent Variable: 政策实施后人均收入

LSD

(I) 政策编号	(J) 政策编号	Mean Difference (I－J)	Std. Error	Sig.	95% Confidence Interval Lower Bound	95% Confidence Interval Upper Bound
1.0000000000001	2.0000000000001	1687.500*	205.372	.000	1252.13	2122.87
	3.0000000000001	3037.500*	232.870	.000	2543.84	3531.16
	4.0000000000001	3637.500*	300.634	.000	3000.18	4274.82
2.0000000000001	1.0000000000001	－1687.500*	205.372	.000	－2122.87	－1252.13
	3.0000000000001	1350.000*	245.467	.000	829.63	1870.37
	4.0000000000001	1950.000*	310.494	.000	1291.78	2608.22
3.0000000000001	1.0000000000001	－3037.500*	232.870	.000	－3531.16	－2543.84
	2.0000000000001	－1350.000*	245.467	.000	－1870.37	－829.63
	4.0000000000001	600.000	329.328	.087	－98.14	1298.14
4.0000000000001	1.0000000000001	－3637.500*	300.634	.000	－4274.82	－3000.18
	2.0000000000001	－1950.000*	310.494	.000	－2608.22	－1291.78
	3.0000000000001	－600.000	329.328	.087	－1298.14	98.14

*. The mean difference is significant at the 0.05 level.

Means Plots

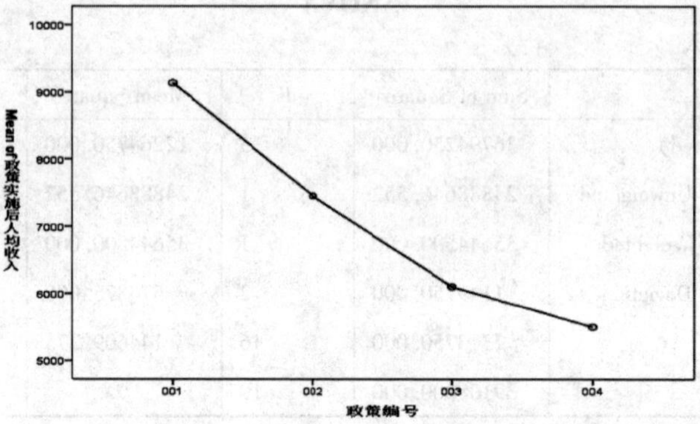

图 8.5　单因素方差分析均值图

8.2 多因素方差分析

多因素方差分析是研究两个或两个以上控制变量是否对观测变量产生了显著影响。

◆**基本步骤**

➢提出原假设 H_0 与备择假设：原假设 $H_0: a_1 = a_2 = \cdots = a_k, b_1 = b_2 = \cdots = b_i$，各控制变量不同水平下观测变量的均值无显著差异，控制变量各效应和交互作用效应同时为0。

➢选取统计量 F 作为检验统计量。控制变量划分为固定效应和随机效应，固定效应指控制变量的各个水平可控，对观测变量影响固定；随机效应中控制变量的水平无法严格控制，对观测变量的影响随机。

固定效应模型 F 统计量：

$$F_A = \frac{MSA}{MSE} = \frac{\dfrac{SSA}{(k-1)}}{\dfrac{SSE}{ki(n-1)}}$$

$$F_B = \frac{MSB}{MSE} = \frac{\dfrac{SSB}{(i-1)}}{\dfrac{SSE}{ki(n-1)}}$$

$$F_{AB} = \frac{MSAB}{MSE} = \frac{\dfrac{SSAB}{(k-1)(i-1)}}{\dfrac{SSE}{ki(n-1)}} \tag{8.2}$$

随机效应模型 F 统计量：

$$F_A = \frac{MSA}{MSAB} = \frac{\dfrac{SSA}{(k-1)}}{\dfrac{SSAB}{(k-1)(i-1)}}$$

$$F_B = \frac{MSB}{MSAB} = \frac{\dfrac{SSB}{(i-1)}}{\dfrac{SSAB}{(k-1)(i-1)}} \tag{8.3}$$

观测变量总变差 $SST = SSA + SSB + SSAB + SSE$，其中 SSA 是控制变量 A 独立作用的变差，SSB 是控制变量 B 独立作用的变差，$SSAB$ 为两变量交互作用引起的变差，SSE 是随机变量引起的变差。

➢确定显著性水平 α。

➢计算检验统计量，根据公式计算检验统计量和对应的 P 值。

➢根据检验统计量的值和检验统计量的概率 P 值作出决策。在固定效应模型中，若 P 值小于显著性水平 α，就拒绝原假设，认为控制变量 A 的不同水平下观测变量各总体均值存在显著差异；否则，接受原假设，认为控制变量对观测变量没有显著影响。同样的方法判断控制变量 B 和变量 A、B 的交互作用。随机效应中先判断 A、B 交互作用的显著性，再依次判断 A、B 的显著性。

◆ **SPSS 操作**

打开数据文件“8.2.sav”，依次选择菜单“Analyze | General Linear Model | Univariate（分析 | 一般线性模型 | 单变量）”。在弹出的对话框中，观测变量（因变量）进入 Dependent List，固定因素变量选入 Fixed Factor（s），随机因素变量选入 Random Factor（s），协变量选入 Covariate（s），WLS Weight 是权重变量框，列出加权二重分析的权重变量。

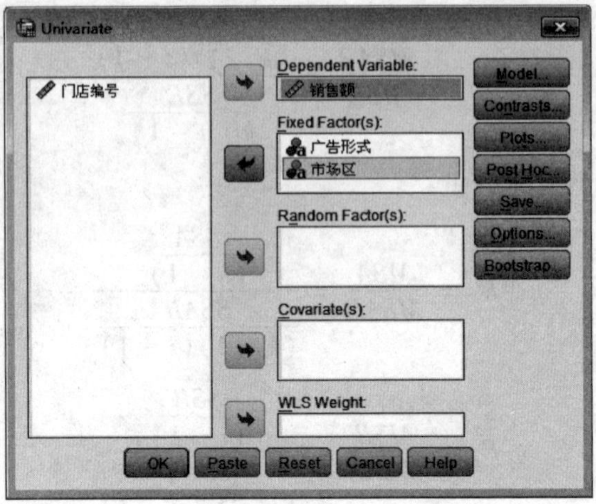

图 8.6　多因素方差分析对话框

单击 Model 进入模型按钮。Specify Model 指定模型类型，可以保留默认设置 Full factorial 建立全模型，输出所有因子主效应、所有协变量主效应、因子间交互，不包含协变量交互。如选择 Custom 设定，指定要包含在模型中的项目。一旦选择 Custom，下方的 Factors & Covariates 因子与协变量、Build Term（s）构建项、Model 模型被激活。Sum of squares 平方和下拉列表框中有 4 种类型，依次表示分层处理平方和，仅处理主效应项；处理所有其他效应；处理类型 I 和类型 II 中的所有效应；对任何效应都处理，默认设置。勾选 Include intercept in model 在模型中包含截距。

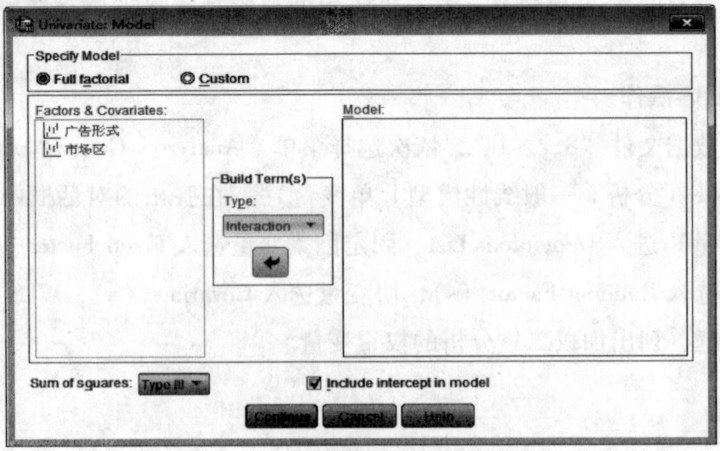

图 8.7　多因素方差分析模型按钮

主对话框中单击 Contrasts 对比按钮。Factors 因子列表框中单击因子变量可以激活更改对比选项组，对要进行对比的因子设置对比方式。Change Contrast 用于更改对比，包括其中对比方法：None 无、Deviation 偏差、Simple 简单、Difference 差值、Helmert、Repeated 重复、Polynomial 多项式。选好对比方法后单击 Change 按钮，改变了的对比方法会显示在 Factors 列表框相应因子变量后面的括号中。

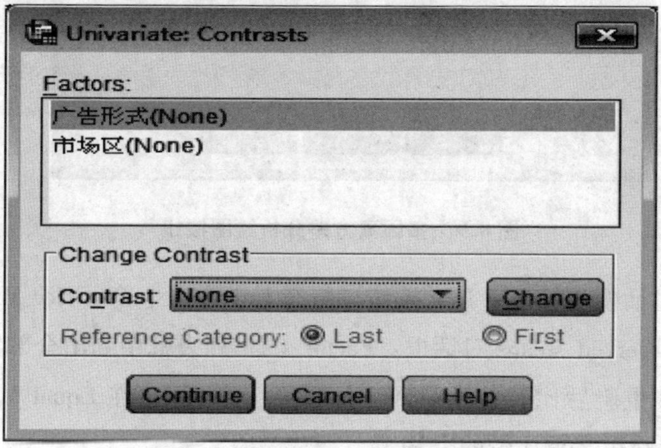

图 8.8　多因素方差分析对比按钮

单击主对话框中的 Plots 绘图按钮。该对话框可以绘制均值分布图，当只有一个因素水平时，形成因变量估计边缘均值的线图；有两个及以上因素时，绘制分离线。Factors 列表框列出全部的因素变量，右侧 Horizontal Axis 表示横坐标，Separate Lines 表示分离线，Separate Plots 是散点图。Add、Change、Remove 分别用于添加、改变和移除已选因变量。

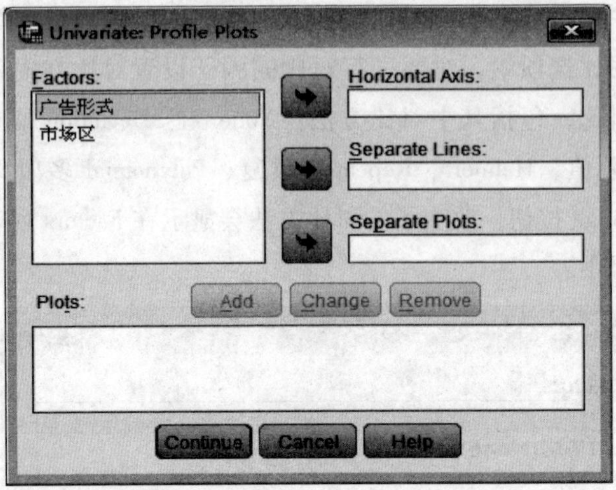

图 8.9　多因素方差分析绘图按钮

单击主对话框中的 Post Hoc 按钮，打开 Univariate：Post Hoc Multiple Comparisons for Observed Means 对话框。Factor（s）列表框中列出全部因变量，选择需要进行多重验后比较的变量到 Post Hoc Tests for。在 Equal Variances Assumed 中选择验后多重比较的方法。

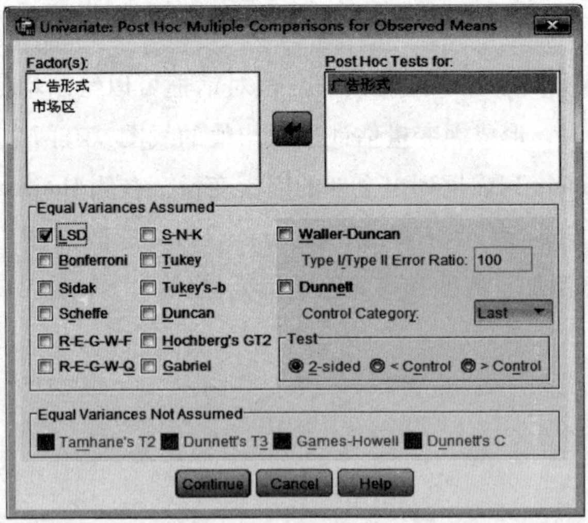

图 8.10　多因素方差分析两两比较按钮

单击主对话框中的 Save 按钮。Predicted Values 用于保存预测值，包括 Unstandardized 非标准化预测、Weighted 加权非标准化预测、Standard error 预测值均值的标准误。Residuals 选项组用于保存残差，包括 Unstandardized 非标准化残差、Weighted 权重非标准化残差、Standardized 标准化残差、Studentized 保存 Student 残差、Deleted 剔除残差。Diagnostics 选项组是诊断结果保存选项，其中 Cook's distance 表示保存 Cook 距离，Leverage values 保存非中心化 Leverage 值。Coefficient Statistics 系数统计选项组用于保存模型中的参数估计值的协方差矩阵。

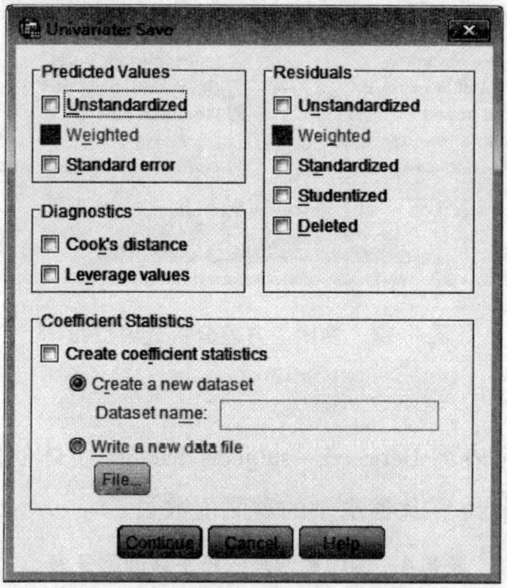

图 8.11 多因素方差分析保存按钮

单击主对话框中的 Options 按钮。Estimated Marginal Means 估计边际均值选项组可以选择显示结果的因变量。Display 展示选项组指定要输出的统计量，包括 Descriptive statistics 描述统计量、Estimates of effect size 功效估计、Observed power 检验功效的显著性水平、Parameter estimates 参数估计、Contrast coefficient matrix 对比系数矩阵、Homogeneity test 方差齐次性检验、Spread vs. level plot 分布水平图、Residual plot 残差图、Lack of fit 缺乏拟合优度检验、General estimable function 一般估计函数检验。最后选择显著性水平。

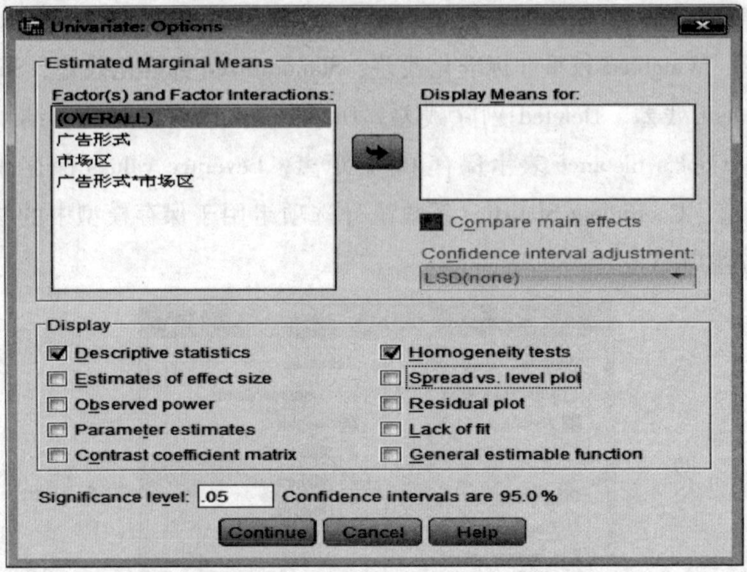

图 8.12　多因素方差分析选项按钮

◆结果分析

分析结果第一张表为 Between - subjects Factors 主体间因子表，列出各个因子变量的水平（分类）及各水平的观测值数目。

表 8.4　多因素方差分析主体间因子表

Between - Subjects Factors

		Value Label	N
广告形式	1	网络	7
	2	电视	3
	3	纸质宣传品	3
	4	大屏幕广告	5
市场区	1	A 区	6
	2	B 区	6
	3	C 区	6

Descriptive statistics 描述性统计表显示均值、标准差、频数等描述性统计指标。

表 8.5 多因素方差分析描述性统计表

Descriptive Statistics

Dependent Variable：销售额

广告形式	市场区	Mean	Std. Deviation	N
网络	A 区	8666. 67	1527. 525	3
	B 区	8250. 00	353. 553	2
	C 区	9250. 00	353. 553	2
	Total	8714. 29	994. 030	7
电视	A 区	7000. 00	.	1
	B 区	6350. 00	919. 239	2
	Total	6566. 67	750. 555	3
纸质宣传品	A 区	5500. 00	.	1
	C 区	5250. 00	1060. 660	2
	Total	5333. 33	763. 763	3
大屏幕广告	A 区	9000. 00	.	1
	B 区	9000. 00	1414. 214	2
	C 区	8600. 00	848. 528	2
	Total	8840. 00	853. 229	5
Total	A 区	7916. 67	1685. 724	6
	B 区	7866. 67	1444. 530	6
	C 区	7700. 00	2019. 901	6
	Total	7827. 78	1630. 520	18

Levene's Test of Equality of Error Variances 误差方差等同性（齐性）的 Levene 检验。计算出的概率 P 值大于给定的显著性水平 0. 05，接受零假设，所有组中因变量的误差方差相等，说明样本总体方差是齐性的，满足方差检验的前提条件。

表 8.6 多因素方差分析误差方差等同性 Levene 检验

Levene's Test of Equality of Error Variances[a]

Dependent Variable：销售额

F	df1	df2	Sig.
2. 503	9	8	. 105

Tests the null hypothesis that the error variance of the dependent variable is equal across groups.

a. Design：Intercept ＋ 广告形式 ＋ 市场区 ＋ 广告形式 ＊ 市场区。

Tests of Between – Subjects Effects 主体间效应的检验展示多因素方差分析的结果。校正模型的概率 P 值大于给定的显著性水平 0.05，说明因素变量对因变量无显著性影响。其中，“广告形式”对销售额有显著影响，P 值为 0 小于 0.05，“市场区”和“广告形式＊市场区”对销售额都没有显著影响，P 值大于 0.05。

表 8.7　多因素方差分析主体间效应检验

Tests of Between – Subjects Effects

Dependent Variable：销售额

Source	Type III Sum of Squares	df	Mean Square	F	Sig.
Corrected Model	35589444.444[a]	9	3954382.716	3.293	.054
Intercept	872445094.821	1	872445094.821	726.533	.000
广告形式	31142689.394	3	10380896.465	8.645	.007
市场区	410735.162	2	205367.581	.171	.846
广告形式 ＊ 市场区	1197774.635	4	299443.659	.249	.902
Error	9606666.667	8	1200833.333		
Total	1148130000.000	18			
Corrected Total	45196111.111	17			

a. R Squared = .787 (Adjusted R Squared = .548)

从表 8.8 多因素方差分析主体间效应检验多重验后比较表中的均值差异、P 值可知，网络与纸质宣传品、电视存在显著性差异，大屏幕广告与电视、纸质宣传品存在显著性差异。

表 8.8　多因素方差分析主体间效应检验多重验后比较表

Multiple Comparisons

Dependent Variable：销售额

LSD

(I) 广告形式	(J) 广告形式	Mean Difference (I – J)	Std. Error	Sig.	95% Confidence Interval	
					Lower Bound	Upper Bound
网络	电视	2147.62*	756.191	.022	403.84	3891.40
	纸质宣传品	3380.95*	756.191	.002	1637.17	5124.73
	大屏幕广告	–125.71	641.650	.850	–1605.36	1353.93
电视	网络	–2147.62*	756.191	.022	–3891.40	–403.84
	纸质宣传品	1233.33	894.738	.205	–829.94	3296.60
	大屏幕广告	–2273.33*	800.278	.022	–4118.78	–427.89

续表

(I) 广告形式	(J) 广告形式	Mean Difference (I-J)	Std. Error	Sig.	95% Confidence Interval	
					Lower Bound	Upper Bound
纸质宣传品	网络	-3380.95*	756.191	.002	-5124.73	-1637.17
	电视	-1233.33	894.738	.205	-3296.60	829.94
	大屏幕广告	-3506.67*	800.278	.002	-5352.11	-1661.22
大屏幕广告	网络	125.71	641.650	.850	-1353.93	1605.36
	电视	2273.33*	800.278	.022	427.89	4118.78
	纸质宣传品	3506.67*	800.278	.002	1661.22	5352.11

Based on observed means. The error term is Mean Square (Error) = 1200833.333.

*. The mean difference is significant at the .05 level.

8.3 重复测量方差分析

重复测量是对因变量进行同一条件或者不同条件下的重复测度。重复测量方差分析的总离差平方和可分解为：处理间的离差平方和、受试者之间的离差平方和、受试者之内的离差平方和。其中，因素水平之间的离差与受试者之间的离差称为组间因素造成的组内离差，受试者内的离差称为组内因素造成的组内离差。

◆SPSS 操作

打开数据文件“8.3.sav”，依次选择菜单“Analyze | General Linear Model | Repeated Measures（分析 | 一般线性模型 | 重复测量）”。在弹出的对话框中，Within-Subject Factor Name 设置组内因素变量名，Number of Levels 设置组内因素变量水平，组内因素变量最多设置 18 个，然后单击 Add 键。

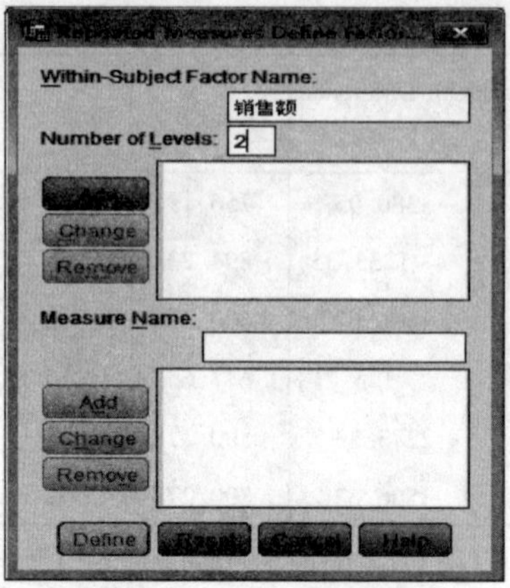

图 8.13　重复测量方差分析对话框

单击 Define 按钮，将两个水平的变量放入右侧 Within - Subjects Variables 列表框中。

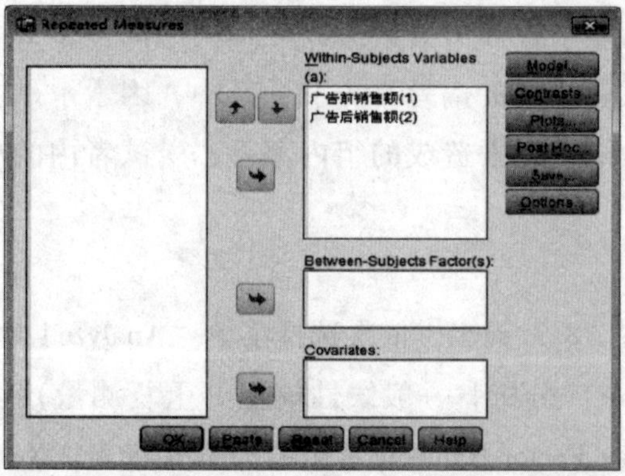

图 8.14　重复测量方差分析 Repeated Measures 对话框

单击 Model 按钮，在打开的对话框中选择 Custom 设定按钮。将已命名的组内因素变量名选入 Within - Subjects Variables 列表框，单击 Continue 按钮返回。

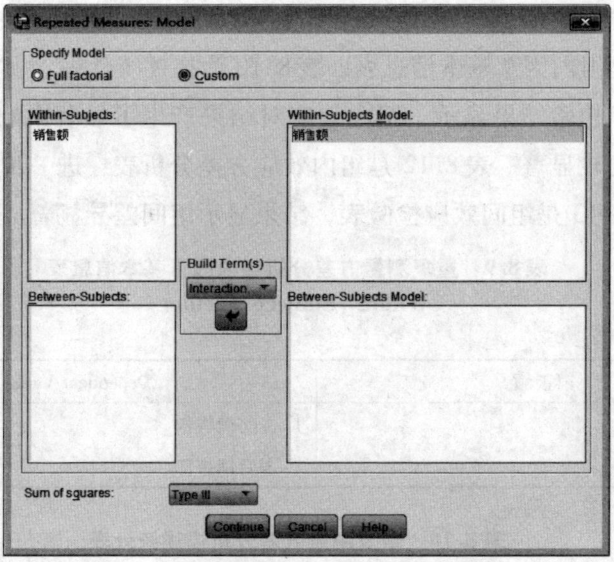

图 8.15　重复测量方差分析 Model 对话框

在 Repeated Measures 对话框中单击 Option 按钮，在选项对话框中 Display 选项组中选择 Descriptive statistics 复选框，并单击 Continue 返回。最后单击 OK 按钮完成操作。

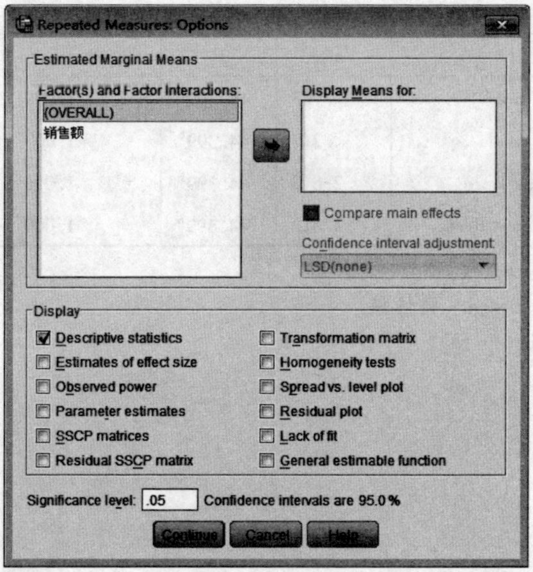

图 8.16　重复测量方差分析 Option 对话框

◆结果分析

表 8. 9 是组内因素基本信息表，表 8. 10 为描述统计表。表 8. 11 显示多变量检验结果，检验结果显示，组内效应对结果产生了显著影响，即广告前后销售额差异比较显著。表 8. 12 是组内效应方差分析表，进一步验证了表 8. 11 的结论。表 8. 13 是组间效应检验表，结果显示组间差异显著。

表 8. 9　重复测量方差分析组内因素基本信息表

Within – Subjects Factors

Measure：MEASURE_ 1

销售额	Dependent Variable
1	广告前销售额
2	广告后销售额

表 8. 10　重复测量方差分析描述统计表

Descriptive Statistics

	Mean	Std. Deviation	N
广告前销售额	7088. 89	1587. 410	18
广告后销售额	7827. 78	1630. 520	18

表 8. 11　重复测量方差分析多变量检验结果表

Multivariate Tests[a]

Effect		Value	F	Hypothesis df	Error df	Sig.
销售额	Pillai's Trace	. 723	44. 399[b]	1. 000	17. 000	. 000
	Wilks' Lambda	. 277	44. 399[b]	1. 000	17. 000	. 000
	Hotelling's Trace	2. 612	44. 399[b]	1. 000	17. 000	. 000
	Roy's Largest Root	2. 612	44. 399[b]	1. 000	17. 000	. 000

a. Design：Intercept

Within Subjects Design：销售额

b. Exact statistic

表 8.12 重复测量方差分析组内效应方差分析表

Tests of Within – Subjects Effects

Measure：MEASURE_ 1

Source		Type III Sum of Squares	df	Mean Square	F	Sig.
销售额	Sphericity Assumed	4913611.111	1	4913611.111	44.399	.000
	Greenhouse – Geisser	4913611.111	1.000	4913611.111	44.399	.000
	Huynh – Feldt	4913611.111	1.000	4913611.111	44.399	.000
	Lower – bound	4913611.111	1.000	4913611.111	44.399	.000
Error（销售额）	Sphericity Assumed	1881388.889	17	110669.935		
	Greenhouse – Geisser	1881388.889	17.000	110669.935		
	Huynh – Feldt	1881388.889	17.000	110669.935		
	Lower – bound	1881388.889	17.000	110669.935		

表 8.13 重复测量方差分析组间效应检验表

Tests of Between – Subjects Effects

Measure：MEASURE_ 1

Transformed Variable：Average

Source	Type III Sum of Squares	df	Mean Square	F	Sig.
Intercept	2002562500.000	1	2002562500.000	395.155	.000
Error	86152500.000	17	5067794.118		

8.4 多因变量方差分析

多因素方差分析研究控制变量对多个因变量的影响，分析控制变量不同水平时因变量的均值是否存在显著差异。

◆SPSS 操作

打开数据文件“8.4.sav”，依次选择菜单“Analyze | General Linear Model | Multivariate（分析 | 一般线性模型 | 多变量）”。在弹出的对话框中，选择两个或两个以上因变量进入 Dependent Variables 列表框，固定变量选入 Fixed Factor 列表框，作为分组变量。

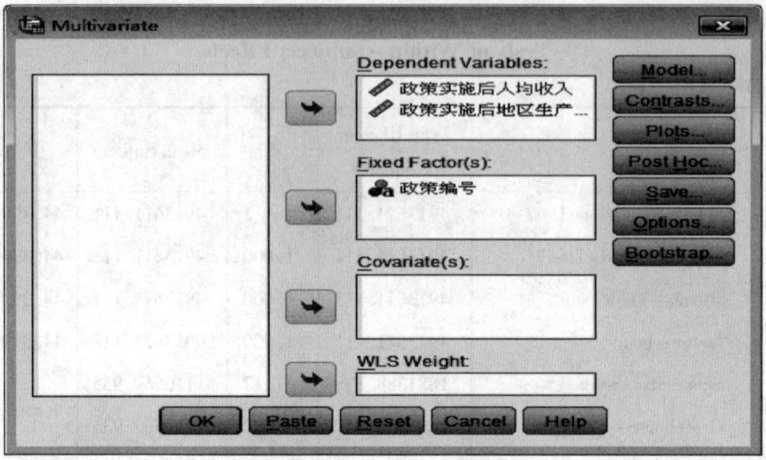

图 8.17　多因素方差分析对话框

单击 Model 模型按钮，选择 Full Factorial 全因子，单击继续按钮。单击 Contrasts 对比按钮，把固定变量选入 Post Hoc Tests for 并选择 LSD 检验方法，单击继续按钮。选择 Options 选项按钮，选择 Descriptive statistics 描述统计量，单击继续按钮。点击 OK 按钮结束操作。多因素方差分析操作与单因素方差分析类似，具体内容不再赘述。

◆结果分析

表 8.14 输出一些常用的描述统计量。表 8.15 输出多变量检验结果，各检验概率 *P* 值均小于 0.05，说明因素变量对各因变量的影响是显著的。比较 Pillar 和 Hotelling 的跟踪值，发现二者差距较大，说明各项政策对模型的影响比较大。

表 8.14　多因变量方差分析描述性统计量

Descriptive Statistics

	政策编号	Mean	Std. Deviation	N
政策实施后人均收入	A	9137.50	396.187	8
	B	7450.00	367.423	6
	C	6100.00	416.333	4
	D	5500.00	141.421	2
	Total	7660.00	1434.683	20

续表

	政策编号	Mean	Std. Deviation	N
政策实施后地区生产总值	A	45750.00	7066.015	8
	B	39166.67	5636.193	6
	C	31750.00	2872.281	4
	D	27500.00	3535.534	2
	Total	39150.00	8536.454	20

表 8.15 多因变量方差分析多变量检验

Multivariate Tests[a]

Effect		Value	F	Hypothesis df	Error df	Sig.
Intercept	Pillai's Trace	.997	2937.962[b]	2.000	15.000	.000
	Wilks' Lambda	.003	2937.962[b]	2.000	15.000	.000
	Hotelling's Trace	391.728	2937.962[b]	2.000	15.000	.000
	Roy's Largest Root	391.728	2937.962[b]	2.000	15.000	.000
政策编号	Pillai's Trace	.980	5.129	6.000	32.000	.001
	Wilks' Lambda	.048	17.904[b]	6.000	30.000	.000
	Hotelling's Trace	19.395	45.255	6.000	28.000	.000
	Roy's Largest Root	19.364	103.277[c]	3.000	16.000	.000

a. Design: Intercept + 政策编号

b. Exact statistic

c. The statistic is an upper bound on F that yields a lower bound on the significance level.

表 8.16 为主体间效应的检验，分别显示因素变量对不同因变量的影响，结果证明因变量分别对因变量的影响都是显著的。

表 8.16 多因变量方差分析主体间效应的检验

Tests of Between – Subjects Effects

Source	Dependent Variable	Type III Sum of Squares	df	Mean Square	F	Sig.
Corrected Model	政策实施后人均收入	36794250.000[a]	3	12264750.000	84.813	.000
	政策实施后地区生产总值	838966666.667[b]	3	279655555.556	8.201	.002
Intercept	政策实施后人均收入	762753750.000	1	762753750.000	5274.580	.000
	政策实施后地区生产总值	19952666666.667	1	19952666666.667	585.140	.000
政策编号	政策实施后人均收入	36794250.000	3	12264750.000	84.813	.000
	政策实施后地区生产总值	838966666.667	3	279655555.556	8.201	.002

续表

Source	Dependent Variable	Type III Sum of Squares	df	Mean Square	F	Sig.
Error	政策实施后人均收入	2313750.000	16	144609.375		
	政策实施后地区生产总值	545583333.333	16	34098958.333		
Total	政策实施后人均收入	1212620000.000	20			
	政策实施后地区生产总值	32039000000.000	20			
Corrected Total	政策实施后人均收入	39108000.000	19			
	政策实施后地区生产总值	1384550000.000	19			

a. R Squared = .941 (Adjusted R Squared = .930)

b. R Squared = .606 (Adjusted R Squared = .532)

表8.17分析因素变量不同水平对各个因变量的影响，结果显示政策C和D对人均收入影响没有显著差别，其余政策之间有显著差别和影响力；但不同政策对地区生产总值的影响没有显著差别。

表8.17　多因变量方差分析多个比较

Multiple Comparisons

LSD

Dependent Variable	(I) 政策编号	(J) 政策编号	Mean Difference (I－J)	Std. Error	Sig.	95% Confidence Interval Lower Bound	95% Confidence Interval Upper Bound
政策实施后人均收入	A	B	1687.50*	205.372	.000	1252.13	2122.87
		C	3037.50*	232.870	.000	2543.84	3531.16
		D	3637.50*	300.634	.000	3000.18	4274.82
	B	A	－1687.50*	205.372	.000	－2122.87	－1252.13
		C	1350.00*	245.467	.000	829.63	1870.37
		D	1950.00*	310.494	.000	1291.78	2608.22
	C	A	－3037.50*	232.870	.000	－3531.16	－2543.84
		B	－1350.00*	245.467	.000	－1870.37	－829.63
		D	600.00	329.328	.087	－98.14	1298.14
	D	A	－3637.50*	300.634	.000	－4274.82	－3000.18
		B	－1950.00*	310.494	.000	－2608.22	－1291.78
		C	－600.00	329.328	.087	－1298.14	98.14

续表

LSD

Dependent Variable	(I) 政策编号	(J) 政策编号	Mean Difference (I-J)	Std. Error	Sig.	95% Confidence Interval	
						Lower Bound	Upper Bound
政策实施后地区生产总值	A	B	6583.33	3153.653	.053	-102.11	13268.78
		C	14000.00*	3575.907	.001	6419.42	21580.58
		D	18250.00*	4616.476	.001	8463.51	28036.49
	B	A	-6583.33	3153.653	.053	-13268.78	102.11
		C	7416.67	3769.337	.067	-573.97	15407.30
		D	11666.67*	4767.876	.026	1559.22	21774.11
	C	A	-14000.00*	3575.907	.001	-21580.58	-6419.42
		B	-7416.67	3769.337	.067	-15407.30	573.97
		D	4250.00	5057.096	.413	-6470.56	14970.56
	D	A	-18250.00*	4616.476	.001	-28036.49	-8463.51
		B	-11666.67*	4767.876	.026	-21774.11	-1559.22
		C	-4250.00	5057.096	.413	-14970.56	6470.56

Based on observed means.

The error term is Mean Square (Error) = 34098958.333.

*. The mean difference is significant at the .05 level.

8.5 协方差分析

协方差分析是将难以人为控制的因素作为协变量，通过线性回归方法消除干扰因素，再进行方差分析。协方差分析认为因变量的变化受4个方面影响：控制变量的独立作用、控制变量的交互作用、协变量的作用和随机因素的作用。协方差分析是消除了协变量的影响之后再分析控制变量对因变量的影响。

协变量一般是定矩变量，协方差分析涉及两种类型的控制变量（品质变量和定矩变量）和定矩型协变量，因此协方差分析介于方差分析和线性回归之间。

◆SPSS 操作

打开数据文件“8.3.sav”，选择菜单“Analyze | General Linear Model | Univariate（分析 | 一般线性模型 | 单变量）”。在弹出的对话框中，选择因变量进入 Dependent Variables 列表框，固定变量选入 Fixed Facto（s）列表框，

作为分组变量，协变量进入 Covariate（s）。其余设置与多因素方差分析相同，不再赘述。

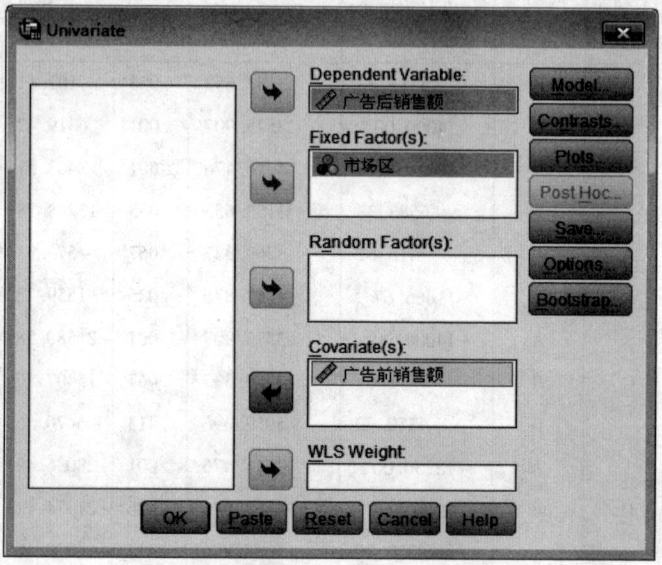

图 8.18　协方差分析对话框

◆**结果分析**

表 8.18 展示协方差分析中常用的描述性统计量。表 8.19、表 8.20 分别是协方差主体间效应检验结果和不考虑协变量的主体间检验结果。表 8.19 协方差分析结果可以看出，整个模型 *F* 值 52.398，概率值为零，方差分析模型非常显著，判定系数 0.918，说明因变量被控制变量和协变量可解释的部分有 91.8%。但是剔除了协变量影响后，控制变量没有通过模型检验。表 8.20 不考虑协变量的单因素方差分析结果同样验证了这个结论，因此在这个案例中忽略协变量是不合适的。

表 8.18　协方差分析描述性统计量

Descriptive Statistics

Dependent Variable：广告后销售额

市场区	Mean	Std. Deviation	N
1	7916.67	1685.724	6
2	7866.67	1444.530	6
3	7700.00	2019.901	6
Total	7827.78	1630.520	18

表 8.19 协方差分析主体间效应的检验

Tests of Between – Subjects Effects

Dependent Variable：广告后销售额

Source	Type III Sum of Squares	df	Mean Square	F	Sig.
Corrected Model	41500008.052[a]	3	13833336.017	52.398	.000
Intercept	599443.674	1	599443.674	2.271	.154
广告前销售额	41345563.607	1	41345563.607	156.608	.000
市场区	55163.476	2	27581.738	.104	.901
Error	3696103.060	14	264007.361		
Total	1148130000.000	18			
Corrected Total	45196111.111	17			

a. R Squared = .918（Adjusted R Squared = .901）

表 8.20 未考虑协变量的主体间效应检验

Tests of Between – Subjects Effects

Dependent Variable：广告后销售额

Source	Type III Sum of Squares	df	Mean Square	F	Sig.
Corrected Model	154444.444[a]	2	77222.222	.026	.975
Intercept	1102933888.889	1	1102933888.889	367.305	.000
市场区	154444.444	2	77222.222	.026	.975
Error	45041666.667	15	3002777.778		
Total	1148130000.000	18			
Corrected Total	45196111.111	17			

a. R Squared = .003（Adjusted R Squared = –.129）

9 相关分析

9.1 相关分析基本原理

变量间关系分为确定的函数关系和非确定的相关关系。函数关系中变量 y 随变量 x 变化，当变量 x 取某个数值时，y 依确定的关系取相应的值，则称 y 是 x 的函数，记为 $y = f(x)$，其中 x 称为自变量，y 称为因变量。函数关系中散点图各点落在一条线上。相关关系用于描述两个变量之间的关系密切程度，二者不分主次，处于同等地位，一个变量的取值不能由另一个变量唯一确定，变量间关系不能用函数关系精确表达，散点图中各点分布在一条线的周围。

不同类型数据的相关分析方法不同。定类变量用列联表或者称交互分析，定序变量相关性用 Spearman 秩相关系数或者 Kendall 秩相关系数测定，间隔尺度的变量用 Pearson 简单相关系数测定。

相关关系分类如图 9.1。完全相关即函数关系，又分为正相关和负相关，一个变量随另一个变量增加而增加叫正相关，反之称为负相关。散点图中的散点落在一条直线的周围，两个变量的相关关系可以用一条直线方程来拟合，称之为线性相关，线性相关也分为正相关和负相关。散点图中的散点落在一条曲线的周围，称之为非线性相关或者曲线相关。

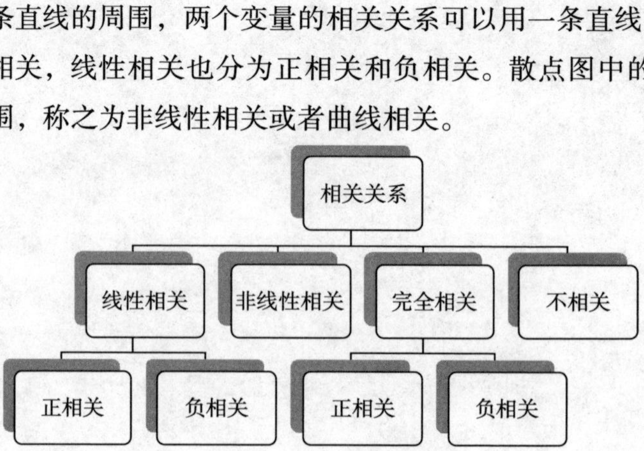

图 9.1　相关关系分类

SPSS 软件中，相关分析有 3 种类型，包括 Bivariate 两个变量之间的简单相关分析、Partial 距离分析、Distances 距离分析。

相关分析的步骤如下：

➢ 绘制散点图。

➢ 计算相关系数。

相关系数用于度量变量之间的关系密切程度，对两个变量之间线性相关程度的度量称为简单相关系数。若相关系数是根据总体全部数据计算的，称为总体相关系数 ρ，若是根据样本数据计算的，则称为样本相关系数 r。

相关系数包括 Spearman 秩相关系数、Kendall 秩相关系数、Pearson 简单相关系数等，这里主要介绍 Pearson 相关系数，公式如下：

$$r = \frac{\sum_{i=1}^{n}(x_i - \bar{x})(y_i - \bar{y})}{\sqrt{\sum_{i=1}^{n}(x_i - \bar{x})^2(y_i - \bar{y})^2}} \tag{9.1}$$

样本相关系数 r 的取值范围为 $[-1, 1]$，若 $|r|=1$ 为完全相关，$r=1$ 为完全正相关，$r=-1$ 是为完全负相关，$r=0$ 表示不存在线性相关关系，$-1\leqslant r<0$ 为负相关，$0<r\leqslant 1$ 为正相关，$|r|$ 越趋于 1 表示关系越密切，$|r|$ 越趋于 0 表示关系越不密切。$0\leqslant|r|\leqslant 0.3$ 是微弱相关，$0.3<|r|\leqslant 0.5$ 是低度相关，$0.5<|r|\leqslant 0.8$ 是显著相关，$0.8<|r|\leqslant 1$ 是高度相关。

➢ 进行相关系数的显著性检验。

采用 R. A. Fisher 提出的 t 检验，检验两个变量之间是否存在线性相关关系，等价于对回归系数的检验，检验的步骤为：

• 提出假设：H_0：$\rho=0$；H_1：$\rho\neq 0$ 原假设相关系数等于零，变量之间不存在相关关系。

• 确定显著性水平 α。

• 计算检验的统计量。

$$t = \frac{|r|\sqrt{n-2}}{\sqrt{1-r^2}} \sim t(n-2) \tag{9.2}$$

• 作出决策

$|t|>t_{\alpha/2}$，拒绝 H_0，若$|t|<t_{\alpha/2}$，不拒绝 H_0。或者概率 P 值小于显著性水平 α，拒绝原假设，变量之间存在相关关系；反之，接受原假设，变量之间不

存在相关关系。

9.2 散点图

散点图用点的分布情况反映相关关系。散点图分为以下几种类型：

➢ Simple Scatter 简单散点图：用点的分布情况反映两个变量之间的相关关系。

➢ Overlay Scatter 重叠散点图：用多组点重叠分布情况反映变量两两之间的相关关系。

➢ Matrix Scatter 矩阵散点图：多个散点图拼成矩阵的形状反映变量两两之间的相关关系。

➢ 3 – D Scatter 三维散点图：用点的分布情况反映 3 个变量之间的相关关系。

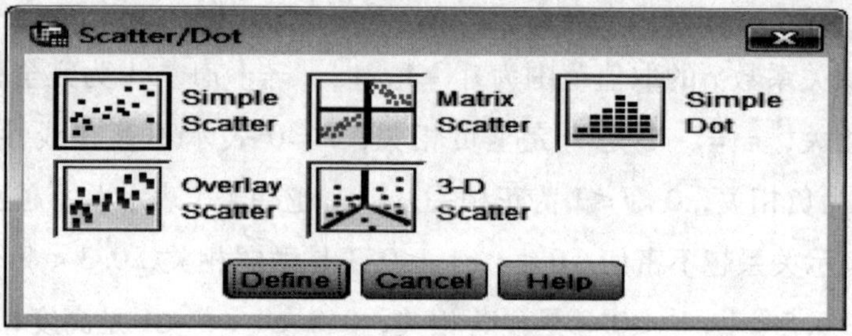

图 9.2　散点图的分类

◆简单散点图

打开数据文件“9.1. sav”，选择菜单“Graphs | Legacy Dialogs | Scatter/Dot（图形 | 传统模式 | 散点图/点状图）”，再选择 Simple Scatter。在弹出的对话框中，Y Axis 选择 *Y* 轴变量，X Axis 选择 *X* 轴变量，Set Markers by 选择标记变量，Label Cases by 选择标签变量，单击 OK 按钮。

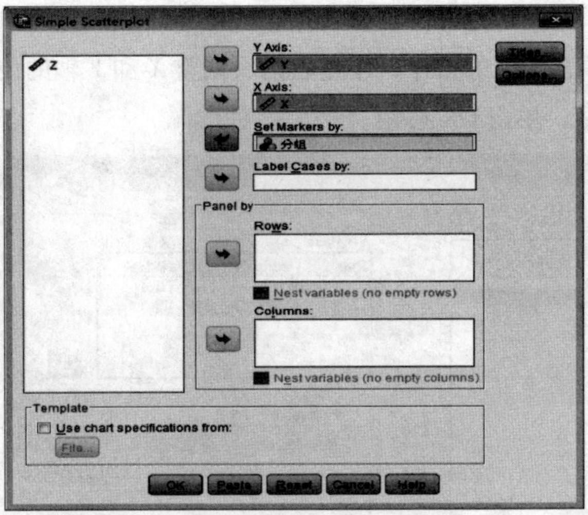

图 9.3　简单散点图对话框

简单散点图绘制完成后，双击图形进入 Chart Editor，依次选中每一个散点，选择 Properties 对话框中的 Marker 选项卡，将相同形状的散点修改成不同的形状以示区分，结果见图 9.4。

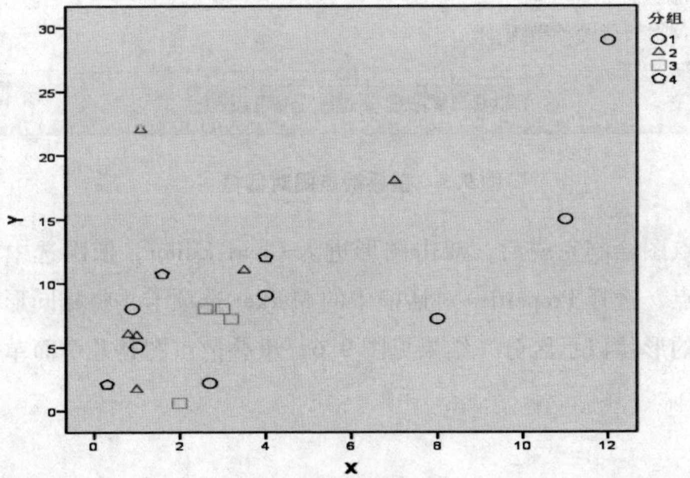

图 9.4　简单散点图结果

◆重叠散点图

打开数据文件“9.1.sav”，选择菜单“Graphs | Legacy Dialogs | Scatter/Dot（图形 | 传统模式 | 散点图/点状图）”，再选择 Overlay Scatter。在弹出的

对话框中，Y - X Pairs 用于设置 *X* 和 *Y* 轴的配对，把源变量选入配对，用向上和向下箭头调整配对的排序，用左右箭头调整 *X* 和 *Y* 轴的位置，Label Cases by 选择标签变量，单击 OK 按钮。

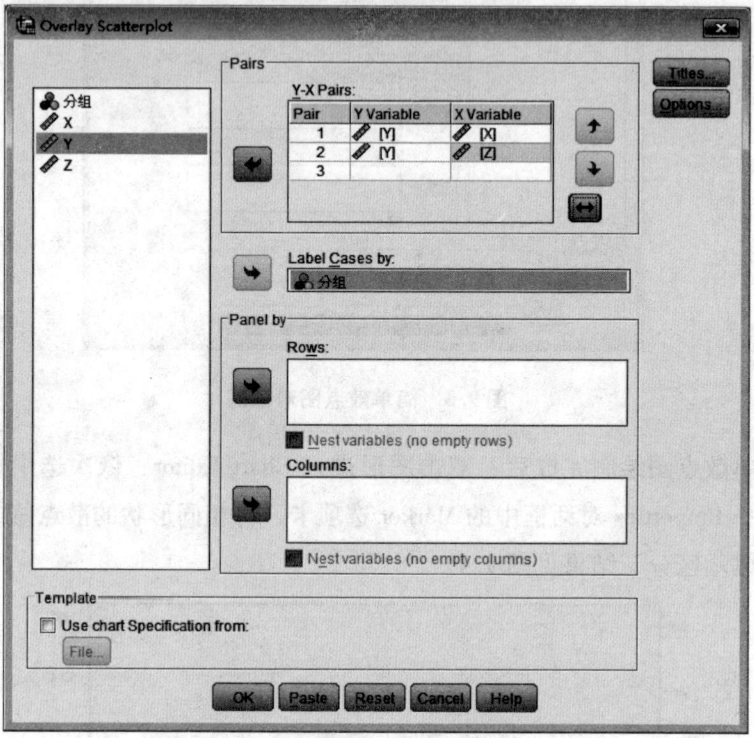

图 9.5　重叠散点图对话框

重叠散点图绘制完成后，双击图形进入 Chart Editor，依次选中每一个配对对应的散点，选择 Properties 对话框中的 Marker 选项卡，将相同形状的散点修改成不同的形状以示区分，结果见图 9.6，重叠散点图是几个简单散点图的叠合。

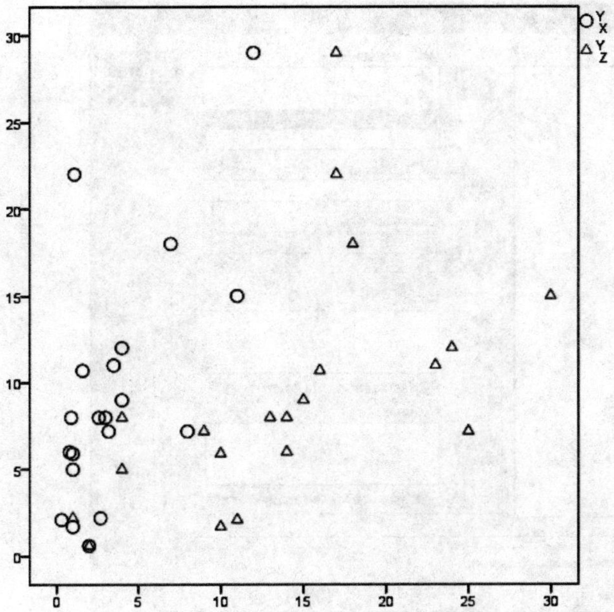

图 9.6　重叠散点图结果

◆矩阵散点图

打开数据文件“9.1.sav”，选择菜单“Graphs | Legacy Dialogs | Scatter/Dot（图形 | 传统模式 | 散点图/点状图）”，再选择 Matrix Scatter。在弹出的对话框中，将要绘制散点图的所有变量放入 Matrix Variables，Set Markers by 选择标记变量，Label Cases by 选择标签变量，单击 OK 按钮。结果见图 9.8，矩阵散点图展示了变量两两之间的简单散点图。

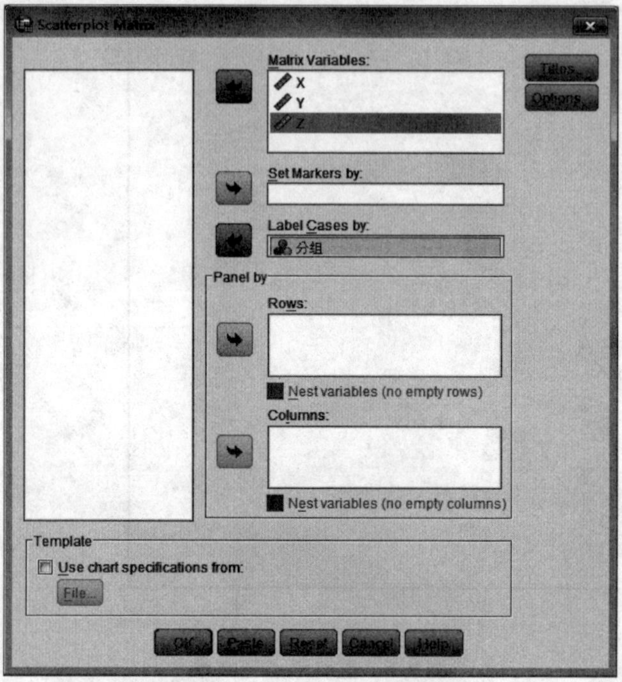

图 9.7　矩阵散点图对话框

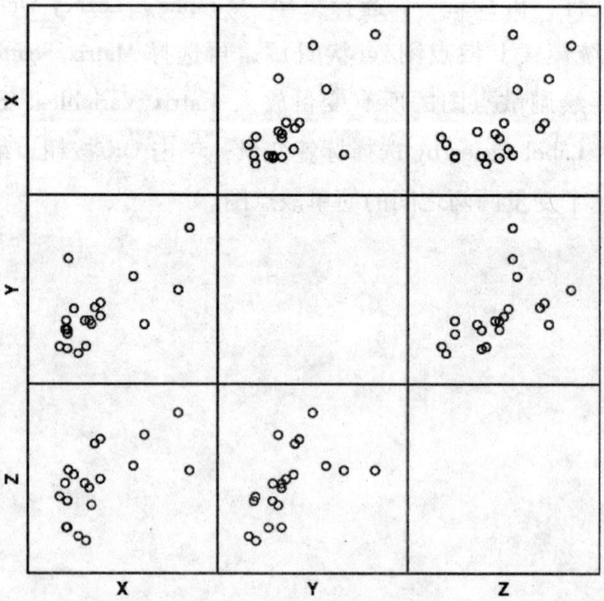

图 9.8　矩阵散点图结果

◆3D 散点图

打开数据文件“9.1.sav”，选择菜单“Graphs | Legacy Dialogs | Scatter/Dot（图形 | 传统模式 | 散点图/点状图）”，再选择 3 - DScatter。在弹出的对话框中，分别选择 *X* 轴、*Y* 轴、*Z* 轴变量，Set Markers by 选择标记变量，Label Cases by 选择标签变量，单击 OK 按钮。结果见图 9.8，可以对散点进行编辑。

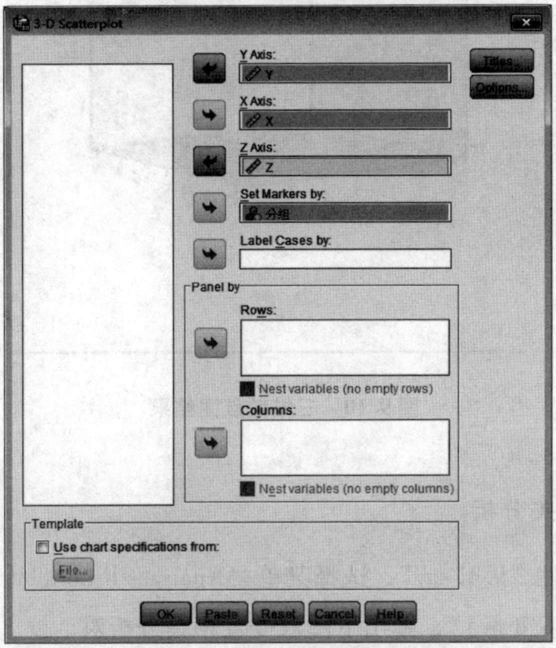

图 9.9　三维散点图对话框

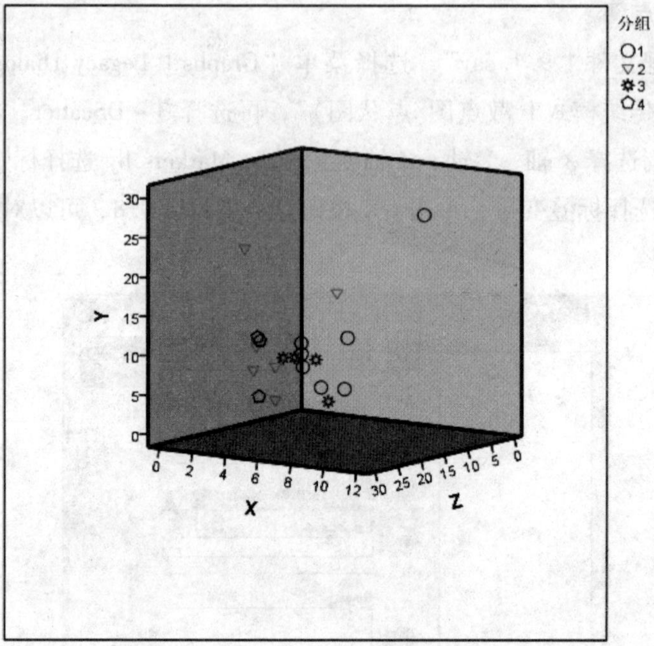

图 9.10　三维散点图结果

9.3 简单相关分析

打开数据文件“9.1.sav”，选择菜单“Analyzes | Correlate | Bivariate（分析 | 相关分析 | 双变量）”，弹出下图双变量相关分析对话框。

◆双变量相关分析对话框

在对话框左侧源变量选中需要探究的两个或两个以上的变量，进入右边的 Variables 框中。

选择相关系数。在 Correlation Coefficients（相关系数）区域选择相关系数类型。Pearson 为系统默认选项，可用于计算连续型变量或定距变量的相关系数；Spearman 为斯皮尔曼等级相关系数，适用于反映定序变量间的联系密切程度，可理解为对原始数据排序后的皮尔逊相关系数；Kendall 肯德尔相关系数，适用于计算分类变量的相关系数。当所选变量不服从双变量正态分布或未知总体分布类型时，Pearson 系数不再适用，应选择肯德尔系数或斯皮尔曼系数。

选择显著性检验的类型。在 Test of significance（显著性水平检测）区域选择显著性检验类型。显著性检测有两个选项，一个是单尾检测，另一个是双尾检测。

Flag significant Correlations（是否标记显著性水平）勾选该框表示，输出的分析结果中除了显示 P 值之外，还用星号标明输出结果的显著性，即输出结果中在相关系数质的右上方用一个“＊”表示显著性水平为 0.05，用“＊＊”表示显著性水平为 0.01；不选则无需输出“＊”标志。

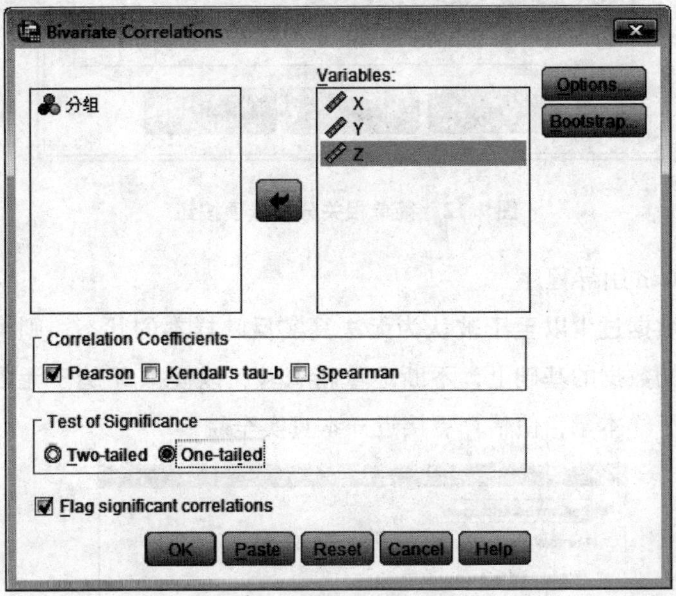

图 9.11 简单相关分析对话框

◆Options 选项按钮

Statistics 选项组选择统计量。Means and standard deviations 均值和标准差，对每一个变量均输出均值、标准差和无缺省值的观测数目。Cross - product deviations and covariances 叉积离方差和协方差，对每一个变量均输出平方和、方差和协方差。

Missing Values 是对缺失值的处理。Exclude cases pairwise：剔除成对相关分析中出现变量缺失的个案，为系统默认选项。Exclude cases listwise：剔除全部变量含有缺失值的个案后，再进行分析。

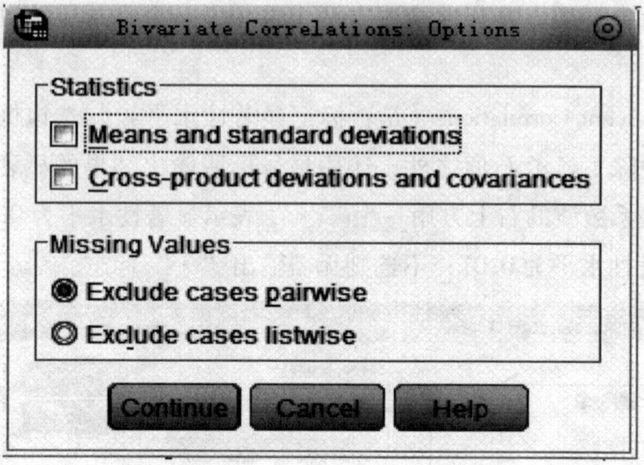

图 9.12　简单相关分析选项按钮

◆Bootstrap 引导程序

当原始数据过少以至于被认为无法真实反映样本的状态，则可以通过该功能，在已知数据的基础上，不断地重新试验，以模拟 N 趋于无限大时的情况，即增大了样本量，使估算更接近样本真实全貌。

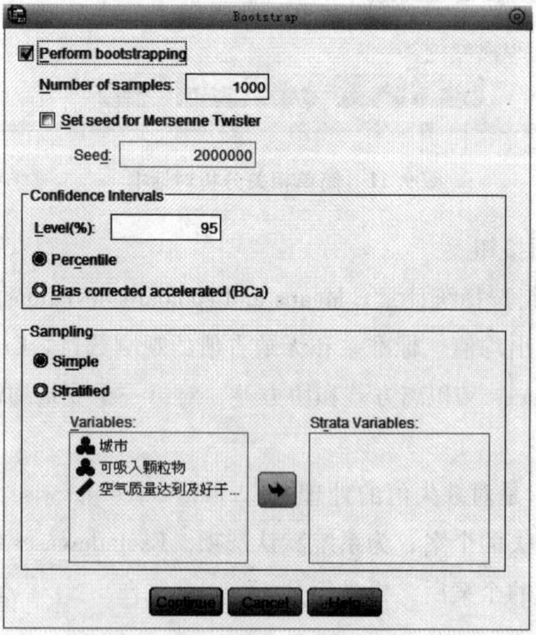

图 9.13　简单相关分析引导程序按钮

◆简单相关分析结果分析

如表9.1相关矩阵所示，该表展示了变量两两之间的相关系数和相关系数显著性检验的结果，*N*为数据个数。以*X*、*Y*两个变量为例，*X*、*Y*之间的Pearson相关系数为0.643，说明两个变量之间显著相关，相关系数右上角的“＊＊”表示显著性水平为0.01。*X*、*Y*变量的单尾检验*P*值为0.001，小于给定的显著性水平0.01，说明两个变量之间存在显著的正相关。

表9.1 简单相关分析相关矩阵

Correlations

		X	Y	Z
X	Pearson Correlation	1	.643**	.621**
	Sig. (1-tailed)		.001	.002
	N	20	20	20
Y	Pearson Correlation	.643**	1	.541**
	Sig. (1-tailed)	.001		.007
	N	20	20	20
Z	Pearson Correlation	.621**	.541**	1
	Sig. (1-tailed)	.002	.007	
	N	20	20	20

＊＊. Correlation is significant at the 0.01 level (1-tailed).

9.4 偏相关分析

◆偏相关分析基本原理

简单相关分析衡量了两个变量间的线性相关程度，然而很多时候，事物之间的关系受众多因素的影响，因为有第三变量的存在，可能使得简单相关系数无法真实地反映出两个变量之间的相关程度。举例来说，学生的IQ值与数学成绩、语文成绩之间的关系用皮尔逊相关系数衡量，可得出学生的IQ值与其取得的数学成绩和语文成绩间均有很强的相关关系，但是IQ值相同的学生，数学成绩越高语文成绩却并不一定更高，这是因为IQ值与学生的数学成绩间有相关关系，IQ值与语文成绩也有相关关系，进而错误地传递推导出了语文成绩与数学成绩间也有较强的相关关系。

偏相关分析的过程即是控制住其他可能对结果产生影响的变量，然后研究两个变量间的相关关系，主要目的就是消除其他变量在分析变量间相关性过程中的传递效应。当我们控制变量的个数为 0 个时，偏相关分析的相关系数被称为零阶偏相关，也就是简单相关系数；控制变量的个数为 1 个时，则为一阶偏相关；控制变量的个数为 2 个时，称为二阶偏相关。

偏相关系数的计算应该首先将 3 个因素之间的相关系数计算出来，然后通过 3 个简单相关系数来计算偏相关系数。假设有 3 个变量 X_1、X_2、X_3，r_{12}、r_{23}、r_{13}分别表示 X_1与 X_2的相关系数、X_2与 X_3的相关系数、X_1与 X_3的相关系数，$r_{12(3)}$表示控制了第三个变量 X_3计算出的 X_1与 X_2之间的偏相关系数，则偏相关系数的计算公式为：

$$r_{12(3)} = \frac{r_{12} - r_{13}\, r_{23}}{\sqrt{(1 - {r_{13}}^2)(1 - {r_{23}}^2)}} \tag{9.3}$$

◆偏相关分析操作

打开数据文件“9.2.sav”，选择菜单“Analyzes | Correlate | Partial（分析 | 相关分析 | 偏相关）”，弹出如图 9.14 偏相关分析对话框。在对话框左侧选中想要探究相关性的两个或两个以上变量进入右边的 Variables（变量）框中。选择控制变量进入右边的 Controlling for（控制变量）框中。若不选择控制变量，则进行的是简单相关分析。

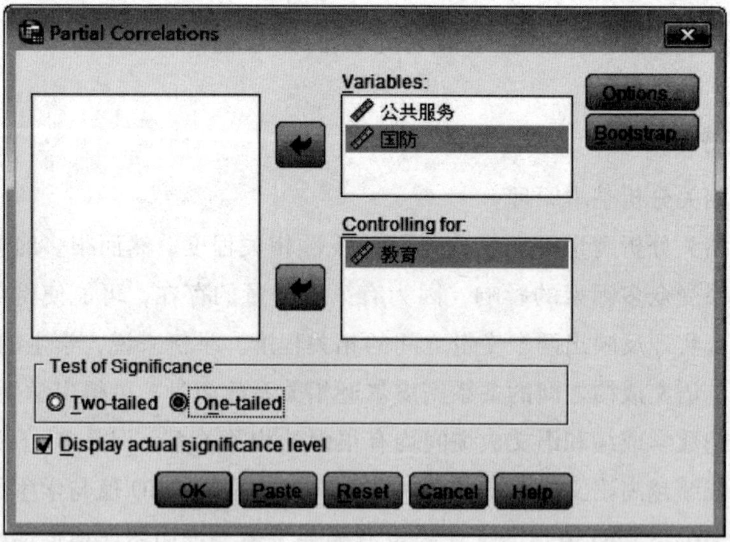

图 9.14　偏相关分析对话框

选择显著性检验的类型。在 Test of significance（显著性水平检测）区域选择显著性检验类型。单尾检验多使用在进行试验前对于变量方向有一定的预测或对于方向性有强烈要求的试验中，而双尾检验常被用于没有强烈方向性期望的实验中。

Flag significant Correlations（是否标记显著性水平）勾选该框表示，输出的分析结果显示 P 值。

◆Options（选项按钮）

➢ Statistics 选择统计量：Means and standard deviations 均值和标准差，每一个变量均输出均值、标准差和无缺省值的观测数目。Zero - order correlations 输出零阶相关系数，即 Pearson 相关系数。

➢ Missing Values 对缺失值的处理：Exclude cases pairwise：剔除成对相关分析中出现变量缺失的个案，为系统默认选项。Exclude cases listwise：剔除全部变量含有缺失值的个案后，再进行分析。

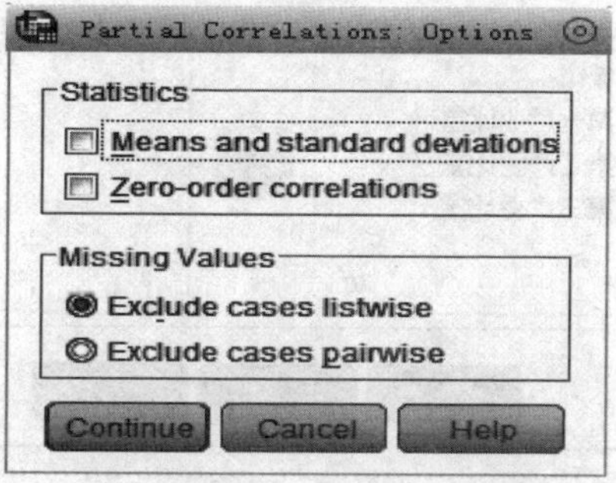

图 9.15 偏相关分析选项按钮

◆Bootstrap（引导程序）

当原始数据过少以至于被认为无法真实反映样本的状态，则可以通过该功能，在已知数据的基础上，将其不断地重新试验，以模拟 N 趋于无限大时的情况，即增大了样本量，使估算更接近样本真实全貌。

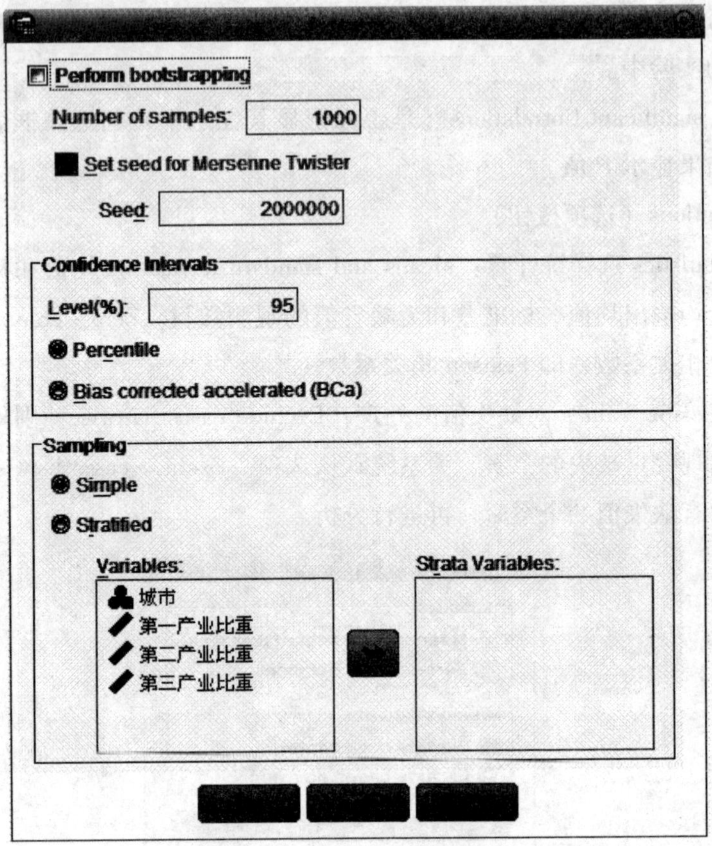

图 9.16 偏相关分析引导程序按钮

◆偏相关分析结果分析

表 9.2 列出了 3 个变量之间的偏相关系数。若不考虑控制变量，第一变量和第二变量的简单相关系数为 0.949，测算出的 *P* 值为 0.000；控制第三变量后，第一变量和第二变量间的相关系数为 0.675，显著性水平为 0.023。此时二者相关系数已经发生了变化，这说明第三变量的存在的确对其他两个变量产生影响，引入偏相关系数是有必要的。

表 9.2 偏相关分析相关矩阵

Correlations

Control Variables			公共服务	国防
教育	公共服务	Correlation	1.000	.675
		Significance (1 - tailed)	.	.023
		df	0	7
	国防	Correlation	.675	1.000
		Significance (1 - tailed)	.023	.
		df	7	0

9.5 距离分析

距离分析的主要功能是测量比对变量之间或者观测量之间的差异程度，分析变量或者观测值之间相似或不相似的程度。通过对变量或者观测量进行距离相关分析，得到预期值和实际值的拟合程度和相似程度，来研究他们之间的关系，为聚类分析提供基础。

◆距离分析操作

打开文件“9.2.sav”全国部分省份财政支出个别项目数据，利用 SPSS 的距离分析，比较各个省份 3 项财政支出比例的相似程度。

选择菜单“Analyzes | Correlate | Distances”（分析 | 相关分析 | 距离分析），弹出如图 9.17 所示的对话框。选择进行距离相关分析的变量进入右边的 Variables 框中，选择标签变量进入 Label Cases 框。

在 Compute Distances（距离计算）选项框中选择距离计算的种类。

◆Between cases 个案间，系统默认选项，即在变量内部观测量之间进行距离分析。

◆Between variables 变量间，即在变量之间进行距离分析。

在 Measure（测度标准）选择研究时所用的距离分析类型 Dissimilarities：不相似性或者 Similarities 相似性。

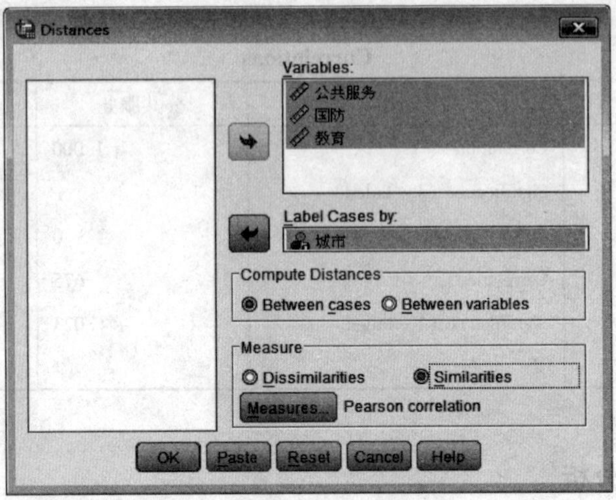

图 9.17　距离分析对话框

在选择 Dissimilarities（不相似性）选项的情况下单击 Measures 选项，弹出如图 9.18 对话框。不相似性通过分析变量或观测量之间的不相似程度对变量或观测量进行分类。

➢ Interval：间隔数据，依次可选欧式距离、平方 Euclidean 距离、Chebychev、块、Minkowski 和定制等方法。

➢ Counts：计数数据，包括卡方测量和 Phi 平方测量两种测度方法。

➢ Binary：二分类数据，包括欧式距离、平方 Euclidean 距离、尺度差分、模式差分、方差、形状、Lance 和 Williams 等测度方法。

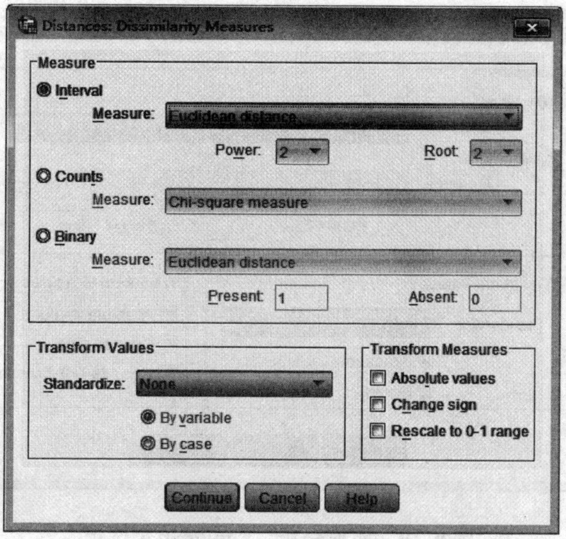

图 9.18 距离分析 – Dissimilarities 选项

在选择 Similarities 选项的情况下单击 Measures 选项，弹出如图 9.19 的对话框。相似性通过分析变量或观测量之间的相似程度对变量或观测量进行分类。

➢ Interval：间隔数据，包括 Pearson correlation 皮尔逊相关系数和 Cosine 变量余弦相关系数两种测度方法。

➢ Binary：二分类数据，包括 Russell 和 Rao、简单匹配、Jaccard、切块、Rogers 和 Tanimoto、Sokal 和 Sneath1、Sokal 和 Sneath2、Sokal 和 Sneath3、Kulczynski1、Kulczynski2、Sokal 和 Sneath4、Hamann、Lambda、Anderberg 的 D、Yule 的 Y、Yule 的 Q、Ochiai、Sokal 和 Sneath5、Phi4 点相关或离差等测度方法。

此外，Transform Values 转换值选项组设置观测量或变量进行标准化的方法。Transform Measures 转换度量选项组用于对距离测量的结果进行转换，包括绝对值、更改符号和重新标度到 0 ~ 1 全距。

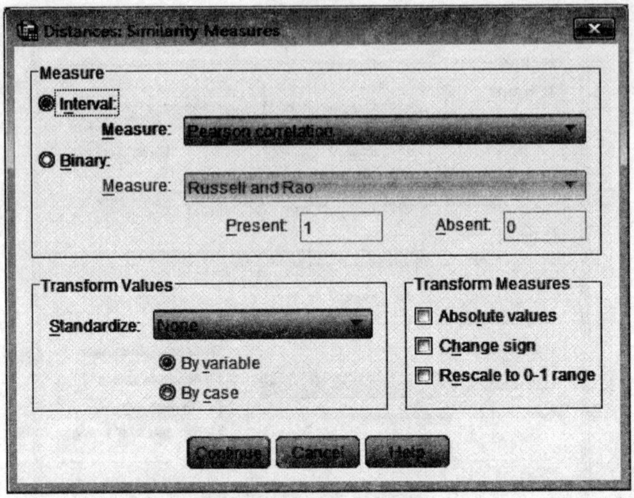

图 9.19　距离分析 – Similarities 选项

◆距离分析结果分析

个案处理摘要表展示分析的个案有效值、缺失值和总数。相似距离矩阵表中，此相关系数越大，表明两个城市之间 3 项财政支出比例越相近。

表 9.3　偏相关分析个案处理摘要表

Case Processing Summary

Cases					
Valid		Missing		TotalCases	
N	Percent	N	Percent	N	Percent
10	100.0%	0	0.0%	10	100.0%

表 9.4　偏相关分析相似矩阵表

Proximity Matrix	Correlation between Vectors of Values									
	1. 北京	2. 天津	3. 河北	4. 山西	5. 内蒙古	6. 辽宁	7. 吉林	8. 黑龙江	9. 上海	10. 江苏
1. 北京	1.000	.995	.993	.999	.934	.971	.994	.999	.997	.984
2. 天津	.995	1.000	.975	.989	.892	.941	.976	.988	1.000	.961
3. 河北	.993	.975	1.000	.997	.970	.992	1.000	.998	.981	.998
4：山西	.999	.989	.997	1.000	.949	.981	.998	1.000	.993	.991
5. 内蒙古	.934	.892	.970	.949	1.000	.992	.969	.951	.904	.982
6. 辽宁	.971	.941	.992	.981	.992	1.000	.992	.982	.949	.998
7. 吉林	.994	.976	1.000	.998	.969	.992	1.000	.998	.982	.998

续表

Proximity Matrix	Correlation between Vectors of Values									
	1. 北京	2. 天津	3. 河北	4. 山西	5. 内蒙古	6. 辽宁	7. 吉林	8. 黑龙江	9. 上海	10. 江苏
8. 黑龙江	.999	.988	.998	1.000	.951	.982	.998	1.000	.992	.992
9. 上海	.997	1.000	.981	.993	.904	.949	.982	.992	1.000	.968
10. 江苏	.984	.961	.998	.991	.982	.998	.998	.992	.968	1.000

This is a similarity matrix.

10 回归分析

回归分析是研究一个或多个自变量和一个因变量之间是否存在线性关系或非线性关系的一种统计学分析方法。

回归分析与相关分析不同，相关分析中两个或多个变量处于平等的地位，回归分析中因变量处在被解释的地位，自变量用于预测因变量的变化。相关分析中所涉及的变量都是随机变量，回归分析中因变量是随机变量，自变量可以是随机变量，也可以是非随机的确定变量。相关分析主要是描述两个变量之间线性关系的密切程度，回归分析不仅可以揭示自变量对因变量的影响大小，还可以由回归方程进行预测和控制。

10.1 线性回归

◆一元线性回归

一元线性回归是只涉及一个自变量的回归，变量 y 与变量 x 之间为线性关系。其中，被预测或被解释的变量 y 称为因变量，用来预测或用来解释因变量的 x 称为自变量，因变量与自变量之间的关系用一条线性方程来表示。

➢回归模型

描述因变量 y 如何依赖于自变量 x 和误差项 ε 的方程称为回归模型，一元线性回归模型可表示为:

$$y = \beta_0 + \beta_1 x + \varepsilon \tag{10.1}$$

y 是 x 的线性函数加上误差项线性部分，反映了由于 x 的变化而引起的 y 的变化，误差项 ε 是随机变量，反映除 x 和 y 之间的线性关系以外的随机因素对 y 的影响，是不能由 x 和 y 之间的线性关系所解释的变异性。β_0 和 β_1 是模型的参数。

➤ **回归方程**

描述 y 的期望值如何依赖于 x 的方程称为回归方程，一元线性回归方程的形式如下：

$$E(y) = \beta_0 + \beta_1 x \tag{10.2}$$

方程的图像显示成一条直线，也称为直线回归方程。β_0是回归直线在 y 轴上的截距，是当 $x=0$ 时 y 的期望值。β_1是直线的斜率，称为回归系数，表示当 x 每变动一个单位时，y 的平均变动值。

相应的，估计的回归方程如下：

$$\widehat{y} = \widehat{\beta_0} + \widehat{\beta_1} x \tag{10.3}$$

模型采用参数的最小二乘估计法得出β_0和β_1的估计值。

◆**回归直线的拟合优度**

判定系数 R^2反映回归直线的拟合程度，计算公式如下，是回归平方和占总离差平方和的比例。总平方和（SST）反映因变量的观察值与其均值的总离差，回归平方和（SSR）反映自变量 x 与 因变量 y 之间的线性关系引起的 y 的取值变化，残差平方和（SSE）反映除 x 以外的其他因素对 y 取值的影响。

$$R^2 = \frac{SSR}{SST} = \frac{\sum_{i=1}^{n}(\widehat{y_i} - \bar{y})^2}{\sum_{i=1}^{n}(y_i - \bar{y})^2} \tag{10.4}$$

判定系数取值范围在［0，1］之间，越趋于1说明回归方程拟合得越好，越趋于0说明回归方程拟合得越差。

估计标准误差也可以反映回归方程的拟合优度。估计标准误差是实际观察值与回归估计值离差平方和的均方根，反映实际观察值在回归直线周围的分散状况，该指标越大拟合优度越差。计算公式为：

$$S_y = \sqrt{\frac{SSE}{n-2}} = \sqrt{\frac{\sum_{i=1}^{n}(y_i - \widehat{y_i})^2}{n-2}} \tag{10.5}$$

➤ **线性关系的显著性检验**

回归分析的显著性检验包括线性关系的显著性检验和回归系数的显著性检验。线性关系的显著性检验可以验证自变量与因变量之间的线性关系是否显著。检验步骤如下：

☆提出假设

H_0：$\beta_1 = 0$　　线性关系不显著

H_1：$\beta_1 \neq 0$　　线性关系不显著

☆计算检验统计量 F

$$F = \frac{SSR/1}{SSE/(n-2)} = \frac{MSR}{MSE} \sim F(1, n-2) \tag{10.6}$$

将回归均方（MSR）同残差均方（MSE）加以比较，用 F 检验来分析二者之间的差别是否显著。回归均方等于回归平方和 SSR 除以相应的自由度（自变量的个数 p），残差均方等于残差平方和 SSE 除以相应的自由度（$n-p-1$）。

☆确定显著性水平 α，并根据分子自由度 1 和分母自由度 $n-2$ 找出临界值 F_α。

☆作出决策：若 $F > F_\alpha$，拒绝原假设；若 $F < F_\alpha$，不拒绝原假设。同样的，测算出的概率 $P > \alpha$，接受原假设，线性关系不显著，反之，拒绝原假设，线性关系显著。

➢ **回归系数的显著性检验**

检验 x 与 y 之间是否具有线性关系，即检验自变量 x 对因变量 y 的影响是否显著，在一元线性回归中，等价于线性关系的显著性检验。检验步骤如下：

☆提出假设

H_0：$\beta_1 = 0$（没有线性关系）

H_1：$\beta_1 \neq 0$（有线性关系）

☆计算检验统计量

$$t = \frac{\widehat{\beta_1}}{S_{\widehat{\beta_1}}} \sim t(n-2) \tag{10.7}$$

☆确定显著性水平 α。

☆进行决策：$|t| > t_{\alpha/2}$，拒绝 H_0；$|t| < t_{\alpha/2}$，不拒绝 H_0。若概率 P 值小于 α，拒绝 H_0，线性关系显著，反之，接受原假设，线性关系不显著。

➢ **残差分析**

Durbin－Watson 检验，简称 DW 检验，可以推断残差序列是否存在自相关性。DW 取值在 0 到 4 之间，若 DW＝4，残差序列存在完全负自相关；若 DW＝（2，4），残差序列存在负自相关；若 DW＝2，残差序列无自相关；

若 DW = （0，2），残差序列存在正自相关；若 DW = 0，残差序列存在完全正自相关。

◆**多元线性回归**

➢ 多元回归模型

多元线性回归是涉及一个因变量与两个及两个以上自变量的回归。描述因变量 y 如何依赖于自变量 x_1，x_2，…，x_p 和误差项 ε 的方程，称为多元回归模型。涉及 p 个自变量的多元回归模型可表示为：

$$y = \beta_0 + \beta_1 X_1 + \beta_2 X_2 + \cdots + \beta_p X_p + \varepsilon \tag{10.8}$$

➢ 多元回归方程

$$E(y) = \beta_0 + \beta_1 X_1 + \beta_2 X_2 + \cdots + \beta_p X_p \tag{10.9}$$

其中，β_1、β_2、β_p 等称为偏回归系数。模型系数同样按照参数的最小二乘估计法获得。

相应的，估计的多元回归方程为：

$$\hat{y} = \hat{\beta}_0 + \hat{\beta}_1 X_1 + \hat{\beta}_2 X_2 + \cdots + \hat{\beta}_p X_p \tag{10.10}$$

➢ 回归方程的拟合优度

多元线性回归多重判定系数计算公式与一元线性回归判定系数相同，即回归平方和占总平方和的比例，依据因变量取值的变差中能被估计的多元回归方程所解释的比例。

$$R^2 = \frac{SSR}{SST} = \frac{\sum_{i=1}^{n} (\hat{y}_i - \bar{y})^2}{\sum_{i=1}^{n} (y_i - \bar{y})^2} \tag{10.11}$$

修正多重判定系数意义与多重判定系数类似，用样本容量 n 和自变量的个数 p 去修正多重判定系数得到，避免增加自变量而高估多重判定系数，计算公式为：

$$R_a^2 = 1 - (1 - R^2) \times \frac{n-1}{n-p-1} \tag{10.12}$$

估计标准误差 S_y 对误差项 ε 的标准差 σ 的一个估计值，衡量多元回归方程的拟合优度。

$$S_y = \sqrt{\frac{SSE}{n-p-1}} = \sqrt{\frac{\sum_{i=1}^{n} (y_i - \hat{y}_i)^2}{n-p-1}} \tag{10.13}$$

➤线性关系显著性检验

线性关系的显著性检验验证自变量与因变量之间的线性关系是否显著。检验步骤如下：

☆提出假设

H_0：$\beta_1 = \beta_2 = \ldots = \beta_p = 0$　线性关系不显著

H_1：β_1，β_2，…，β_p　至少有一个不等于0

☆计算检验统计量 F

$$F = \frac{SSR/p}{SSE/(n-p-1)} = \frac{MSR}{MSE} \sim F(p, n-p-1) \tag{10.14}$$

将回归均方（MSR）同残差均方（MSE）加以比较，用 F 检验来分析二者之间的差别是否显著。回归均方等于回归平方和 SSR 除以相应的自由度（自变量的个数 p），残差均方等于残差平方和 SSE 除以相应的自由度（$n-p-1$）。

☆确定显著性水平 α，并根据分子自由度 p 和分母自由度 $n-p-1$ 找出临界值 F_α

☆作出决策：若 $F > F_\alpha$，拒绝原假设；若 $F < F_\alpha$，不拒绝原假设。同样的，测算出的概率 $P > \alpha$，接受原假设，线性关系不显著。反之，拒绝原假设，线性关系显著。

➤回归系数显著性检验

线性关系检验通过后，需要对各个回归系数分别进行显著性检验。

☆提出假设

H_0：$\beta_i = 0$（没有线性关系）

H_1：$\beta_i \neq 0$（有线性关系）

☆计算检验统计量

$$t = \frac{\hat{\beta}_1}{S_{\hat{\beta}_1}} \sim t(n-2) \tag{10.15}$$

☆确定显著性水平 α

☆进行决策：$|t| > t_{\alpha/2}$，拒绝 H_0；$|t| < t_{\alpha/2}$，不拒绝 H_0。若概率 P 值小于 α，拒绝 H_0，线性关系显著。反之，接受原假设，线性关系不显著。

➤多重共线性

多重共线性指回归模型中两个或两个以上的自变量彼此相关，可能使回归结果混乱，对参数估计值的正负产生影响。检测多重共线性的最简单的办法是计算模型中各对自变量之间的相关系数，并进行相关系数的显著性检验。若有一个或多个相关系数显著，就表示模型中所用的自变量之间存在着多重共线性。处理方法一是删除一个或多个相关的自变量，二是尽量使用面板数据分析。

◆线性回归操作

打开数据文件 10.1.sav，依次选择菜单"Analyze | Regression | Linear"（分析 | 回归 | 线性）。在弹出的对话框中，从左边的源变量选择因变量进入 Dependent，一个或多个自变量进入 Independent（s）。选入第一个自变量后，点击 Next 按钮，再选入第二个自变量，以此类推，也可以单击 Previous 按钮退回到前一个自变量。

Method 用于选择不同的回归模型：

➢ Enter：默认选项，所有选择的自变量进入回归模型；

➢ Stepwise：不在回归方程中的 F 统计量最小概率的自变量被选入，已在回归方程中的自变量，若 F 统计量概率足够大，就移去这个自变量，直到回归模型之外没有变量可以添加进来；

➢ Remove：按事先设定好的条件删除自变量；

➢ Backward：先让所有自变量进入回归方程，再按一定的判决标准逐步删除；

➢ Forward：按一定的判别标准将自变量逐一放入回归方程。

Selection Variable 列表框选入的变量作为分析个案的选择规则。单击 Rule 按钮可设置规则。

Case Labels 用于指定标签变量。

WLS Weight 是当判断回归模型的残差存在异方差时，选用最小二乘法加权变量。

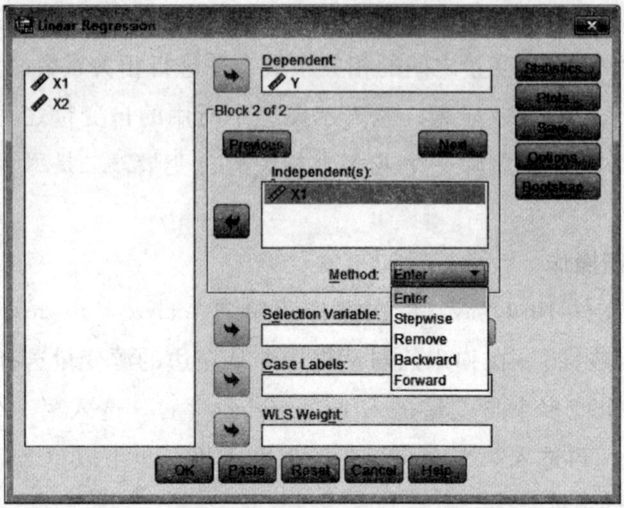

图 10.1 线性回归对话框

单击 Statistics 按钮，设置统计量。Regression Coefficients 选项组设置回归系数。

➢ Estimate：输出回归系数及相关测量；

➢ Confidence interval：输出回归系数 95% 的置信区间，系统默认置信度 95%，可以调整置信度；

➢ Covariance matrix：输出协方差和相关矩阵；

Model fit：输出复相关系数、判定系数、修正后的判定系数、估计的标准误、方差分析表。

R squared change：输出判定系数改变量，若某自变量的这个值较大，说明该自变量是因变量的较好的预测变量。

Descriptives：输出描述性统计量。

Part and partial correlations：输出部分相关和偏相关系数。

Collinearity diagnostics：诊断多重共线性。

Residuals 选项进行残差分析：

Durbin - Watson：输出 DW 检验结果

Casewise diagnostics：输出满足条件的观测量诊断表，其中，Outliers outside 输出异常值，系统默认 3 standard deviations，即正常值在标准差（-3，+3）；All cases 输出所有观测量的残差值。

单击继续按钮回到线性回归对话框。

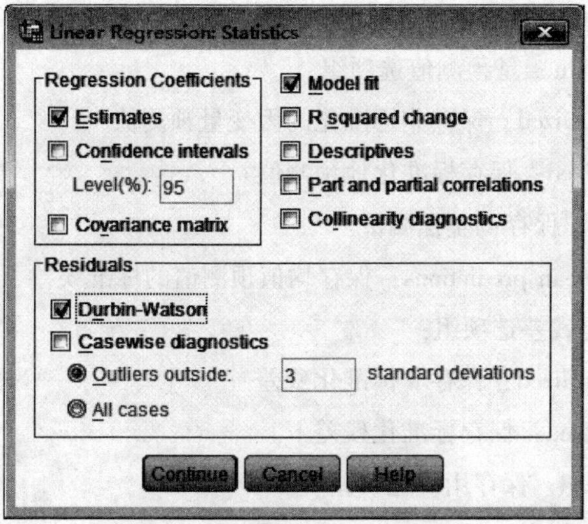

图 10.2　线性回归统计量按钮

单击 Plots 按钮绘制图形。从左边的列表框选择相应参数到右上方 Scatter 中绘制散点图，分别设置散点图的 *X* 轴和 *Y* 轴，按 Next 进入下一组设置，按 Prcvious 回到上　组。

列表框中包含的参数有：DEPENDENT 因变量、＊ZPRED 标准化的预测值、＊ZRESID 标准化的残差、＊DRESID 剔除残差、＊ADJPRED 调整的预测值、＊SRESID 用户化的残差、＊SDRESID 学生化的已删除残差。

Standardized Residual Plots 绘制标准化残差图，可以选择 Histogram 直方图和 Normal probability plot 正态概率图。

Produce all partial plots 表示绘制对每一个自变量产生一个自变量与因变量残差的散点图，但至少要有两个自变量。单击继续按钮回到线性回归对话框。

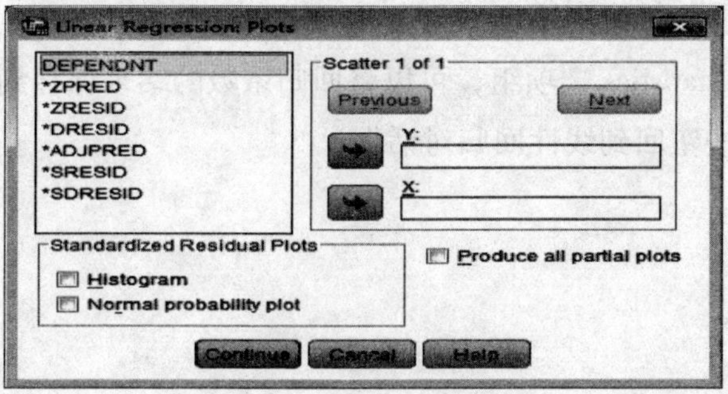

图 10.3　线性回归绘图按钮

单击 Save 按钮进入保存设置。

Predicted Values 是预测值选项组：

➢ Unstandardized：保存非标准化的因变量预测值

➢ Standardized：保存标准化地预测值

➢ Adjusted：保存调整预测值

➢ S. E. of mean predictions：保存均值预测值的标准误差

Residuals 是残差选项组：

➢ Unstandardized：保存非标准化残差

➢ Standardized：保存标准化残差

➢ Studentized：保存用户化残差

➢ Deleted：保存被排除进入相关系数计算的观测量的残差

➢ Studentized deleted：保存用户化的被删除的残差

Distances 是距离选项组，包括 Mahalanobis、Cook's、Leverage values 等。

Influence Statistics 影响统计量选项组，反映剔除了某个个案数据后回归系数的变化：

➢ DfBeta（s）：即 Beta 的差分，表示消除一个观测值引起的相关系数的变化值；

➢ Standardized DfBeta（s）：标准化的相关系数变化值；

➢ DfFit：消除一个观测值引起的预测值的变化；

➢ Standardized DfFit：标准化的预测值的变化；

➢ Covariance ratio：从回归系数计算中排除特定个案的协方差矩阵的行列式与包含所有个案的协方差矩阵的行列式的比率。若接近 1，表示被排除的个案不能显著改变协方差矩阵。

Coefficient statistics 选项组，可以将回归系数的结果保存到指定的文件中。

单击继续按钮回到线性回归对话框。

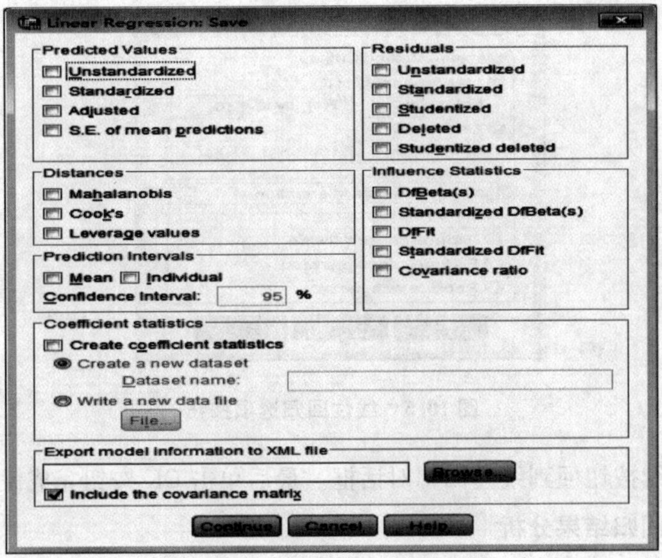

图 10.4　线性回归保存按钮

在线性回归对话框单击 Option 按钮，进行选项设置。

Stepping Method Criteria 逐步回归方法准则选项组设置用逐步回归方法时进入值和删除值的标准。

➢ Use probability of F：如果某变量的 *P* 值小于 Entry 中的数值，变量进入模型；若某变量的 *P* 值大于 Removal 中的数值，变量从模型中删除。

➢ Use value：如果某变量 *F* 统计量的值小于 Entry 中的数值，变量进入模型；若某变量 *F* 统计量的值大于 Removal 中的数值，变量从模型中删除。

Include constant in equation 用于设置回归方程中有无常数项。

Missing Values 缺失值设置：

➢ Exclude cases listwise：排除有缺失值的观测量；

➢ Exclude cases pairwise：变量配对计算统计量时，排除有缺失值的观测量；

➢ Replace with mean：用变量均值替代缺失值。

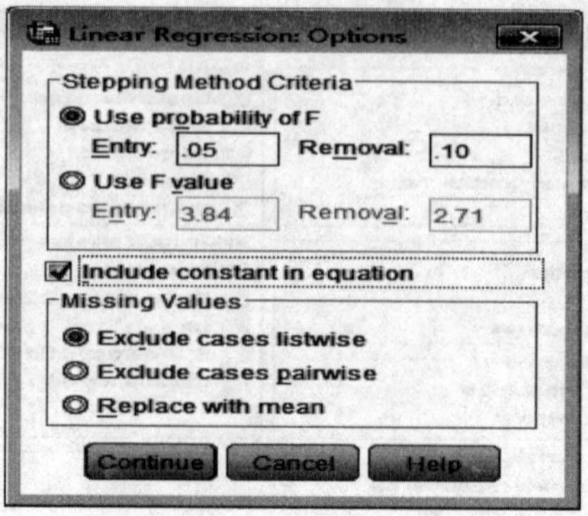

图 10.5　线性回归选项按钮

单击继续按钮回到线性回归对话框。最后单击 OK 按钮完成设置。

◆**线性回归结果分析**

表 10.1 是引入和剔除的变量，本例中采用 Enter 方法，将变量全部放入模型，没有剔除变量。

表 10.1　线性回归引入和剔除变量表

Variables Entered/Removed[a]

Model	Variables Entered	Variables Removed	Method
1	X_1 [b]	.	Enter
2	X_2 [b]	.	Enter

a. Dependent Variable：Y

b. All requested variables entered

表 10.2 是模型摘要表，包含相关系数 R、判定系数 R^2、调整后判定系数、估计值的标准误、DW 检验结果。其中，DW 结果接近 2，说明残差不存在自相关性。

表 10.2　线性回归模型摘要表

Model Summary[c]

Model	R	R Square	Adjusted R Square	Std. Error of the Estimate	Durbin - Watson
1	.643[a]	.413	.380	2.666	
2	.720[b]	.519	.462	2.484	2.127

a. Predictors：(Constant)，X_1

b. Predictors：(Constant)，X_1，X_2

c. Dependent Variable：Y

表 10.3 是显示线性关系显著性检验结果的方差分析表。表中显示了回归平方和、残差平方和、总平方和以及各自的自由度、均值的平方，还有 F 统计量和概率 P 值。从表 10.3 中可见概率 P 值小于给定的显著性水平 0.05，线性关系显著。

表 10.3　线性回归方差分析表

ANOVA[a]

Model		Sum of Squares	df	Mean Square	F	Sig.
1	Regression	89.996	1	89.996	12.663	.002[b]
	Residual	127.930	18	7.107		
	Total	217.926	19			
2	Regression	113.037	2	56.519	9.160	.002[c]
	Residual	104.888	17	6.170		
	Total	217.926	19			

a. Dependent Variable：Y

b. Predictors：(Constant)，X_1

c. Predictors：(Constant)，X_1，X_2

表 10.4 显示回归系数显著性检验结果。表 10.5 列出了没有通过检验的自变量 X_2 的基本情况。从两表可见，X_1 通过了回归系数的显著性检验，而 X_2 没有通过检验，模型排除了 X_2 变量，建立的回归方程为 $Y = 0.648 + 0.306X_1$。

表 10.4　线性回归回归系数表

Coefficients[a]

Model		Unstandardized Coefficients		Standardized Coefficients	t	Sig.
		B	Std. Error	Beta		
1	(Constant)	.648	1.007		.643	.528
	X_1	.306	.086	.643	3.558	.002
2	(Constant)	−.717	1.174		−.611	.550
	X_1	.206	.095	.433	2.165	.045
	X_2	.166	.086	.387	1.932	.070

a. Dependent Variable：Y

表 10.5 线性回归剔除变量表

Excluded Variables[a]

Model		Beta In	t	Sig.	Partial Correlation	Collinearity Statistics
						Tolerance
1	X_2	.387[b]	1.932	.070	.424	.707

a. Dependent Variable: Y

b. Predictors in the Model: (Constant), X_1

表 10.6 是残差数据表，包括最小值、最大值、均值、标准误和个数等。

表 10.6 线性回归残差数据表

Residuals Statistics[a]

	Minimum	Maximum	Mean	Std. Deviation	N
Predicted Value	-.26	8.10	3.54	2.439	20
Residual	-5.554	3.901	.000	2.350	20
Std. Predicted Value	-1.556	1.871	.000	1.000	20
Std. Residual	-2.236	1.571	.000	.946	20

a. Dependent Variable: Y

10.2 曲线回归

在回归模型中，变量间关系分为线性关系和非线性关系。线性关系可以用线性方程拟合，非线性关系可以用曲线方程拟合。软件中我们要区分曲线回归和非线性回归，曲线回归用于拟合常用的曲线，可以通过简单的变量转换方式转换成线性回归；而非线性回归可以用曲线方程拟合，但不能通过简单转换成为线性回归。

◆曲线回归操作

打开数据文件 10.2.sav，依次选择菜单 “Analyze | Regression | Curve Estimation”（分析 | 回归 | 曲线估计）。在左边的源变量中选择自变量进入 Independent 列表框，因变量进入 Dependent（s）列表框，标签变量进入 Case Labels 列表框，作为散点图点的标记。若自变量选项组中选择 Time，则表示进行自回归分析，时间作为解释变量进入曲线回归模型。

Include constant in equation 用于设置回归方程中有无常数项。

Plot models 表示绘制曲线拟合图。

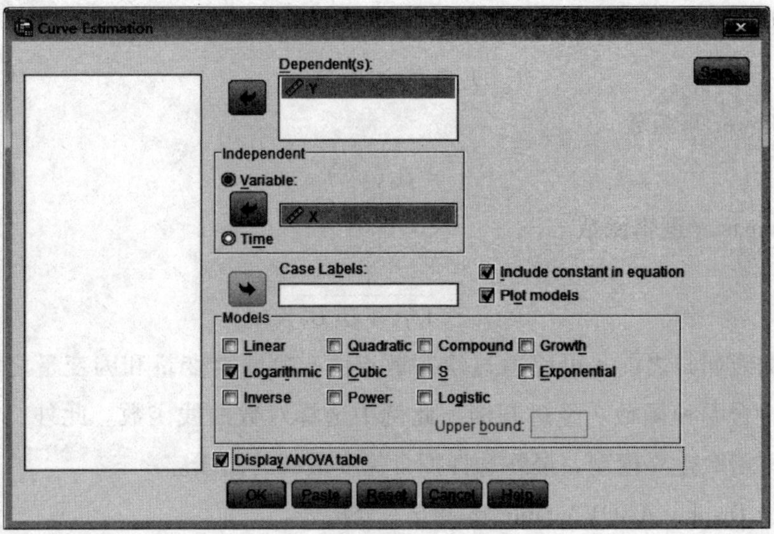

图 10.6 曲线回归对话框

Models 确定曲线回归选用的模型及回归方程如下：

➢ Linear 线性模型

$$y = \beta_0 + \beta_1 x_1 + \beta_2 x_2 + \cdots + \beta_i x_i \tag{10.16}$$

➢ Quadratic 二次曲线

$$y = \beta_0 + \beta_1 x + \beta_2 x^2 \tag{10.17}$$

➢ Compound 复合曲线

$$y = \beta_0 + \beta_1^x \tag{10.18}$$

➢ Growth 增长曲线

$$y = e^{\beta_0 + \beta_1 x} \tag{10.19}$$

➢ Logarithmic 对数曲线

$$y = \beta_0 + \beta_1 \ln(x) \tag{10.20}$$

➢ Cubic 三次曲线

$$y = \beta_0 + \beta_1 x + \beta_2 x^2 + \beta_3 x^3 \tag{10.21}$$

➢ S 型曲线

$$y = e^{\beta_0 + \frac{\beta_1}{x}} \tag{10.22}$$

➢ Exponential 指数曲线

$$y = \beta_0 e^{\beta_1 x} \tag{10.23}$$

➢ Inverse 逆函数

$$y = \beta_0 + \beta_1 / x \tag{10.24}$$

➢ Power 幂函数

$$y = \beta_0 (x^{\beta_1}) \tag{10.25}$$

➢ Logistic 逻辑函数

$$y = \frac{1}{1/\mu + \beta_0 \beta_1^x} \tag{10.26}$$

做曲线回归之前，可以通过绘制散点图，判断自变量和因变量之间的拟合关系符合哪种函数。经过判断，此例中选择对数曲线函数。此外，也可以选中多种函数建立模型，最终选择拟合优度最高的曲线。

选中 Display ANOVA table 输出方差分析表。

单击 Save 按钮进行保存设置。Save Variables 选项组有 3 个复选框：

➢ Predicted values：保存因变量的预测值；

➢ Residuals：保存残差；

➢ Prediction intervals：保存预测区间的上下限，选中此选项后可以调整置信度，系统默认 95%。

Predict Cases 预测个案选项组：

Predict from estimation period through last case：依据估计周期的观测，对每一个观测给出预测值；

Predict through Observation：输入用户希望预测的观测数。

单击继续按钮，再单击 OK 按钮完成操作。

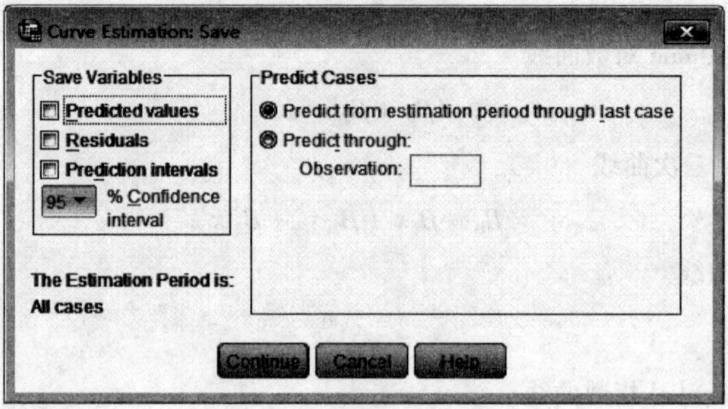

图 10.7 曲线回归保存按钮

◆曲线回归结果解读

表 10.7 模型描述表，描述模型的基本情况。表 10.8 为个案摘要表，描述个案的基本情况。表 10.9 为变量处理基本情况表，描述变量基本情况。

表 10.7　曲线回归模型描述表

Model Description

Model Name		MOD_ 1
Dependent Variable	1	Y
Equation	1	Logarithmic
Independent Variable		X
Constant		Included
Variable Whose Values Label Observations in Plots		Unspecified

表 10.8　曲线回归个案摘要表

Case Processing Summary

	N
Total Cases	20
Excluded Cases[a]	0
Forecasted Cases	0
Newly Created Cases	0

a. Cases with a missing value in any variable are excluded from the analysis.

表 10.9　曲线回归变量处理摘要表

Variable Processing Summary

		Variables	
		Dependent	Independent
		Y	X
Number of Positive Values		20	20
Number of Zeros		0	0
Number of Negative Values		0	0
Number of Missing Values	User - Missing	0	0
	System - Missing	0	0

表 10.10 为模型摘要，展示相关系数、判定系数、调整后的判定系数、估计的标准误差。此例中自变量和因变量具有高度相关关系，模型拟合优度较高。

表 10.10　曲线回归模型摘要表

Model Summary

R	R Square	Adjusted R Square	Std. Error of the Estimate
.963	.927	.923	.934

The independent variable is X.

表 10.11 为方差分析表，表 10.12 为回归系数表，展示了显著性检验结果，图 10.8 是曲线回归拟合图，显示均通过了检验。回归方程为 $y = -2.162 + 2.477\ln x$。

表 10.11　曲线回归方差分析表

ANOVA

	Sum of Squares	df	Mean Square	F	Sig.
Regression	198.536	1	198.536	227.772	.000
Residual	15.690	18	.872		
Total	214.226	19			

The independent variable is X.

表 10.12　曲线回归回归系数表

Coefficients

	Unstandardized Coefficients		Standardized Coefficients	t	Sig.
	B	Std. Error	Beta		
ln（X）	2.477	.164	.963	15.092	.000
（Constant）	−2.162	.461		−4.694	.000

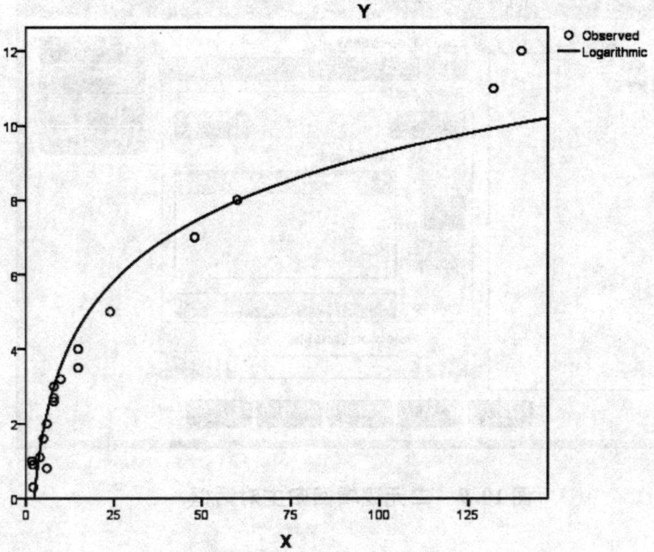

图 10.8 曲线回归拟合图

10.3 逻辑回归

回归模型中被解释变量一般是连续变量，而逻辑回归是已知预测变量的值，要预测某一特征是否存在或者结果是否发生，用于分析离散变量的回归分析。常见的逻辑回归是二元逻辑回归，即被解释变量是二元选择模型，变量值只有 0 和 1。

二元逻辑回归参数估计通常使用最大似然法，模型公式如下：

$$\ln \frac{p}{1-p} = \beta_0 + \beta_1 X_1 + \beta_2 X_2 + \varepsilon \qquad (10.27)$$

其中，p 是事件发生的概率，β_0 为常数项系数，β_1、β_2 分别是解释变量 X_1、X_2 的回归系数，ε 是残差。

◆二元逻辑回归操作

打开数据文件“10.3.sav”，依次选择菜单“Analyze | Regression | Binary Logistic（分析 | 回归 | 二元逻辑回归）”。在弹出的对话框中，从左侧的源变量列表框中选择一个二值变量（数值型）作为因变量进入 Dependent 列表框，选择一个或多个解释变量进入 Covariates 列表框，点击 Next 和 Previous 可以进行因变量之间的切换。在 Method 下拉列表框选择回归方法。

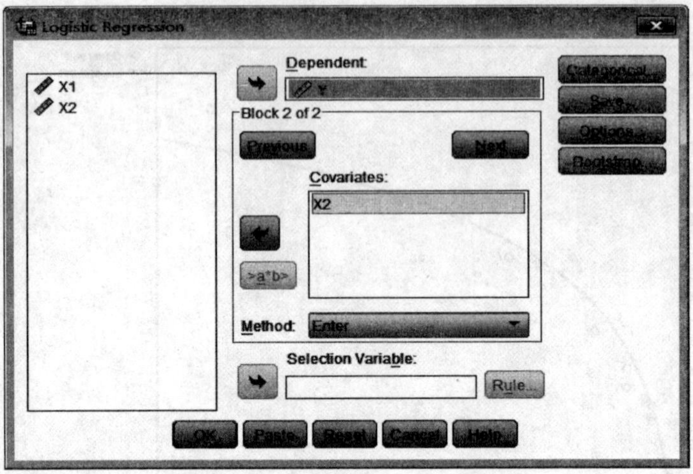

图 10.9　二元逻辑回归主对话框

如果仅使用部分变量进行分析，将参与回归的变量选入 Selection Variable。激活 Rule 按钮设置规则，在下拉列表选择和文本框中填入变量值，可以选择观测量。单击继续按钮返回主对话框。

单击 Categorical 按钮，对选择的协变量中的分类变量进行设置。从左边的源协变量中选入分类变量进入 Categorical 对话框。

Change Contrast 选项组设置对比方式：

➢ Indicator：指示符对照；

➢ Deviation：偏差对照；

➢ Simple：简单对照；

➢ Difference：差分对照，除第一水平外，对预测变量或因素每个水平效应都应与该水平后面水平的平均效应比较；

➢ Helmert：除最后一个水平外，对预测变量或因素每个水平效应都应与该水平后面水平的平均效应比较；

➢ Repeated：重复对照；

➢ Polynomial：多项式对照。

单击 Change 按钮，再单击继续按钮返回主对话框。

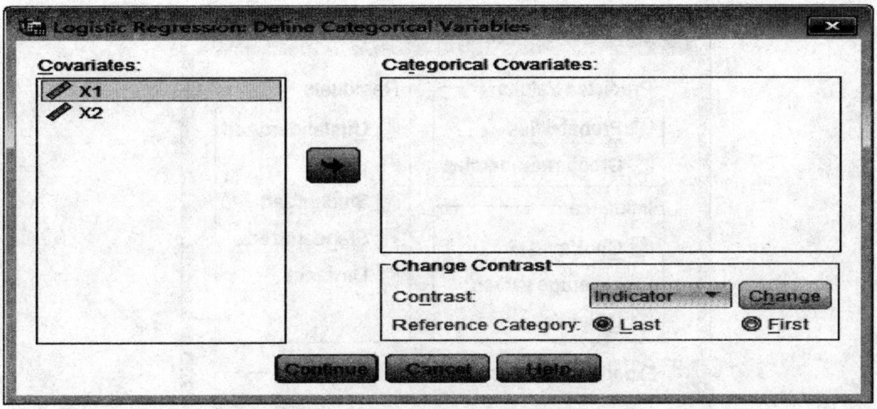

图 10.10 二元逻辑回归分类变量设置

单击 Save 按钮进行保存设置。

Predicted Values 选项组选择保存到数据编辑器窗口的预测结果。

➢ Probabilities：对每一个观测保存事件发生的预测概率；

➢ Group membership：保存按观测指定的预测概率确定的群体。

Influence 选项组保存观测点是否为影响点的统计量，可选保存 Cook's 统计量、Leverage values 杠杆值、DfBeta（s）Beta 系数。

Residuals 选项组设置保存的残差，包括 Unstandardized 未标准化残差、Logit 用 logit 度量的残差、Studentized 用户化残差、Standardized 标准化残差、Deviance 偏差值。

Export model information to XML file 输出模型信息到 XML 文件。

Include the covariance matrix 包含协方差矩阵。

单击继续按钮返回主对话框。

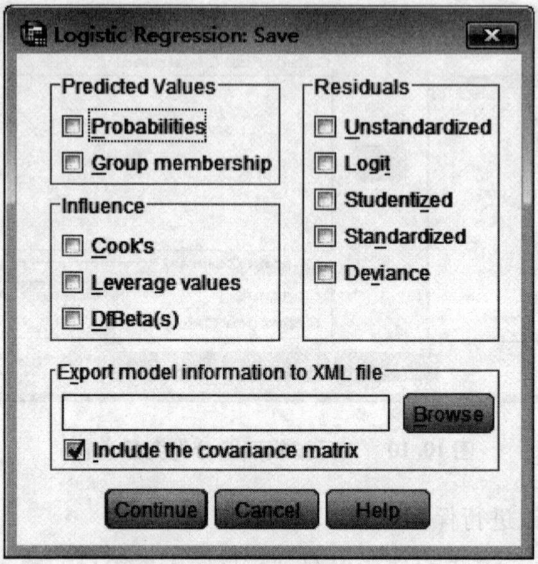

图 10.11 二元逻辑回归保存设置

单击 Option 按钮。

Statistics and Plots 统计量和图形选项组：

➢ Classification plots：输出因变量实际值和预测值的直方图。

➢ Hosmer – Lemeshow goodness – of – fit：输出 Hosmer – Lemeshow 拟合指数。

➢ Casewise listing of residuals：输出非标准化的残差值、预测概率、观察群、预测群；Outliers outside：2 std. dev. 输出标准化残差大于 2 的观测的残差，All cases 输出所有观测的残差。

➢ Correlations of estimates：输出参数估计的相关系数矩阵。

➢ Iteration history 输出每一步参数估计过程的相关系数和 log 似然率。

➢ CI for exp（B）：指数的变动范围。

Display 选项组设置显示统计量和统计表格的时间：

➢ At each step：在统计分析的每一步都显示统计量和统计表格；

➢ At last step：只显示最后的统计结果；

➢ Probability for Stepwise：选择变量进入模型的入口概率到 Entry，出口概率到 Removal；

➢ Classification cutoff：设定预测概率分界点以产生分类表；

➢ Maximum Iteratious：设置最大似然相关系数估计的迭代次数的最大值。

Conserve menory for complex analyses or large datasets 为复杂分析或大型数据集保留内存。

Include constant in model 设置回归模型中是否包含常数。

单击继续按钮返回主对话框。单击 OK 按钮完成操作。

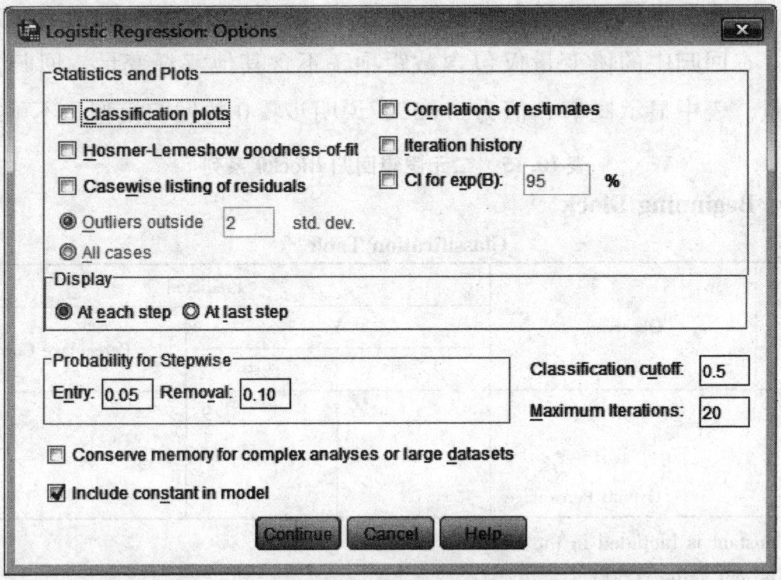

图 10.12 二元逻辑回归选项设置

◆二元逻辑回归结果解读

表 10.13 是个案摘要表，显示已选个案的有效值、缺失值及总数。表 10.14 是因变量编码表，说明因变量有 0 和 1 两个编码。

表 10.13 二元逻辑回归个案摘要表

Case Processing Summary

Unweighted Cases[a]		N	Percent
Selected Cases	Included in Analysis	20	100.0
	Missing Cases	0	.0
	Total	20	100.0
Unselected Cases		0	.0
Total		20	100.0

a. If weight is in effect, see classification table for the total number of cases.

表 10.14　二元逻辑回归因变量编码表

Dependent Variable Encoding

Original Value	Internal Value
未选中	0
选中	1

表 10.15 系步骤 0 系列表格，包括分类表、方程中的变量和不在方程中的变量。在回归中的协变量仅包含截距项，不含其他解释变量，回归方程中只有常量。表中显示概率 P 值为 0.655，说明步骤 0 的回归模型是不可靠的。

表 10.15　二元逻辑回归 Block0 系列

Block 0：Beginning Block

Classification Table[a,b]

	Observed		Predicted		
			Y		Percentage Correct
			未选中	选中	
Step 0	Y	未选中	0	9	.0
		选中	0	11	100.0
	Overall Percentage				55.0

a. Constant is included in the model.

b. The cut value is 500.

Variables in the Equation

		B	S. E.	Wald	df	Sig.	Exp（B）
Step 0	Constant	.201	.449	.199	1	.655	1.222

Variables not in the Equation

			Score	df	Sig.
Step 0	Variables	X_1	8.211	1	.004
	Overall Statistics		8.211	1	.004

表 10.16 系步骤 1 系列表格，包括模型系数的综合检验表、模型摘要表、分类表、方程中的变量表。在回归方程中除了常量，还包括解释变量 X_1。表中显示概率 P 值大于显著性水平 X，说明步骤 1 的回归模型是不可靠的。

表 10.16 二元逻辑回归 Block1 系列

Block 1：Method = Enter

Omnibus Tests of Model Coefficients

		Chi - square	df	Sig.
Step 1	Step	15.454	1	.000
	Block	15.454	1	.000
	Model	15.454	1	.000

Model Summary

Step	-2 Log likelihood	Cox & Snell R Square	Nagelkerke R Square
1	12.072[a]	.538	.720

a. Estimation terminated at iteration number 8 because parameter estimates changed by less than .001.

Classification Table[a]

Observed			Predicted Y 未选中	Predicted Y 选中	Percentage Correct
Step 1	Y	未选中	7	2	77.8
		选中	2	9	81.8
	Overall Percentage				80.0

a. The cut value is .500

Variables in the Equation

		B	S. E.	Wald	df	Sig.	Exp (B)
Step 1[a]	X_1	.841	.457	3.393	1	.065	2.319
	Constant	-6.254	3.480	3.230	1	.072	.002

a. Variable (s) entered on step 1：X_1.

表 10.17 系步骤 2 系列表格，包括模型系数的综合检验表、模型摘要表、分类表、方程中的变量表。在回归方程中除了常量，还包括 X_1 和 X_2 两个解释变量。表中结果显示该模型不显著，解释变量 X_1 和 X_2 对被解释变量 Y 没有显著影响。

若该模型通过了检验（注意模型没有通过检验），回归方程为：

$$\ln \frac{p}{1-p} = -15.703 + 0.156\,X_1 + 1.119\,X_2 \tag{10.28}$$

表 10.17 二元逻辑回归 Block2 系列

Block 2：Method = Enter

Omnibus Tests of Model Coefficients

		Chi - square	df	Sig.
Step 1	Step	6.748	1	.009
	Block	6.748	1	.009
	Model	22.201	2	.000

Model Summary

Step	-2 Log likelihood	Cox & Snell R Square	Nagelkerke R Square
1	5.324[a]	.670	.897

a. Estimation terminated at iteration number 9 because parameter estimates changed by less than .001.

Classification Table[a]

	Observed		Predicted		
			Y		Percentage Correct
			未选中	选中	
Step 1	Y	未选中	8	1	88.9
		选中	0	11	100.0
	] Overall Percentage				95.0

a. The cut value is .500

Variables in the Equation

		B	S. E.	Wald	Df	Sig.	Exp (B)
Step 1[a]	X_1	.156	.702	.050	1	.824	1.169
	X_2	1.119	1.031	1.177	1	.278	3.061
	Constant	-15.703	11.631	1.823	1	.177	.000

a. Variable (s) entered on step 1：X_2.

11　聚类分析与判别分析

聚类分析和判别分析都是研究分类的统计方法，其中聚类分析是在未知类别数目的情况下，对样本数据进行分类；判别分析是已知分类数目的情况下，根据一定的指标对不知类别的数据进行归类。

11.1 聚类分析

按分类对象，聚类分析划分为变量聚类和观测聚类。观测聚类是根据被研究对象的总体特征对观测量进行分类，变量聚类是对变量进行归类。

聚类分析有两种方法：快速聚类和分层聚类。快速聚类也叫 K－Means 聚类，首先按照一定的方法选取一批凝聚点（聚心），再让样本向最近的凝聚点凝聚，形成初始分类，然后再按最近距离原则修改不合理的分类，直到合理为止。分层聚类可以采用分解法，先视为一大类，再分成几类，或者凝聚法，先视每个为一类，再合并为几大类。

聚类分析步骤一般分为两步：先对数据进行预处理（标准化和计算距离等），然后进行聚类分析。

◆快速聚类分析操作

打开数据文件 11.1.sav，依次选择菜单“Analyze | Classify | K－Means Cluster”（分析 | 聚类 | 快速聚类）。在弹出的对话框中，从左侧的源变量列表框中选择需要聚类分析的变量进入 Variables 列表框，标签变量进入 Label Cases。Number of Clusters 后面的文本框输入聚类数目。

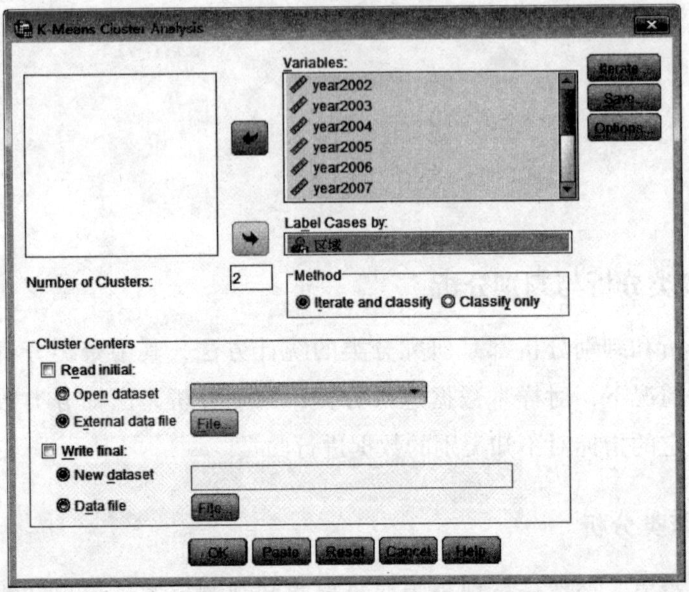

图 11.1 快速聚类主对话框

Method 聚类方法有两个：Iterate and classify 在迭代过程中不断改变聚心，Classify only 用初始凝聚点聚类，在迭代过程不改变聚心。

Number of clusters 设置分类数目。

Cluster Centers 选择凝聚点，Read initial 从数据文件中读入，Write final 把凝聚点的最终结果保存到指定数据文件。

单击 Iterate 按钮进行迭代设置。Maximum Iterations 定义最大迭代次数。Convergence Criterion 输入收敛因子，系统默认 0。Use running means 每分配一个观测量到某类中，立即计算凝聚点。单击继续按钮回到主对话框。

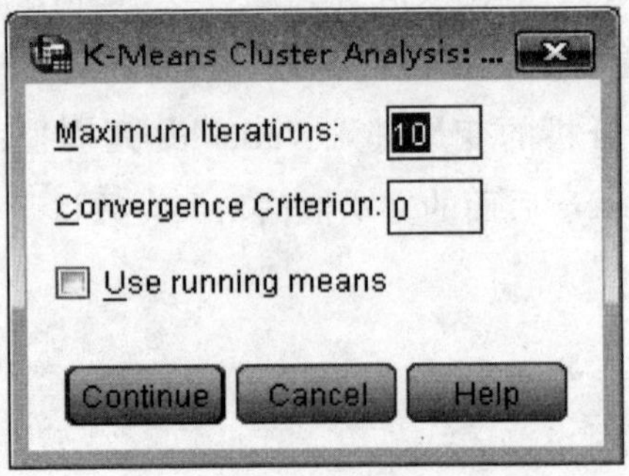

图 11.2 快速聚类迭代设置

单击 Save 按钮进行保存设置：Cluster membership 保存聚类结果，生成新变量。Distance from cluster center 生成新变量表示各观测量与凝聚点之间的欧式距离。单击继续按钮回到主对话框。

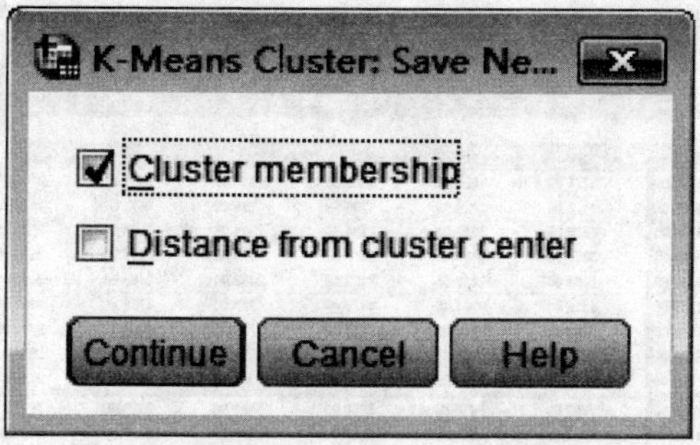

图 11.3 快速聚类保存设置

单击 Option 按钮进行选项设置。

Statistics 统计量选项组中：Initial cluster centers 输出初始凝聚点，ANOVA table 输出方差分析表，Cluster information for each case 输出每个样本的聚类信息。

Missing Values 缺失值选项组中：Exclude case listwise 删除分析变量中带有缺失值的观测量；Exclude cases pairwise 观测的所有聚类变量均为缺失值才删除，其余缺失值用其他非缺失变量按距离分配到最近的类里。

单击继续按钮回到主对话框。单击 OK 按钮完成操作。

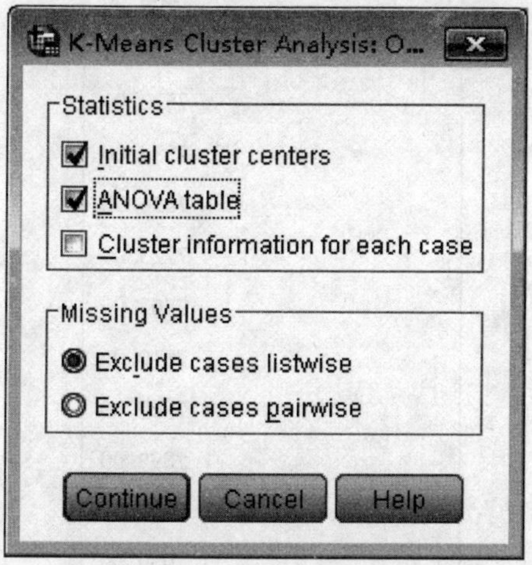

图 11.4 快速聚类选项设置

◆**快速聚类分析结果解读**

因为选择了 Cluster membership，聚类结果生成新变量，显示各区域分别属于 1 类还是 2 类区域，见图 11.5。

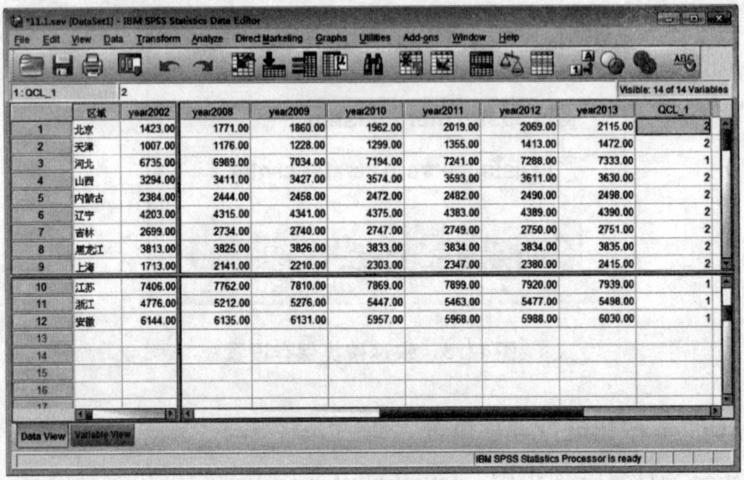

图 11.5 快速聚类结果

表 11.1 显示两个类的初始聚心情况。

表 11.1 初始聚心

Initial Cluster Centers

	Cluster	
	1	2
year2002	7406.00	1007.00
year2003	7458.00	1011.00
year2004	7523.00	1024.00
year2005	7588.00	1043.00
year2006	7656.00	1075.00
year2007	7723.00	1115.00
year2008	7762.00	1176.00
year2009	7810.00	1228.00
year2010	7869.00	1299.00
year2011	7899.00	1355.00
year2012	7920.00	1413.00
year2013	7939.00	1472.00

表 11. 2 显示迭代记录。共进行了两次迭代，第一次迭代后，两个类的中心点分别偏移了 4212. 459 和 5318. 861，第二次迭代后，两个类中心点的偏移小于系统判定标准，聚类分析结束。

表 11. 2 迭代记录

Iteration History[a]

Iteration	Change in Cluster Centers	
	1	2
1	4212. 459	5318. 861
2	. 000	. 000

a. Convergence achieved due to no or small change in cluster centers. The maximum absolute coordinate change for any center is 000. The current iteration is 2. The minimum distance between initial centers is 22614. 384.

表 11. 3 显示最终聚类中心。表 11. 4 展示两个类的成员数情况。

表 11. 3 最终聚心

Final Cluster Centers

	Cluster	
	1	2
year2002	6265. 25	2567. 00
year2003	6311. 75	2582. 75
year2004	6371. 25	2602. 88
year2005	6387. 50	2623. 25
year2006	6434. 00	2655. 88
year2007	6484. 75	2691. 13
year2008	6524. 50	2727. 13
year2009	6562. 75	2761. 25
year2010	6616. 75	2820. 63
year2011	6642. 75	2845. 25
year2012	6668. 25	2867. 00
year2013	6700. 00	2888. 25

表 11.4 每类的成员情况

Number of Cases in each Cluster

Cluster	1	4.000
	2	8.000
Valid		12.000
Missing		.000

表 11.5 是方差分析表，给出组间均方、组间自由度、组内均方、组内自由度，以及 F 统计量和概率值。概率 P 值为 0，验证了各指数的均值在各类的差别。

表 11.5 方差分析表

ANOVA

	Cluster		Error		F	Sig.
	Mean Square	df	Mean Square	df		
year2002	36472141.500	1	1303464.875	10	27.981	.000
year2003	37081176.000	1	1282295.625	10	28.918	.000
year2004	37868400.375	1	1261542.963	10	30.018	.000
year2005	37785541.500	1	1246800.050	10	30.306	.000
year2006	38064609.375	1	1230969.488	10	30.922	.000
year2007	38377575.042	1	1198223.363	10	32.029	.000
year2008	38453485.042	1	1155980.788	10	33.265	.000
year2009	38537072.667	1	1125176.425	10	34.250	.000
year2010	38428173.375	1	1116096.663	10	34.431	.000
year2011	38456016.667	1	1097759.825	10	35.031	.000
year2012	38532004.167	1	1078180.075	10	35.738	.000
year2013	38745168.167	1	1053007.350	10	36.795	.000

The F tests should be used only for descriptive purposes because the clusters have been chosen to maximize the differences among cases in different clusters. The observed significance levels are not corrected for this and thus cannot be interpreted as tests of the hypothesis that the cluster means are equal.

◆分层聚类分析操作

打开数据文件 11.1.sav，依次选择菜单“Analyze | Classify | Hierarchical Cluster”（分析 | 聚类 | 分层聚类）。在弹出的对话框中，从左侧的源变量列表框中选择需要聚类分析的变量进入 Variables 列表框，标签变量进入 Label Cases。

Clusters 选择分层聚类的对象，Cases 表示对样本进行分层聚类，Variables

表示对变量进行分层聚类。

Display 设置输出的内容，Statistics 为统计量，Plots 是图形。

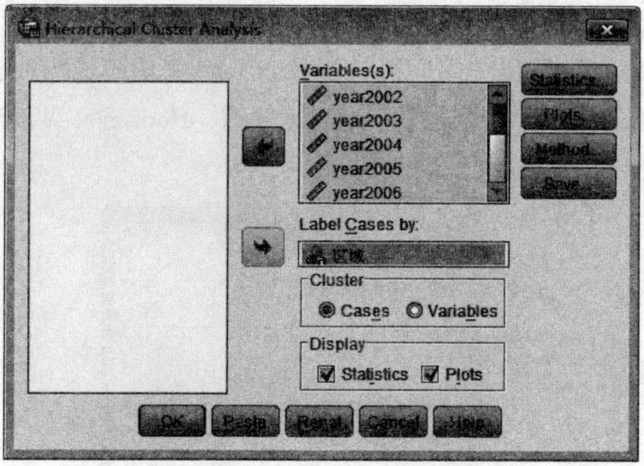

图 11.6　分层聚类主对话框

单击 Statistics 按钮进行统计量设置。Agglomeration schedule 输出聚类分析中每一步被合并的类、被合并类的类间距离和最终类水平。Proximity matrix 输出距离矩阵。Cluster Membership 输出成员状态，其中，None 不列出成员状态。Single solution 单一解，下面文本框中数字表示聚类数，输出集成该类时的各成员状态。Range of solutions 范围解，文本框中输入最小类和最大类数字，软件将输出最大和最小类之间的多个解。单击继续按钮回到主对话框。

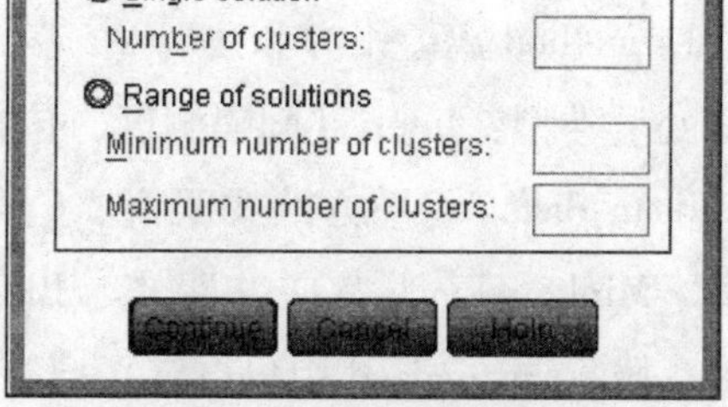

图 11.7　分层聚类统计量设置

单击 Plots 按钮进行图形设置。Dendrogram 表示输出树形图。Icicle 表示输出冰柱图，其中，All clusters 指列出聚类过程每一步信息，Specified range of clusters 只包含聚类数范围内部分：Start cluster 输入开始的步数，Stop cluster 输入结束的步数，By 输出中间间隔的步数。None 表示不输出冰柱图。Orientation 确定画图的方向，Vertical 显示纵向冰柱图，Horizontal 显示横向冰柱图。单击继续按钮回到主对话框。

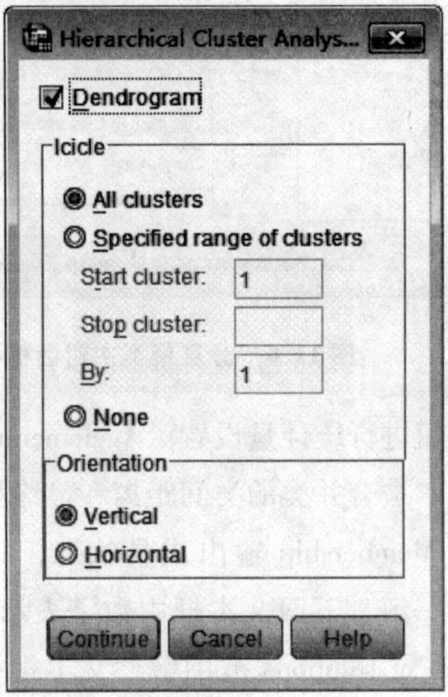

图 11.8　分层聚类图形设置

单击 Method 按钮进行聚类方法设置。

Cluster 给出了 7 种聚类方法：Between – groups linkage 组间平均链锁距离法、Within – groups linkage 组内平均链锁距离法、Nearest neighbor 最短距离法、Furthest neighbor 最长距离法、Centroid clustering 重心法、Median clustering 中间距离法、Ward's method 离差平方和法。

Measure 设置距离变量类型：Interval 间隔测度，包括 Euclidean distance 欧式距离、Squared Euclidean distance 平方欧式距离、Cosine 夹角余弦等、Chebychev 切比雪夫距离、Minkowski 明考斯基距离、Block 绝对距离、Pearson correlation 皮尔森相关系数、Customized 用户自定义型等。

Counts 设置离散数据不相似性的度量方法。

Binary 设置二值特征数据距离和不相似性的度量方法，默认 1 表示字符存在，0 表示不存在。

Transform Values 对应的 Standardize 下拉列表框选择标准化的方法，None 不进行标准化处理，Z scores 标准化成均值为 0、标准差为 1 的 *Z* 分数，Range －1 to 1 标准化的变量值除以极差，Range 0 to 1 标准化的项减去最小值再除以极差，Maximum magnitude of 1 标准化的变量值除以最大值，Mean of 1 标准化的变量值除以均值，Standard deviation of 1 标准化的变量或样品值除以标准差。

Transform Measures 设置距离转换的方法。Absolute values 取距离的绝对值，Change sign 设置距离大小排序，用于相似性和不相似性的转化，Rescale to 0－1 range 将距离按比例缩放到 0 到 1 之间，标准化时先减去最小距离，然后除以极差。

单击继续按钮回到主对话框。

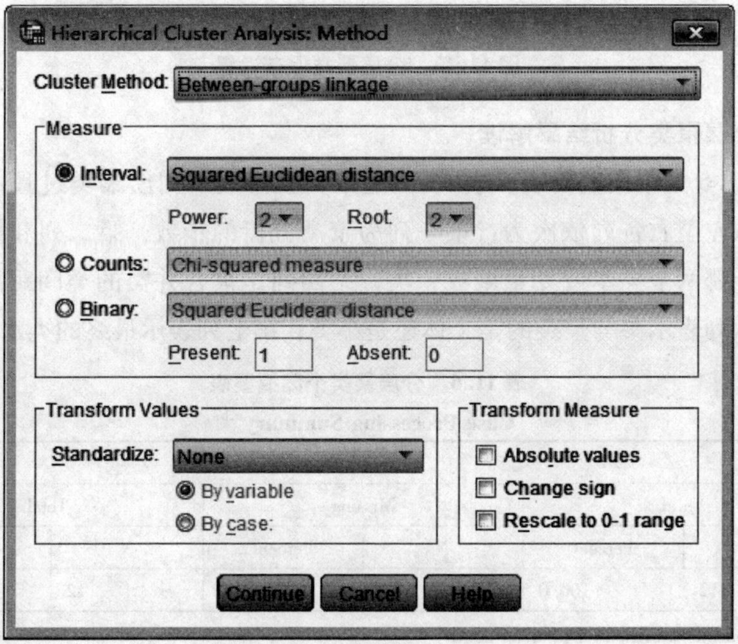

图 11.9　分层聚类方法设置

单击 Save 按钮进行保存设置：

None 不生成新变量保存分类结果，Single solution 对确定的分类数产生新变量，分类数在后面的文本框中输入，Range of solutions 对一定分类数范围内生成的新变量保存信息，范围在下面的文本框内设置最大值和最小值。

单击继续按钮回到主对话框。单击 OK 按钮完成操作。

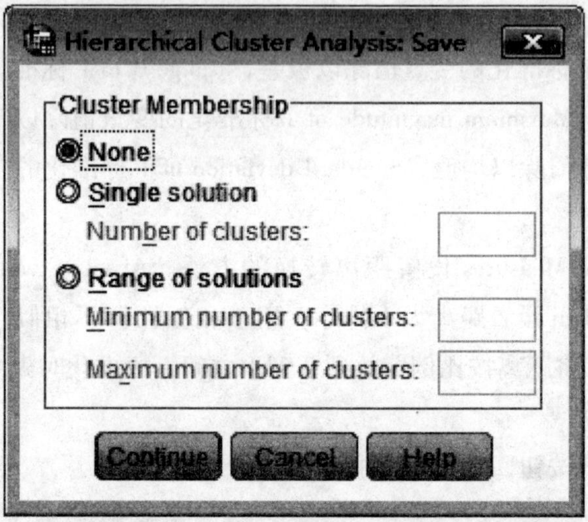

图 11.10　分层聚类保存设置

◆**分层聚类分析结果解读**

表 11.6 是个案摘要表。表 11.7 是聚类状态表，列出聚类过程中的相关信息，从左至右各列依次为：第一列为聚类分析的步数，第二列和第三列表示每一步哪两个样本或变量聚成一类，第四列是被合并类的类间距离，第五列和第六列表示参与聚类的是个体还是小类，第七列表示最终的类水平。

表 11.6　分层聚类个案摘要表

Case Processing Summary[a,b]

Cases					
Valid		Missing		Total	
N	Percent	N	Percent	N	Percent
12	100.0	0	.0	12	100.0

a. Squared Euclidean Distance used

b. Average Linkage (Between Groups)

表 11.7　分层聚类状态表

Average Linkage（Between Groups）

Agglomeration Schedule

Stage	Cluster Combined		Coefficients	Stage Cluster First Appears		Next Stage
	Cluster 1	Cluster 2		Cluster 1	Cluster 2	
1	5	7	1025786.000	0	0	6
2	1	9	1373367.000	0	0	6
3	4	8	1902889.000	0	0	4
4	4	6	5825430.500	3	0	10
5	3	10	6015845.000	0	0	9
6	1	5	6462489.000	2	1	8
7	11	12	11196547.000	0	0	9
8	1	2	15407998.750	6	0	10
9	3	11	40127318.000	5	7	11
10	1	4	44872107.800	8	4	11
11	1	3	194541185.313	10	9	0

图 11.11 是冰柱图。图中最后一行显示 12 个区域分为 11 类，其中吉林和内蒙古合为一类，其他各区域各为一类。倒数第二行显示 12 个区域分为 10 类，其中吉林和内蒙古合为一类，上海和北京合为一类，其余区域各为一类。依次类推，第一行显示 12 个区域完全合并为一类。图 11.12 树形图的结果与冰柱图相同。

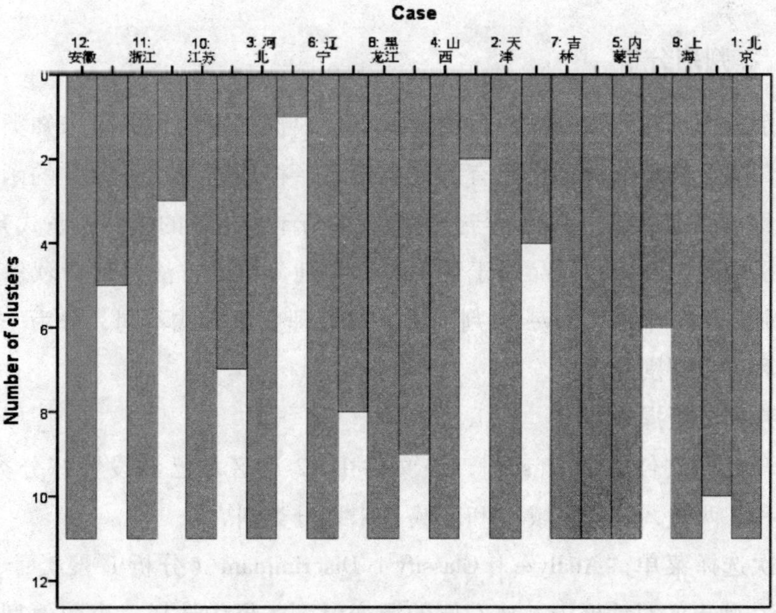

图 11.11　分层聚类冰柱图

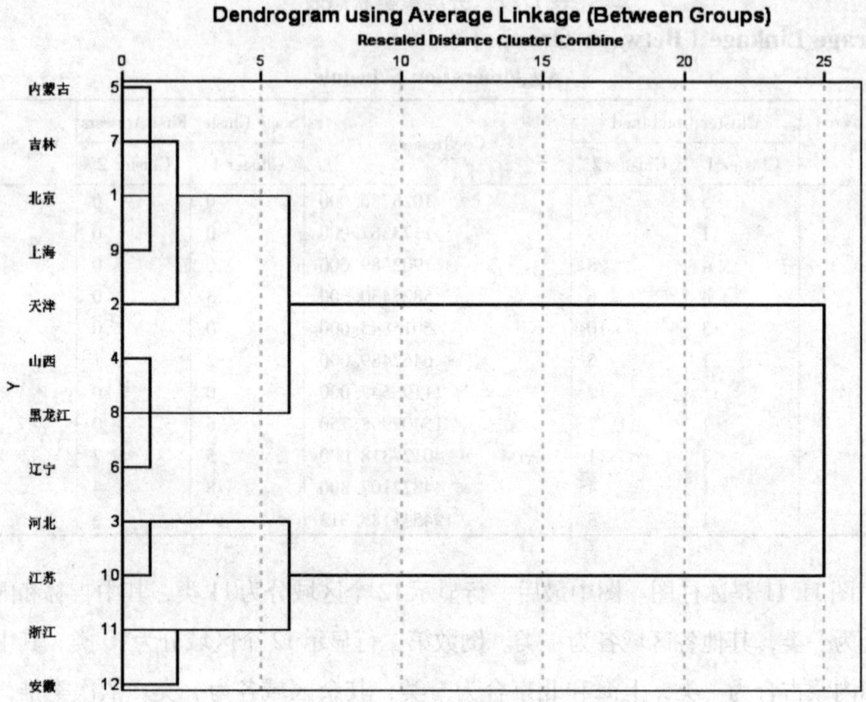

图 11.12　分层聚类树形图

11.2 判别分析

判别分析是在已知分类数目的情况下，根据一定的指标对未知类别的数据进行归类。判别分析利用原有的分类信息，得到体现这种分类的函数关系式（或称为判别函数，一般是与分类相关的若干个指标的线性关系式），然后利用该函数去判断未知样品属于哪一类。判别分析的方法包括费歇尔（Fisher）判别法和内叶斯（Bayes）判别法。按处理变量方式不同，分为一般判别分析法和逐步判别分析。

◆判别分析操作

打开数据文件“11.2.sav”，该文件中 12 个区域已经设置好分类变量，分为 1 和 2 两类，只有区域 A 和区域 B 未划分类别。

依次选择菜单“Analyze | Classify | Discriminant（分析 | 聚类 | 判别分析）”。在弹出的对话框中，从左侧的源变量列表框中选择一个数值型变量进入 Grouping Variables 列表框做分组变量，选择参与判别分析的目标标量进入

Independents。

Enter independents together 对所有自变量进行判别分析；Use stepwise method 用逐步判别法分析，选中后要在 Method 中进一步选择判别分析方法。

Selection Variable 选择。从源变量选择变量进入列表框，单击 Value 设置变量值。使用部分观测量进行判别函数推导，某个变量值作为观测量的标识。在 Value for Selection 文本框中输入数值，对选择的变量中含该数值的个案进行分析。

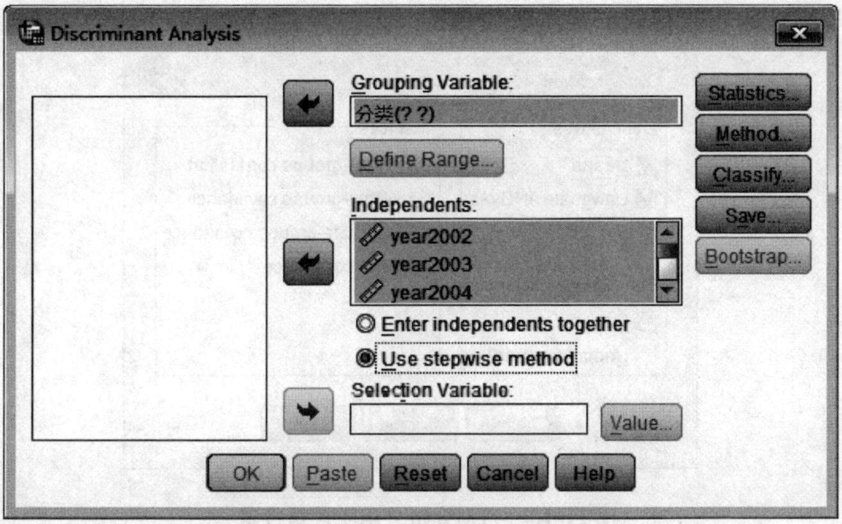

图 11.13　判别分析主对话框

选入分组变量后，单击 Define Range 按钮设置变量取值范围，输入该变量的最大值和最小值。单击继续按钮回到主对话框。

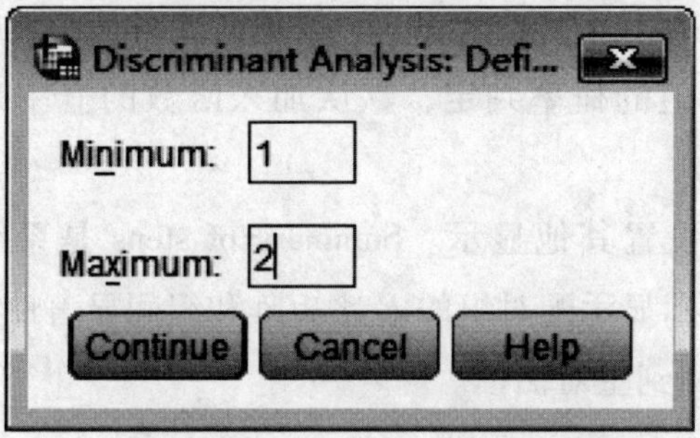

图 11.14　判别分析分组变量范围

单击 Statistics 按钮设置统计量。Descriptives 描述性统计量选项组可以选择 Means 输出均值、标准差，Univariate ANOVAs 输出单变量方差分析结果，Box's M 进行协方差矩阵检验。

Matrices 矩阵选项组可以选择 Within - groups correlation 输出类内相关矩阵，Within - groups covariance 输出合并类内协方差矩阵，Separate - group covariance 对每一类别显示协方差矩阵，Total covariance 显示总样本的协方差矩阵。

单击继续按钮回到主对话框。

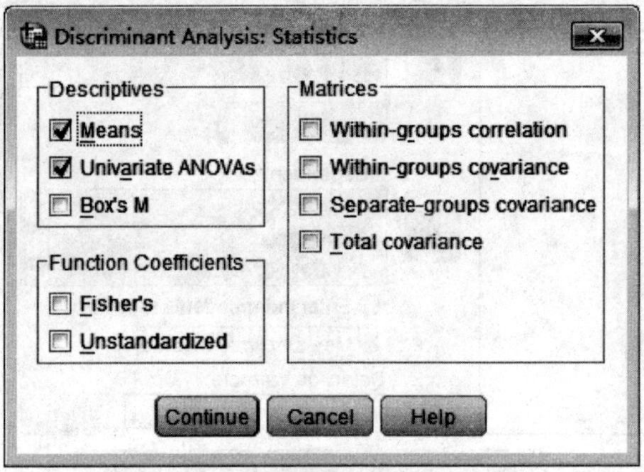

图 11.15　判别分析分组统计量设置

单击 Method 设置判别方法，包括 Wilks' lambda、Unexplained variance、Mahalanobis distance、Smallest F ratio、Rao's V 等。

Criteria 选项组设置逐步判别停止的判据。默认用 *F* 值 Use F value，*F* 值大于 Entry 值保留在函数中，小于 Removal 值时变量从函数中剔除。Use probability of F 表示用 *F* 值的概率判定，默认加入函数的概率是 0.05，移除概率是 0.09。

Display 选项组设置其他显示。Summary of steps 是系统默认选项。F for pairwise distances 表示显示配对组的 *F* 比矩阵和组间显著性检验结果。

单击继续按钮回到主对话框。

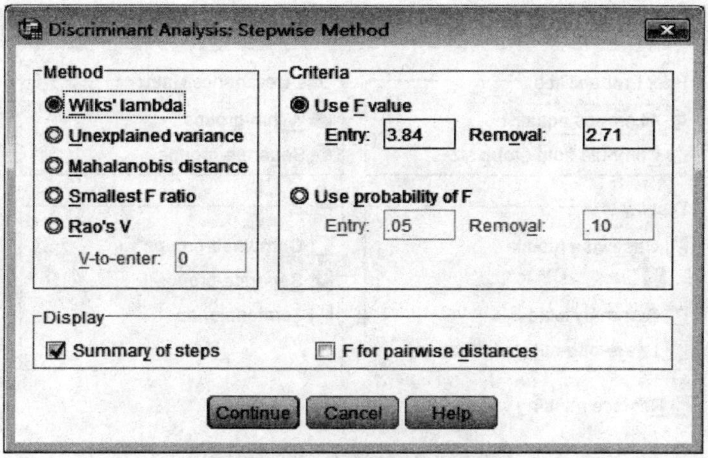

图 11.16 判别分析分组方法设置

单击 Classify 按钮。Prior Probabilities 选项组选择先验概率，All groups equal 各类先验概率相等；Compute from group sizes 各类的先验概率与样本量成正比。

Use Covariance Matrix 选项组选择协方差矩阵。Within – groups 使用合并组内协方差矩阵进行分类，Separate – groups 使用各组协方差矩阵进行分类。

Display 选项组设置输出。Casewise results 输出各观测量的判别分数、实际类、预测类和先验概率，然后在 Limit cases to first 中输入观测量数。Summary table 输出分类小结，正确分类观测量数和错分观测量及错分率。Leave – one – out classification 输出各个观测量分类结果，因判别函数由其他观测量导出而称之为交互校验结果。

Replace missing values with mean 用变量的均值代替缺失值。

Plots 选项组设置图形。Combined – groups 生成包含各类的散点图，若仅一个判别函数，输出直方图。Separate – group 对每一类生成一个散点图，若仅一个判别函数，输出直方图。Territorial map 生成用函数值分配观测量到各组的边界图。

单击继续按钮回到主对话框。

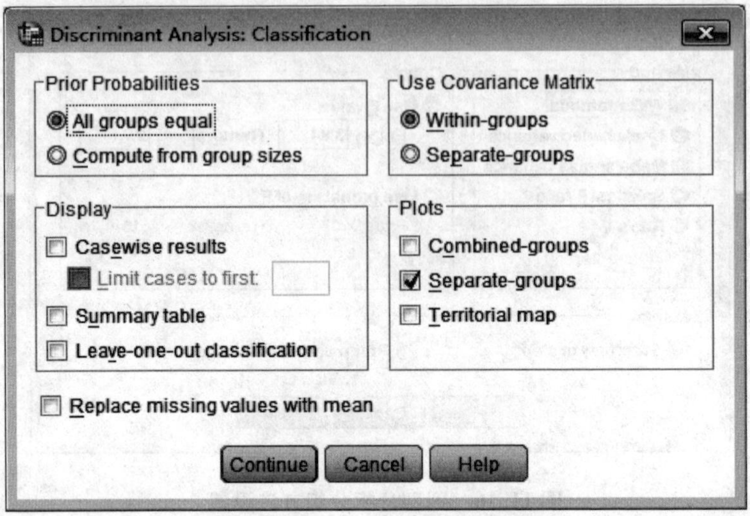

图 11.17　判别分析分组分类设置

单击 Save 进行保存设置。Predicted group membership 生成一个新变量标明观测量被预测的分类。Discriminant scores 生成一个新变量标明判别分数。Probabilities of group membership 有多少个概率值就生成多少个新变量。Export model information to XML file 选项组将模型信息输出到指定文件。单击继续按钮回到主对话框。单击 OK 按钮完成操作。

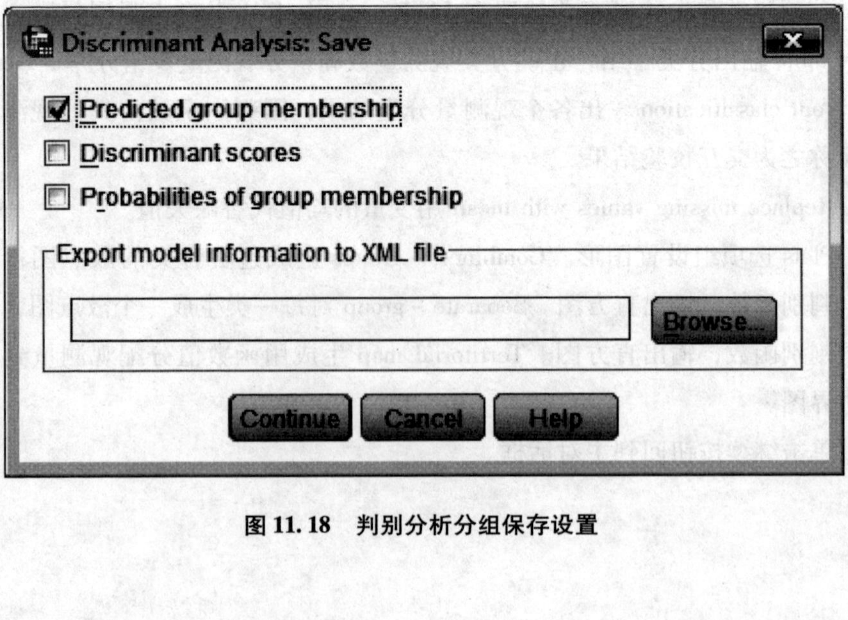

图 11.18　判别分析分组保存设置

◆**判别分析结果解读**

由图 11.19 可见，数据文件中生成一个名为 Dis_ 1 的变量，除了复制原来 12 个区域的分类结果，还新生成了区域 A 和区域 B 的分类结果。

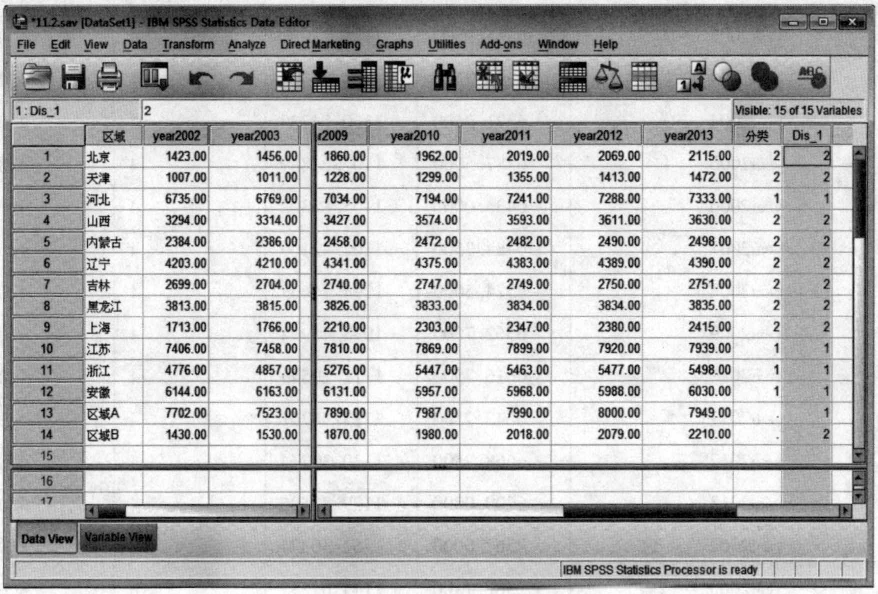

	区域	year2002	year2003	r2009	year2010	year2011	year2012	year2013	分类	Dis_1
1	北京	1423.00	1456.00	1860.00	1962.00	2019.00	2069.00	2115.00	2	2
2	天津	1007.00	1011.00	1228.00	1299.00	1355.00	1413.00	1472.00	2	2
3	河北	6735.00	6769.00	7034.00	7194.00	7241.00	7288.00	7333.00	1	1
4	山西	3294.00	3314.00	3427.00	3574.00	3593.00	3611.00	3630.00	2	2
5	内蒙古	2384.00	2386.00	2458.00	2472.00	2482.00	2490.00	2498.00	2	2
6	辽宁	4203.00	4210.00	4341.00	4375.00	4383.00	4389.00	4390.00	2	2
7	吉林	2699.00	2704.00	2740.00	2747.00	2749.00	2750.00	2751.00	2	2
8	黑龙江	3813.00	3815.00	3826.00	3833.00	3834.00	3834.00	3835.00	2	2
9	上海	1713.00	1766.00	2210.00	2303.00	2347.00	2380.00	2415.00	2	2
10	江苏	7406.00	7458.00	7810.00	7869.00	7899.00	7920.00	7939.00	1	1
11	浙江	4776.00	4857.00	5276.00	5447.00	5463.00	5477.00	5498.00	1	1
12	安徽	6144.00	6163.00	6131.00	5957.00	5968.00	5988.00	6030.00	1	1
13	区域A	7702.00	7523.00	7890.00	7987.00	7990.00	8000.00	7949.00	.	1
14	区域B	1430.00	1530.00	1870.00	1980.00	2018.00	2079.00	2210.00	.	2
15										
16										
17										

图 11.19　判别分析结果

表 11.8 是参与分析的个案摘要表，给出了样本数量、有效值和剔除值的相关信息。表 11.9 是分组统计量表，给出了均值、标准差、加权与未加权的有效值。表 11.10 是各组均值测度表。

表 11.8　判别分析个案处理摘要

Analysis Case Processing Summary

Unweighted Cases		N	Percent
Valid		12	85.7
Excluded	Missing or out - of - range group codes	2	14.3
	At least one missing discriminating variable	0	.0
	Both missing or out - of - range group codes and at least one missing discriminating variable	0	.0
	Total	2	14.3
Total		14	100.0

表 11.9 判别分析组统计量

Group Statistics

Cluster Number of Case		Mean	Std. Deviation	Valid N (listwise)	
				Unweighted	Weighted
1	year2002	6265. 2500	1118. 71098	4	4. 000
	year2003	6311. 7500	1104. 74594	4	4. 000
	year2004	6371. 2500	1100. 04739	4	4. 000
	year2005	6387. 5000	1107. 21889	4	4. 000
	year2006	6434. 0000	1105. 83302	4	4. 000
	year2007	6484. 7500	1102. 42109	4	4. 000
	year2008	6524. 5000	1098. 71637	4	4. 000
	year2009	6562. 7500	1098. 45994	4	4. 000
	year2010	6616. 7500	1111. 29545	4	4. 000
	year2011	6642. 7500	1122. 96701	4	4. 000
	year2012	6668. 2500	1130. 30744	4	4. 000
	year2013	6700. 0000	1129. 82506	4	4. 000
2	year2002	2567. 0000	1151. 40324	8	8. 000
	year2003	2582. 7500	1144. 02582	8	8. 000
	year2004	2602. 8750	1132. 95548	8	8. 000
	year2005	2623. 2500	1120. 59930	8	8. 000
	year2006	2655. 8750	1111. 05451	8	8. 000
	year2007	2691. 1250	1091. 27952	8	8. 000
	year2008	2727. 1250	1064. 91280	8	8. 000
	year2009	2761. 2500	1044. 16210	8	8. 000
	year2010	2820. 6250	1032. 05993	8	8. 000
	year2011	2845. 2500	1013. 79298	8	8. 000
	year2012	2867. 0000	996. 35163	8	8. 000
	year2013	2888. 2500	978. 37763	8	8. 000

续表

Cluster Number of Case		Mean	Std. Deviation	Valid N (listwise)	
				Unweighted	Weighted
Total	year2002	3799.7500	2121.46584	12	12.000
	year2003	3825.7500	2129.96228	12	12.000
	year2004	3859.0000	2142.29762	12	12.000
	year2005	3878.0000	2137.40586	12	12.000
	year2006	3915.2500	2139.97248	12	12.000
	year2007	3955.6667	2139.66456	12	12.000
	year2008	3992.9167	2132.29055	12	12.000
	year2009	4028.4167	2127.50039	12	12.000
	year2010	4086.0000	2123.22953	12	12.000
	year2011	4111.0833	2119.89740	12	12.000
	year2012	4134.0833	2117.32689	12	12.000
	year2013	4158.8333	2116.49886	12	12.000

表 11.10　判别分析各组均值测度表

Tests of Equality of Group Means

	Wilks' Lambda	F	df1	df2	Sig.
year2002	.263	27.981	1	10	.000
year2003	.257	28.918	1	10	.000
year2004	.250	30.018	1	10	.000
year2005	.248	30.306	1	10	.000
year2006	.244	30.922	1	10	.000
year2007	.238	32.029	1	10	.000
year2008	.231	33.265	1	10	.000
year2009	.226	34.250	1	10	.000
year2010	.225	34.431	1	10	.000
year2011	.222	35.031	1	10	.000
year2012	.219	35.738	1	10	.000
year2013	.214	36.795	1	10	.000

表 11.11 是逐步判别分析筛选过程系列表。第一张表列出输入和删除变量的 Wilks' Lambda 检验结果，概率值为 0，因此拒绝原假设，认为该步中纳入判别函数的变量对正确判断分类是有作用的。第二张表是分析中的变量，

第三张表是不在分析中的变量，第四张表是 Wilks' Lambda 检验结果，同第一张表结果一致。

表 11.11　逐步判别分析筛选过程系列表

Analysis 1

Stepwise Statistics

Variables Entered/Removed[a,b,c,d]

Step	Entered	Wilks' Lambda							
		Statistic	df1	df2	df3	Exact F			
						Statistic	df1	df2	Sig.
1	year2013	.214	1	1	10.000	36.795	1	10.000	.000

At each step, the variable that minimizes the overall Wilks' Lambda is entered.

a. Maximum number of steps is 24.

b. Minimum partial F to enter is 3.84.

c. Maximum partial F to remove is 2.71.

d. F level, tolerance, or VIN insufficient for further computation.

Variables in the Analysis

Step	Tolerance	F to Remove
36.795　1	year2013	1.000

Variables Not in the Analysis

Step		Tolerance	Min. Tolerance	F to Enter	Wilks' Lambda
0	year2002	1.000	1.000	27.981	.263
	year2003	1.000	1.000	28.918	.257
	year2004	1.000	1.000	30.018	.250
	year2005	1.000	1.000	30.306	.248
	year2006	1.000	1.000	30.922	.244
	year2007	1.000	1.000	32.029	.238
	year2008	1.000	1.000	33.265	.231
	year2009	1.000	1.000	34.250	.226
	year2010	1.000	1.000	34.431	.225
	year2011	1.000	1.000	35.031	.222
	year2012	1.000	1.000	35.738	.219
	year2013	1.000	1.000	36.795	.214

续表

Step		Tolerance	Min. Tolerance	F to Enter	Wilks' Lambda
1	year2002	.068	.068	.903	.194
	year2003	.062	.062	.769	.197
	year2004	.059	.059	.534	.202
	year2005	.043	.043	.835	.196
	year2006	.034	.034	.929	.194
	year2007	.026	.026	.790	.196
	year2008	.020	.020	.528	.202
	year2009	.015	.015	.371	.205
	year2010	.003	.003	2.635	.165
	year2011	.001	.001	3.631	.152
	year2012	.000	.000	35.738	.219

Wilks' Lambda

Step	Number of Variables	Lambda	df1	df2	df3	Exact F			
						Statistic	df1	df2	Sig.
1	1	.214	1	1	10	36.795	1	10.000	.000

表 11.12 是逐步判别分析判别函数检验系列表，第一张表显示特征值，可见第一个判别函数解释了所有变异的 100%，说明第一个函数的判别作用明显，第二张表显示的结果表明通过了 Wilks' Lambda 检验。

表 11.12 逐步判别分析判别函数检验系列表

Summary of Canonical Discriminant Functions

Eigenvalues

Function	Eigenvalue	% of Variance	Cumulative %	Canonical Correlation
1	3.679[a]	100.0	100.0	.887

a. First 1 canonical discriminant functions were used in the analysis.

Wilks' Lambda

Test of Function (s)	Wilks' Lambda	Chi - square	df	Sig.
1	.214	14.660	1	.000

表 11.13 是标准化的典型判别函数系数，表 11.14 是结构矩阵表，可以看出所有变量均用在了判别分析中。表 11.15 给出了组质心处的判别函数数值。表 11.16 是分类处理摘要表，表 11.17 给出了两个组的加权与未加权的先验概率。

表 11.13　标准化的典型判别函数系数

Standardized Canonical Discriminant Function Coefficients

	Function
	1
year2013	1.000

表 11.14　结构矩阵

Structure Matrix

	Function
	1
year2013	1.000
year2012[a]	1.000
year2011[a]	.999
year2010[a]	.999
year2009[a]	.993
year2008[a]	.990
year2007[a]	.987
year2006[a]	.983
year2005[a]	.978
year2004[a]	.970
year2003[a]	.969
year2002[a]	.965

Pooled within - groups correlations between discriminating variables and standardized canonical discriminant functions

Variables ordered by absolute size of correlation within function.

a. This variable not used in the analysis.

表 11.15　组质心处函数

Functions at Group Centroids

Cluster Number of Case	Function
	1
1	2.476
2	-1.238

Unstandardized canonical discriminant functions evaluated at group means

表 11.16 分类处理摘要

Classification Statistics

Classification Processing Summary

Processed		14
Excluded	Missing or out - of - range group codes	0
	At least one missing discriminating variable	0
Used in Output		14

表 11.17 组的先验概率

Prior Probabilities for Groups

Cluster Number of Case	Prior	Cases Used in Analysis	
		Unweighted	Weighted
1	.500	4	4.000
2	.500	8	8.000
Total	1.000	12	12.000

因为选择了 Separate - Group 单选按钮，会根据判别函数数值对应每一个类生成一张散点图，由于本例中只有一个判别函数，因此输出各类别的直方图。

Separate - Groups Graphs

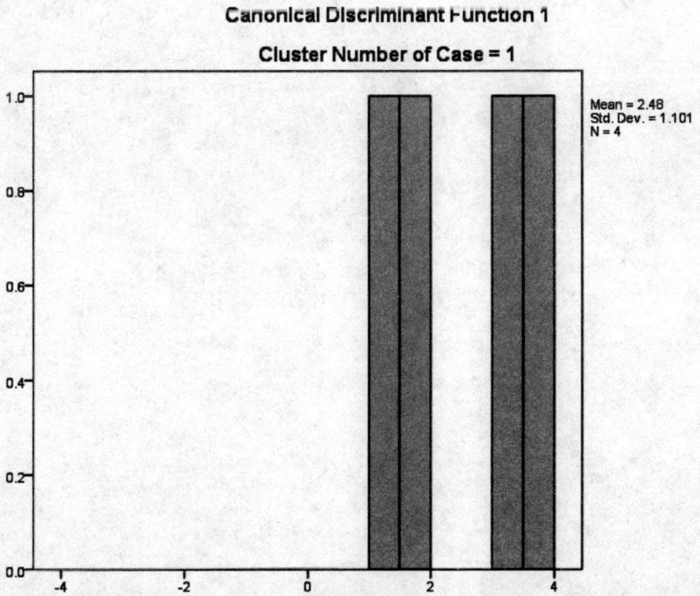

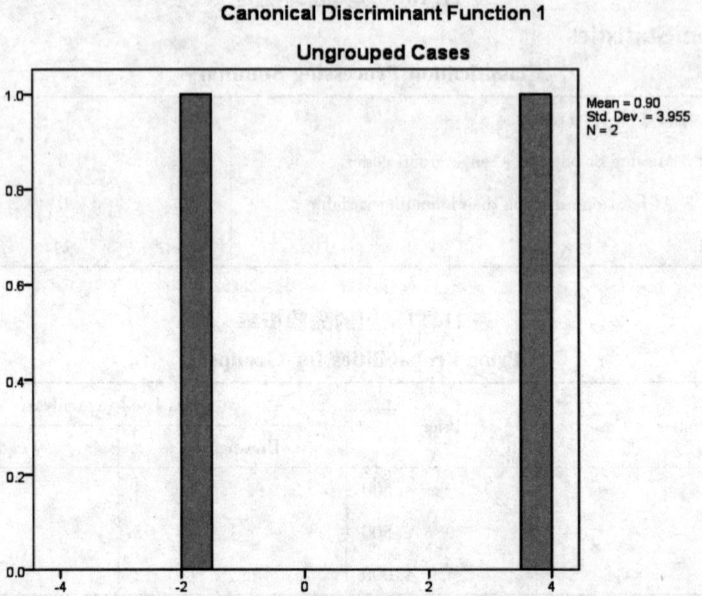

图 11.20　判别分析直方图

12 因子分析与主成分分析

主成分分析与因子分析是将大量的彼此相关的变量转换为少数几个不相关的综合指标的多元统计分析方法，本质上是降维。

12.1 因子分析

◆因子分析基本原理

因子分析法是一种通过降维以简化数据分析的多元统计分析方法，其实质是用少数几个潜在的但不能观察的互不相关的随机变量（因子）来描述众多变量之间的相关关系。因子分析法将各个原始变量表示为公共因子与特殊因子的线性关系，通过累计方差贡献率来表示公共因子反映原始变量信息的程度。

所研究的问题涉及 p 个相关指标，且应用特定方法确定公共因子的个数为 m，则因子分析法的一般模型为：

$$
\begin{aligned}
X_1 &= \alpha_{11}F_1 + \alpha_{12}F_2 + \cdots + \alpha_{1m}F_m + \varepsilon_1 \\
X_2 &= \alpha_{21}F_1 + \alpha_{22}F_2 + \cdots + \alpha_{2m}F_m + \varepsilon_2 \\
&\cdots\cdots \\
X_p &= \alpha_{p1}F_1 + \alpha_{p2}F_2 + \cdots + \alpha_{pm}F_m + \varepsilon_p
\end{aligned}
\tag{12.1}
$$

其中，X_1，X_2，…，X_p为 p 个原始数据，是均值为零、标准差为 1 的标准化变量；F_1，F_2，…，F_m表示 m 个公共因子即为通过因子分析得出的公共影响变量，m 小于 p；ε_1，ε_2，…，ε_p表示特殊因子即为潜在的扰动项；a_{ij}（$i=1, 2, \cdots, p$；$j=1, 2, \cdots, m$）表示第 i 个变量 X_i在第 j 个因子 F_j上的因子载荷，即原始变量 X_i与公共因子 F_j的相关系数。因子分析模型也可表示为矩阵形式，即 $X = AF + \varepsilon$，其中，$X =（X_1, X_2, \cdots, X_p）T$；$F =（F_1, F_2, \cdots, F_m）T$；$\varepsilon =（\varepsilon_1, \varepsilon_2, \cdots, \varepsilon_p）T$；$A =（a_{ij}）$为因子载荷矩阵。

因子分析的基本原理是以变量间相关性为基础，把联系比较紧密的变量归为同一个类型，而不同类别的变量之间的相关性则较低。在同一个类别内的变量，可以想象是受到了某个共同因素的影响检测指标才彼此高度相关的，这个共同因素称之为因子。从协方差矩阵或相关矩阵入手把大部分变异归结为少数几个公共因子所为，把剩余的变异称为特殊因子。每一类的变量实际上就代表了一个公共因子（基本特征），因子分析就是用来寻找和确定这些基本特征的模型。因子分析反映了一种降维的思想，通过降维将指标相关性高的变量聚在一起，不仅便于提取容易解释的特征，而且降低了需要分析的变量数目和问题分析的复杂性。

◆因子分析基本步骤

➢数据的标准化处理

➢载荷矩阵的估计

按照式 12.1 的方法估计载荷矩阵，即 $X = AF + \varepsilon$，其中 A 为载荷矩阵，估计方法有主成分法、映像因子法、加权最小二乘法、最大似然法等。

确定因子有两种方法：

一是根据特征值的大小确定，一般取大于 1 的特征值；

二是根据因子的累积方差贡献率来确定，例如大于 70%。

➢因子旋转

至此建立的因子分析模型还只是一个初始模型，所得到的因子不一定能反映研究对象的实质特征，他们所代表的实际意义也不一定容易解释，因子旋转就是解决这个问题的一种改进方法。因子旋转的依据是因子模型的不唯一性，常用的方法为方差最大化正交旋转（Varimax）。

➢因子得分函数的估计

在所建立的因子模型中，已将总体中的原有变量分解为公共因子与特殊因子的线性组合；同样地，可以把每个公共因子表示成原有变量的线性组合，称之为因子得分函数，用它可以计算每一个观测记录在各公因子上的得分，从而解决公共因子不可观测的问题。获得因子得分函数的关键是求解估计参数。

➢结果分析和应用

提取出反映原始观测变量特征的公共因子，并对其实施适当的因子旋转后，就需要对公因子加以解释，赋予其实际的意义。对因子的解释是否恰当，不仅与数据本身的性质有关，还与研究者对专业知识的掌握及因子分析技巧的掌握程度有关。因子分析是以相关性为基础的，所以对有些数据是不适用的，建议在因子分析前对样本数据做一些必要的检验。

因子得分也是重要的输出，它实际上给出的是各个对象在公共因子上的投影值（或坐标），于是以公共因子为坐标轴作图，就可以按各对象的因子得分标出其在公因子空间的相对位置，利用此图形得到关于原始数据的结构方面的信息。另外，因子得分还可以看作是对原始数据的降维和约简。

◆因子分析操作

打开数据文件 12. 1. sav，依次选择菜单“Analyze | Dimension Reduction | Factor（分析 | 数据降维 | 因子分析）”。在弹出的对话框中，从左边的源变量列表框中选择需要进行因子分析的变量进入右边的 Variables 列表框。如果不分析所有样本，且数据文件中有一个选择变量，将选择变量选入 Selection 列表框。单击 Selection 下面的 Value 按钮可以输入指定值。例如，输入数字 2，表示只分析变量值为 2 的观测量。单击继续按钮返回主对话框。

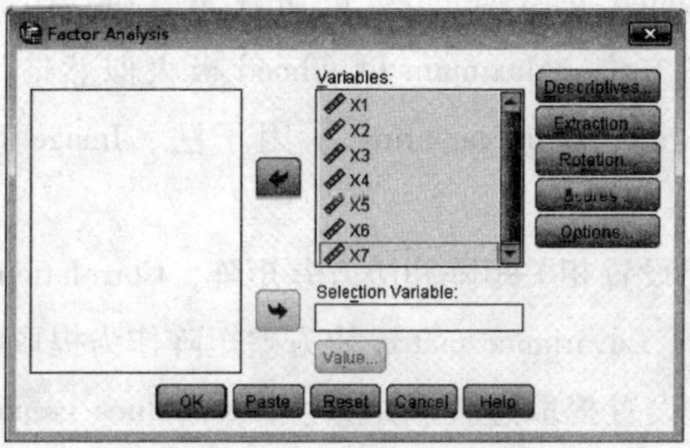

图 12. 1　因子分析主对话框

单击 Descriptives 按钮，设置描述统计量。

Statistics 选项组设置统计量，其中，Univariate descriptives 将输出个案数、均值、标准差等。Initial solution 输出原始变量的公因子方差、协方差矩阵对角线上的元素和能解释的方差占总方差的百分比。

Correlation Matrix 选项组设置输出的矩阵，Coeffcients 输出参与因子分析的变量的相关矩阵，Significance levels 输出在相关矩阵中相关系数单尾检验的显著性结果，Determinant 输出相关系数矩阵的行列式，KMO and Bartlett’s test of sphericity 输出 Bartlett 球形检验结果，Inverse 输出相关系数矩阵的逆矩阵，Reproduced 输出估计的相关矩阵，Anti-image 输出逆影像相关矩阵。

单击继续按钮返回主对话框。

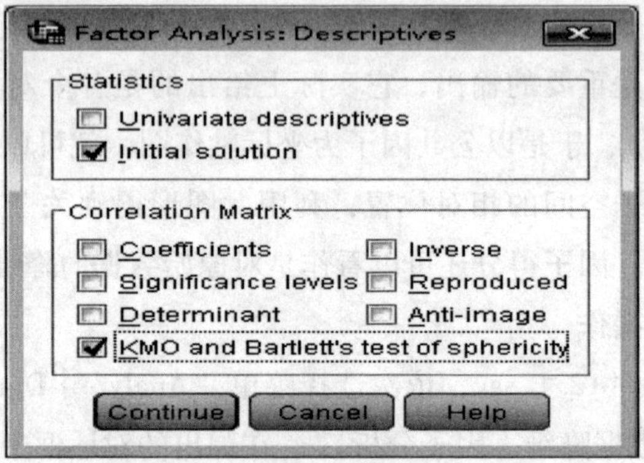

图 12.2　因子分析描述性设置

单击 Extraction 按钮进行提取因子设置。

Method 下拉列表框设置因子分析的方法，包括 Principal components 主成分分析法、Unweighted least squares 未加权最小平方法、Generalized least squares 综合加权平方法、Maximum likelihood 极大似然估计法、Principal axis factoring 主轴因子法、Alpha factoring α 因子法、Image Factoring 多元回归法等。

Analyze 选项组设置相关矩阵和协方差矩阵，Correlation matrix 相关矩阵作为提取因子的参考，Covariance matrix 协方差矩阵作为提取因子的参考。

Extract 选项组设置提取过程和结果。Eigenvalues greater than 提取特征值大于后面文本框内数字的因子，或者特征值大于平均方差的因子，默认特征值是 1。Fixed number of factors 按用户规定的数目提取因子，不考虑特征值。

Display 选项组设置输出。Unrotated factor solution 输出未经旋转的因子的提取结果、特征值。Scree plot 输出散石图。

Maximum iterations for Convergence 文本框设置最大迭代次数，默认 25。单击继续按钮返回主对话框。

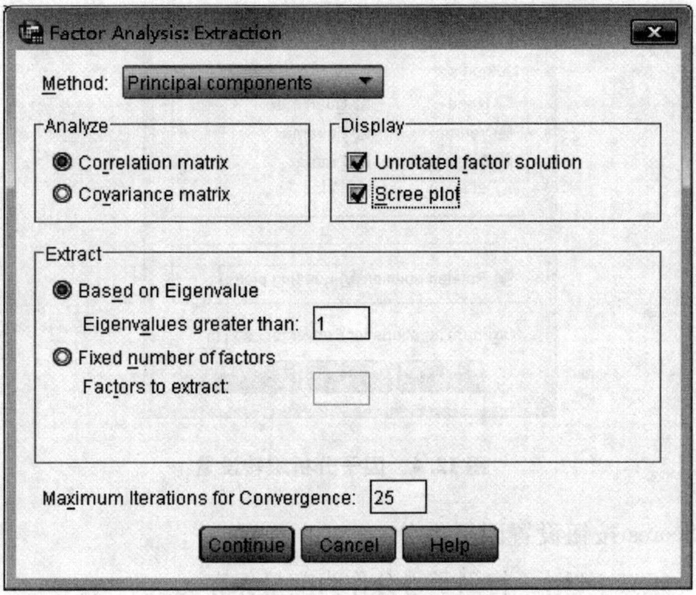

图 12.3 因子分析提取设置

单击 Rotation 按钮设置旋转。

Method 选项组设置因子旋转方法。其中，None 不进行因子旋转，Varimax 正交旋转法，Quartimax 四分旋转法，Equamax 全体旋转法，Direct Oblimin 斜交旋转法对变量旋转，Promax 斜交旋转法对变量和因子均旋转。

Display 设置输出结果：

◆Rotated solution：默认值，输出旋转结果；

◆Loading plot（s）：输出前三个因子的因子载荷散点图。

Maximum Iterations for Convergence 文本框内设置旋转收敛的最大迭代次数。

单击继续按钮返回主对话框。

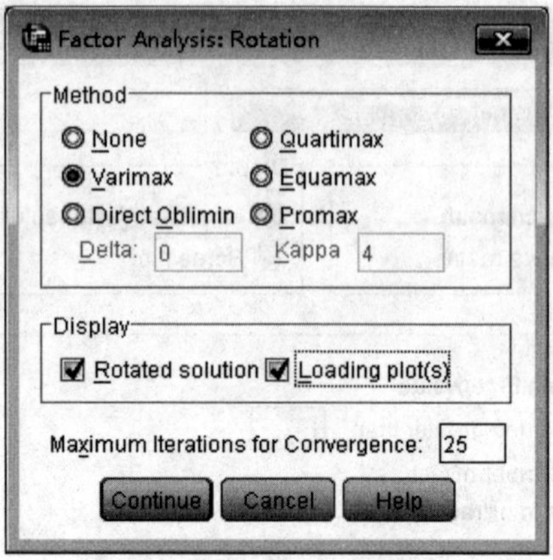

图 12.4　因子分析旋转设置

单击 Scores 按钮设置因子得分。

◆Save as variables：将因子得分作为变量保存。

◆Method 设置计算因子得分系数的方法，包括：

☆Regression：回归法，因子分值均值为 0，方差为估计因子值与真实因子值多元相关的平方；

☆Bartlett：因子分值均值为 0，超过变量范围的因子值的平方和最小化；

☆Anderson – Rubin：用修正的 Bartlett 方法，因子分值均值为 0，标准差为 1，且不相关。

◆Display factor score coefficient matrix 输出因子得分系数矩阵和方差矩阵。

单击继续按钮返回主对话框。

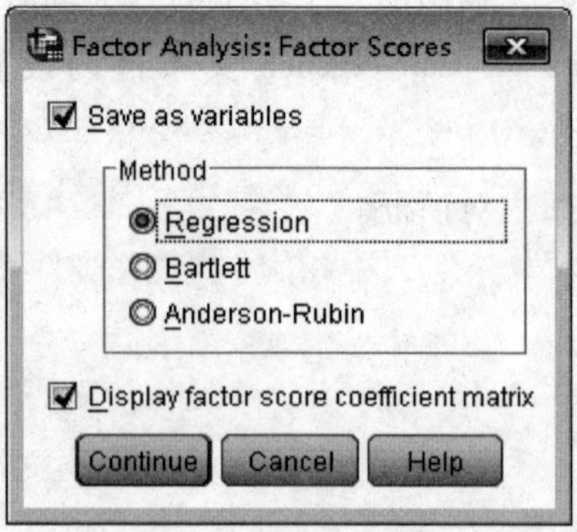

图 12.5　因子分析得分设置

单击 Options 按钮进入选项设置。

◆Missing Values 设置缺失值

☆Exclude cases listwise：任何分析中都排除有缺失值的观测量；

☆Exclude cases pairwise：对参与计算的变量，排除有缺失值的观测量；

☆Replace with mean：缺失值用变量均值代替。

◆Coefficient Display Format 选择系数的显示格式

☆Sorted by size：按大小对系数矩阵进行排序；

☆Suppress absolute values below：仅显示绝对值大于某个阈值的负荷系数。可设置 0 ~ 1 的阈值。

单击继续按钮返回主对话框。单击 OK 按钮完成操作。

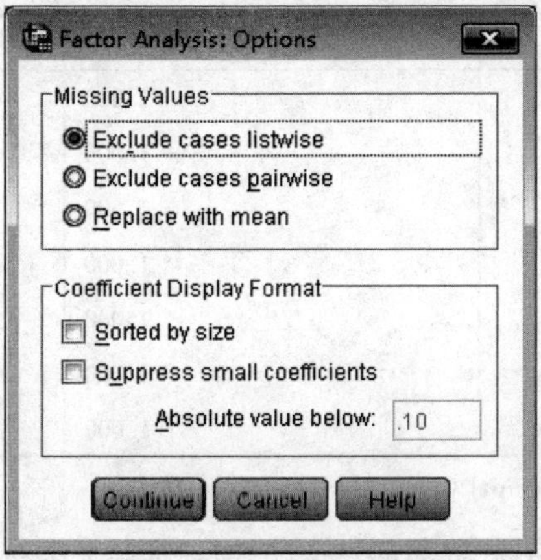

图 12.6 因子分析选项设置

◆**因子分析结果解读**

表 12.1 是 KMO 和 Bartlett 检验结果。KMO 越接近 1 说明越适合做因子分析。此例中 KMO 值为 0.723，说明适合做因子分析。Bartlett 球形检验结果 Sig. 值为 0，小于显著性水平，因此拒绝相关系数矩阵为单位阵的原假设，说明变量之间存在相关关系，适合做因子分析。

表 12.1 因子分析 KMO 和 Bartlett 检验

KMO and Bartlett's Test

Kaiser - Meyer - Olkin Measure of Sampling Adequacy.		.723
Bartlett's Test of Sphericity	Approx. Chi - Square	246.150
	df	21
	Sig.	.000

表 12.2 是变量共同度结果。第一列为进行因子分析的变量，第二列是每个变量可以被所有因素解释的方差，第三列是变量的共同度。此例中大部分变量共同度非常高，说明变量中的大部分信息能被因子所提取。

表 12.2 因子分析变量共同度表

Communalities

	Initial	Extraction
X_1	1.000	.980
X_2	1.000	.662
X_3	1.000	.518
X_4	1.000	.964
X_5	1.000	.420
X_6	1.000	.861
X_7	1.000	.969

Extraction Method：Principal Component Analysis.

表 12.3 给出了因子贡献率的结果。第一列是 7 个分析变量对应的 7 个主成分，Initial Eigenvalues 表示初始特征值，Extraction Sums of Squared Loadings 是提取主因子后的结果，Rotation Sums of Squared Loadings 是旋转后的主因子结果。此例中前两个因子的特征值大于 1，且累计贡献率为 76.756%，因此提取前两个因子作为主因子。同样的，图 12.7 给出了特征值的碎石图，前两个因子均处于陡峭的斜率上，从第 3 个因子开始斜率变平缓，因此选择前两个因子作为主因子。

表 12.3 因子分析解释的总方差表

Total Variance Explained

Component	Initial Eigenvalues			Extraction Sums of Squared Loadings			Rotation Sums of Squared Loadings		
	Total	% of Variance	Cumulative %	Total	% of Variance	Cumulative %	Total	% of Variance	Cumulative %
1	4.363	62.333	62.333	4.363	62.333	62.333	4.361	62.301	62.301
2	1.010	14.424	76.756	1.010	14.424	76.756	1.012	14.456	76.756
3	.717	10.250	87.006						
4	.604	8.623	95.629						
5	.270	3.864	99.492						
6	.024	.339	99.832						
7	.012	.168	100.000						

Extraction Method: Principal Component Analysis

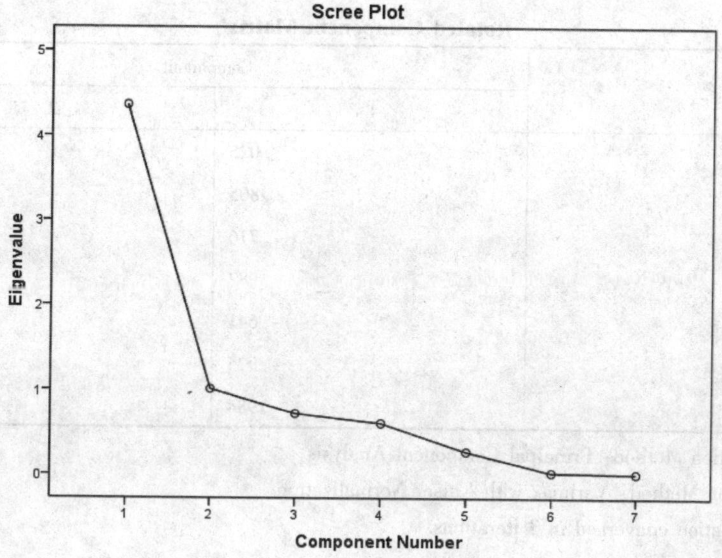

图 12.7 碎石图

表 12.4 和表 12.5 分别是成分矩阵表和旋转后的成分矩阵表，前者达到未旋转的因子载荷，即用主成分法获取的两个主因子载荷值，后者是采用正交旋转法旋转后的因子载荷值，根据实际情况可以判别因子的含义，予以命名。同样的，图 12.8 旋转后的因子负荷散点图也显示了因子负荷有两个集聚区域，可以根据相应变量的聚集为因子命名。

表 12.4　因子分析成分矩阵表

Component Matrix[a]

4	Component	
	1	2
X_1	.051	.988
X_2	.801	-.143
X_3	-.718	-.051
X_4	.982	-.021
X_5	-.643	-.077
X_6	-.927	-.041
X_7	.983	-.041

Extraction Method: Principal Component Analysis.

a. 2 components extracted.

表 12.5　因子分析旋转成分矩阵

Rotated Component Matrix[a]

	Component	
	1	2
X_1	.025	.989
X_2	.805	-.122
X_3	-.716	-.070
X_4	.982	.005
X_5	-.641	-.093
X_6	-.925	-.065
X_7	.984	-.015

Extraction Method: Principal Component Analysis.

Rotation Method: Varimax with Kaiser Normalization.

a. Rotation converged in 3 iterations.

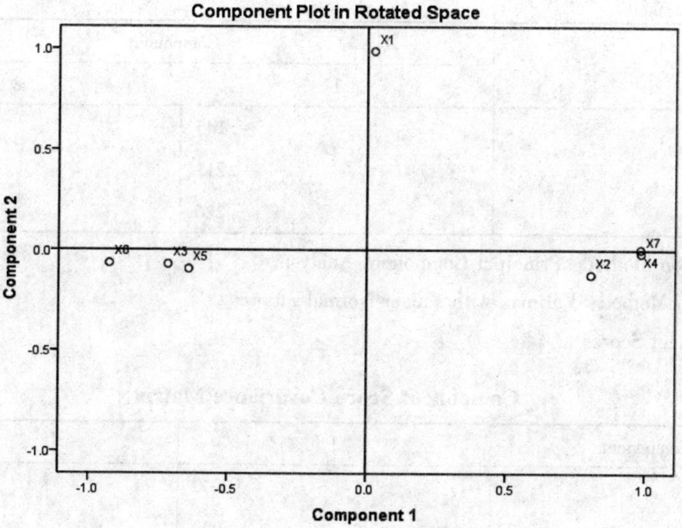

图 12.8　旋转后的因子负荷散点图

表 12.6 是因子分析因子转换矩阵，表 12.7 是因子分析因子得分矩阵，图 12.7 是软件计算出的因子得分。图 12.9 显示数据文件中已经计算好的因子得分。

表 12.6　因子分析因子转换矩阵

Component Transformation Matrix

Component	1	2
1	1.000	.026
2	-.026	1.000

Extraction Method：Principal Component Analysis.
Rotation Method：Varimax with Kaiser Normalization.

表 12.7　因子得分矩阵

Component Score Coefficient Matrix

	Component	
	1	2
X_1	-.014	.979
X_2	.187	-.137
X_3	-.163	-.055
X_4	.225	-.015

续表

	Component	
	1	2
X_5	-.145	-.080
X_6	-.211	-.046
X_7	.226	-.034

Extraction Method: Principal Component Analysis.

Rotation Method: Varimax with Kaiser Normalization.

Component Scores.

Component Score Covariance Matrix

Component	1	2
1	1.000	.000
2	.000	1.000

Extraction Method: Principal Component Analysis.

Rotation Method: Varimax with Kaiser Normalization.

Component Scores.

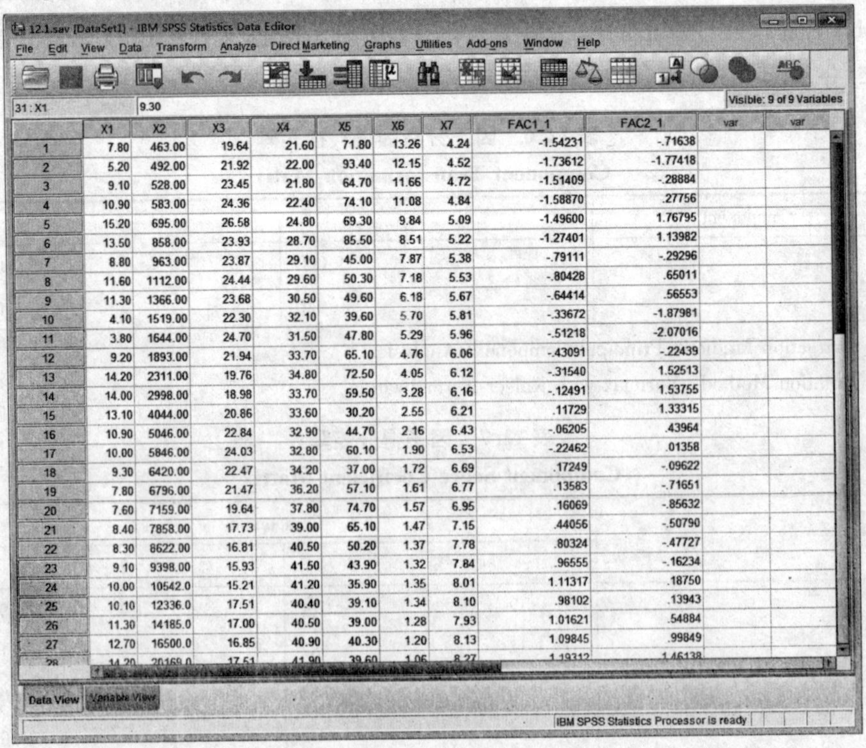

	X1	X2	X3	X4	X5	X6	X7	FAC1_1	FAC2_1	var	var
1	7.80	463.00	19.64	21.60	71.80	13.26	4.24	-1.54231	-.71638		
2	5.20	492.00	21.92	22.00	93.40	12.15	4.52	-1.73612	-1.77418		
3	9.10	528.00	23.45	21.80	64.70	11.66	4.72	-1.51409	-.28884		
4	10.90	583.00	24.36	22.40	74.10	11.08	4.84	-1.58870	.27756		
5	15.20	695.00	26.58	24.80	69.30	9.84	5.09	-1.49600	1.76795		
6	13.50	858.00	23.93	28.70	85.50	8.51	5.22	-1.27401	1.13982		
7	8.80	963.00	23.87	29.10	45.00	7.87	5.38	-.79111	-.29296		
8	11.60	1112.00	24.44	29.60	50.30	7.18	5.53	-.80428	.65011		
9	11.30	1366.00	23.68	30.50	49.60	6.18	5.67	-.64414	.56553		
10	4.10	1519.00	22.30	32.10	39.60	5.70	5.81	-.33672	-1.87981		
11	3.80	1644.00	24.70	31.50	47.80	5.29	5.96	-.51218	-2.07016		
12	9.20	1893.00	21.94	33.70	65.10	4.76	6.06	-.43091	-.22439		
13	14.20	2311.00	19.76	34.80	72.50	4.05	6.12	-.31540	1.52513		
14	14.00	2998.00	18.98	33.70	59.50	3.28	6.16	-.12491	1.53755		
15	13.10	4044.00	20.86	33.60	30.20	2.55	6.21	.11729	1.33315		
16	10.90	5046.00	22.84	32.90	44.70	2.16	6.43	-.06205	.43964		
17	10.00	5846.00	24.03	32.80	60.10	1.90	6.53	-.22462	.01358		
18	9.30	6420.00	22.47	34.20	37.00	1.72	6.69	.17249	-.09622		
19	7.80	6796.00	21.47	36.20	57.10	1.61	6.77	.13583	-.71651		
20	7.60	7159.00	19.64	37.80	74.70	1.57	6.95	.16069	-.85632		
21	8.40	7858.00	17.73	39.00	65.10	1.47	7.15	.44056	-.50790		
22	8.30	8622.00	16.81	40.50	50.20	1.37	7.78	.80324	-.47727		
23	9.10	9398.00	15.93	41.50	43.90	1.32	7.84	.96555	-.16234		
24	10.00	10542.0	15.21	41.20	35.90	1.35	8.01	1.11317	.18750		
25	10.10	12336.0	17.51	40.40	39.10	1.34	8.10	.98102	.13943		
26	11.30	14185.0	17.00	40.50	39.00	1.28	7.93	1.01621	.54884		
27	12.70	16500.0	16.85	40.90	40.30	1.20	8.13	1.09845	.99849		
28	14.20	20169.0	17.51	41.90	39.60	1.06	8.27	1.19312	1.46138		

图 12.9 因子分析得分结果

12.2 主成分分析

主成分是在损失很少信息的前提下把多个指标转换为称之为主成分的几个综合指标，每个主成分是原始变量的线性组合，且互不相关。主成分分析法的矩阵模型为：

$$Y_m = a X_p \tag{12.2}$$

其中，X_p为p个原始数据，Y_m表示m个主成分，m小于p。关于主成分分析的一些概念已经在前文讲解，此处不再赘述。

◆主成分分析操作

➢因子分析

打开数据文件12.2.sav，依次选择菜单"Analyze | Dimension Reduction | Factor"（分析 | 数据降维 | 因子分析），按上节讲解的方法，先使用主成分分析法进行因子分析。

➢计算特征向量矩阵

将表12.7中Component Score Coefficient Matrix中的因子载荷矩阵数据复制到数据编辑器，各变量分别命名为和A1和A2。

选择菜单"Transform | Compute Variable（转换 | 计算变量）"，计算特征向量矩阵。在弹出的对话框中。输入B1 = A1/SQRT（4.363），表示第一个主成分的特征向量B1等于A1变量除以第一个主成分初始特征值4.363的平方根。同样的方法设置第二个主成分的特征向量B2。单击OK按钮，得到如图12.11的特征向量矩阵。

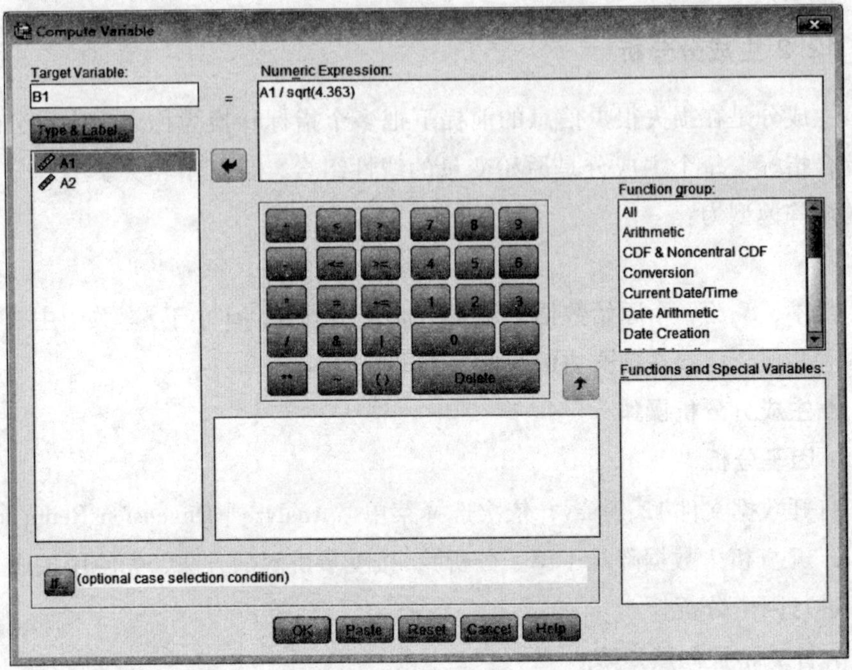

图 12.10　计算特征向量

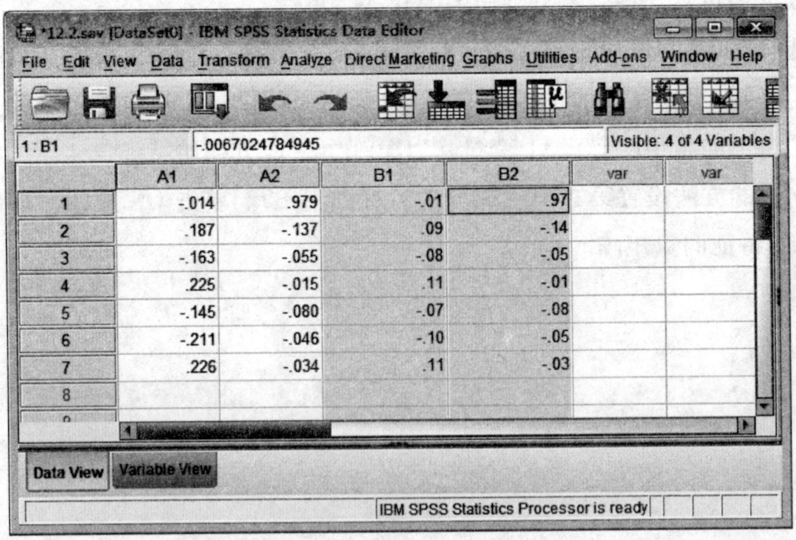

	A1	A2	B1	B2	var	var
1	-.014	.979	-.01	.97		
2	.187	-.137	.09	-.14		
3	-.163	-.055	-.08	-.05		
4	.225	-.015	.11	-.01		
5	-.145	-.080	-.07	-.08		
6	-.211	-.046	-.10	-.05		
7	.226	-.034	.11	-.03		
8						

图 12.11　特征向量矩阵

➢ **计算主成分矩阵**

对数据文件 12.1.sav 中参与因子分析的原始变量进行标准化。选择菜单

"Analyze | Descriptive Statistics | Descriptives"（分析 | 描述性统计 | 描述性统计量）。在弹出的主对话框中勾选 Save standardized values as variables，计算标准分数，得到图 12.13 结果。

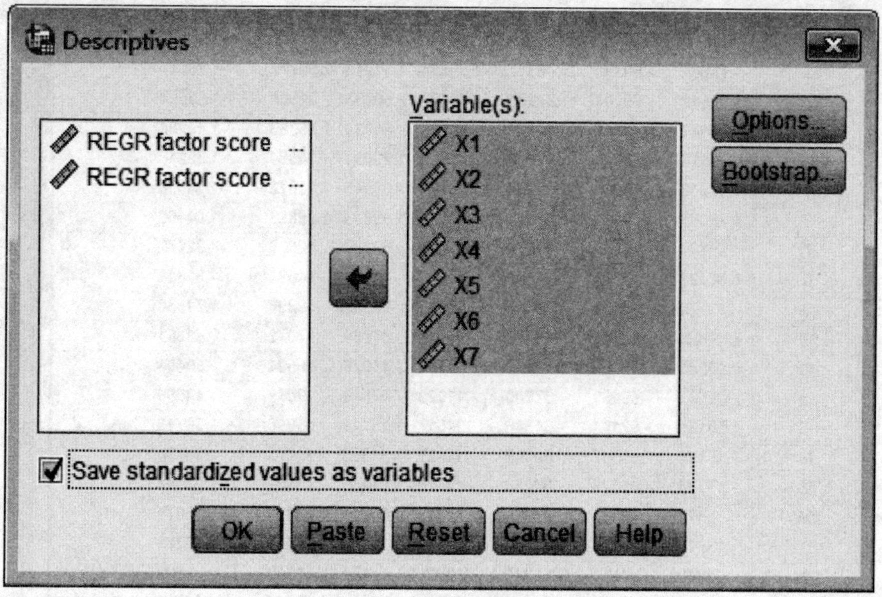

图 12.12　计算标准分数

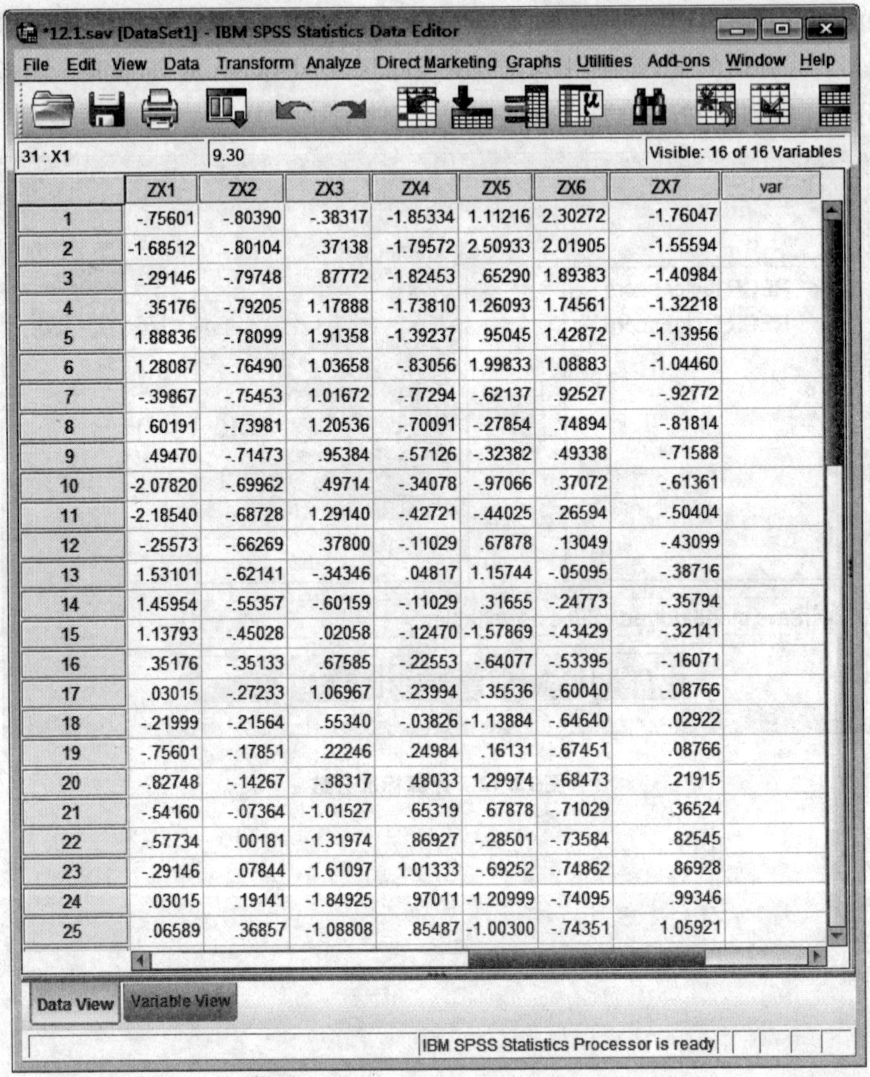

	ZX1	ZX2	ZX3	ZX4	ZX5	ZX6	ZX7	var
1	-.75601	-.80390	-.38317	-1.85334	1.11216	2.30272	-1.76047	
2	-1.68512	-.80104	.37138	-1.79572	2.50933	2.01905	-1.55594	
3	-.29146	-.79748	.87772	-1.82453	.65290	1.89383	-1.40984	
4	.35176	-.79205	1.17888	-1.73810	1.26093	1.74561	-1.32218	
5	1.88836	-.78099	1.91358	-1.39237	.95045	1.42872	-1.13956	
6	1.28087	-.76490	1.03658	-.83056	1.99833	1.08883	-1.04460	
7	-.39867	-.75453	1.01672	-.77294	-.62137	.92527	-.92772	
8	.60191	-.73981	1.20536	-.70091	-.27854	.74894	-.81814	
9	.49470	-.71473	.95384	-.57126	-.32382	.49338	-.71588	
10	-2.07820	-.69962	.49714	-.34078	-.97066	.37072	-.61361	
11	-2.18540	-.68728	1.29140	-.42721	-.44025	.26594	-.50404	
12	-.25573	-.66269	.37800	-.11029	.67878	.13049	-.43099	
13	1.53101	-.62141	-.34346	.04817	1.15744	-.05095	-.38716	
14	1.45954	-.55357	-.60159	-.11029	.31655	-.24773	-.35794	
15	1.13793	-.45028	.02058	-.12470	-1.57869	-.43429	-.32141	
16	.35176	-.35133	.67585	-.22553	-.64077	-.53395	-.16071	
17	.03015	-.27233	1.06967	-.23994	.35536	-.60040	-.08766	
18	-.21999	-.21564	.55340	-.03826	-1.13884	-.64640	.02922	
19	-.75601	-.17851	.22246	.24984	.16131	-.67451	.08766	
20	-.82748	-.14267	-.38317	.48033	1.29974	-.68473	.21915	
21	-.54160	-.07364	-1.01527	.65319	.67878	-.71029	.36524	
22	-.57734	.00181	-1.31974	.86927	-.28501	-.73584	.82545	
23	-.29146	.07844	-1.61097	1.01333	-.69252	-.74862	.86928	
24	.03015	.19141	-1.84925	.97011	-1.20999	-.74095	.99346	
25	.06589	.36857	-1.08808	.85487	-1.00300	-.74351	1.05921	

图 12.13 标准化后的变量

从特征向量矩阵再次计算，得到主成分的表达式：

$$Y_1 = -0.01ZX_1 + 0.09ZX_2 - 0.08ZX_3 + 0.11ZX_4 - 0.07ZX_5 - 0.10ZX_6 + 0.11ZX_7$$
$$Y_2 = 0.97ZX_1 - 0.14ZX_2 - 0.05ZX_3 - 0.01ZX_4 - 0.08ZX_5 - 0.05ZX_6 - 0.03ZX_7 \quad (12.3)$$

再次选择菜单“Transform | Compute Variable（转换 | 计算变量）”，在弹出的对话框中输入公式 12.3，分别计算出 Y_1 和 Y_2，其中 $ZX_1 \sim ZX_6$ 表示图

12.13 标准化后的变量，主成分分析结果见图 12.15。

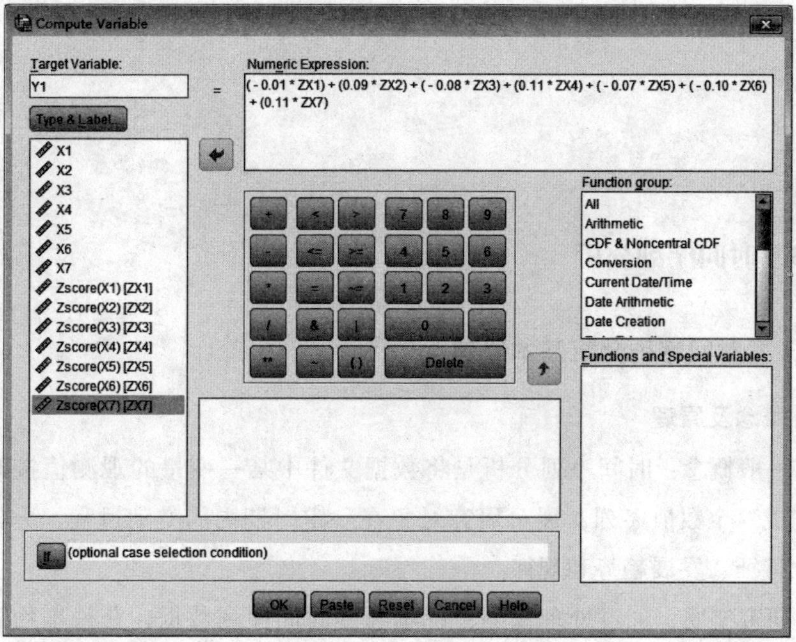

图 12.14　计算主成分

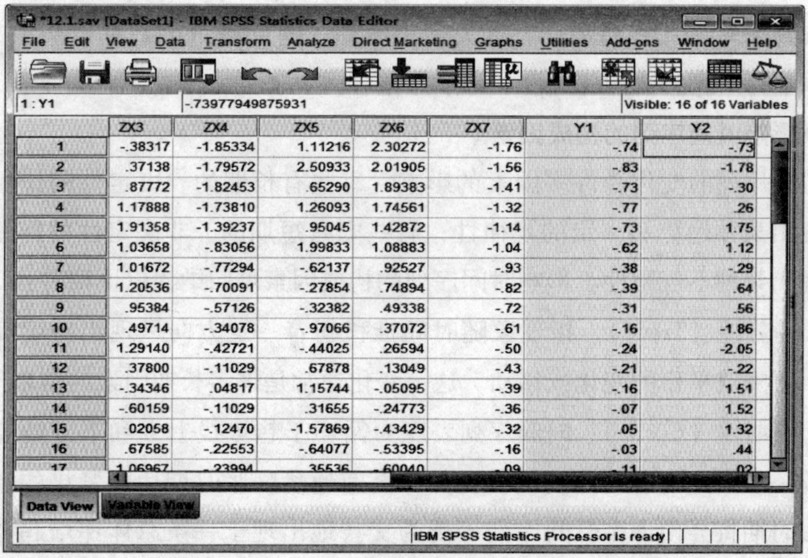

	ZX3	ZX4	ZX5	ZX6	ZX7	Y1	Y2
1	-.38317	-1.85334	1.11216	2.30272	-1.76	-.74	-.73
2	.37138	-1.79572	2.50933	2.01905	-1.56	-.83	-1.78
3	.87772	-1.82453	.65290	1.89383	-1.41	-.73	-.30
4	1.17888	-1.73810	1.26093	1.74561	-1.32	-.77	.26
5	1.91358	-1.39237	.95045	1.42872	-1.14	-.73	1.75
6	1.03658	-.83056	1.99833	1.08883	-1.04	-.62	1.12
7	1.01672	-.77294	-.62137	.92527	-.93	-.38	-.29
8	1.20536	-.70091	-.27854	.74894	-.82	-.39	.64
9	.95384	-.57126	-.32382	.49338	-.72	-.31	.56
10	.49714	-.34078	-.97066	.37072	-.61	-.16	-1.86
11	1.29140	-.42721	-.44025	.26594	-.50	-.24	-2.05
12	.37800	-.11029	.67878	.13049	-.43	-.21	-.22
13	-.34346	.04817	1.15744	-.05095	-.39	-.16	1.51
14	-.60159	-.11029	.31655	-.24773	-.36	-.07	1.52
15	.02058	-.12470	-1.57869	-.43429	-.32	.05	1.32
16	.67585	-.22553	-.64077	-.53395	-.16	-.03	.44
17	1.06967	-.23994	.35536	-.60040	-.09	-.11	.02

图 12.15　计算主成分

13　时间序列分析

13.1 时间序列分析基本原理

◆概念及原理

➢一般概念：时间序列分析是将数据文件中某一变量的观测值按时间顺序排列成一个数值序列，展示研究对象在一定时期内的变动过程，分析事物的变化特征、发展趋势和规律。

➢研究实质：通过处理预测目标本身的时间序列数据，获得事物随时间的演变特性与规律，进而预测事物的未来发展。

➢假设基础：惯性原则，即在一定条件下，被预测事物的过去变化趋势会延续到未来，具有趋势性。近大远小原理（时间越近的数据影响力越大）和无季节性、无趋势性、线性、常数方差等。

◆影响时间序列的构成因素

时间序列的变化受许多因素的影响，有些有长期的、决定性的作用，使其呈现出某种趋势和一定的规律性；有些则有短期的、非决定性的作用，使其呈现出某种不规则性。影响时间序列的构成因素可归纳为以下四种：

➢趋势性（Trend），指现象随时间推移朝着一定方向呈现出持续渐进的上升、下降或平稳的变化或移动。这一变化通常是许多长期因素的结果。

➢周期性（Cyclic），时间序列表现为循环于趋势线上方和下方的点序列并持续一年以上的有规则变动。比如，高速通货膨胀时期后面紧接的温和通货膨胀时期将会使许多时间序列表现为交替地出现于一条总体递增趋势线的上下方。

➢季节性变化（Seasonal variation），指现象受季节性影响，按一固定周期呈现出的周期波动变化。比如，每日交通量数据表现出为期 1 天的“季节性”

变化，即高峰期到达高峰水平，而一天的其他时期车流量较小，从午夜到次日清晨最小。

➢不规则变化（Irregular movement），指现象受偶然因素的影响而呈现出的不规则波动。不规则因素是由短期的未被预测到的以及不重复发现的那些影响时间序列的因素引起的。

◆**分析方法**

时间序列分析研究的是代表某一现象的一串随时间变化而又相关联的数字系列（动态数据），从而描述和探索该现象随时间发展变化的规律性。时间序列的分析利用手段包括直观简便的数据图法、指标法、模型法等，而模型法应用更确切和适用，也比前两种方法复杂，能更本质地了解数据的内在结构和复杂特征，以达到控制与预测的目的。时间序列模型分析方法包括：

➢确定性时序分析，它是暂时过滤掉随机性因素（如季节因素、趋势变动）进行确定性的分析方法，基本思想是用一个确定的时间函数 $y=f(t)$ 来拟合时间序列，不同的变化采取不同的函数形式来描述，不同变化的叠加采用不同的函数叠加来描述。具体可分为趋势预测法（最小二乘）、平滑预测法、分解分析法、加法、乘法等。

$$\text{加法模型}\quad Y=T+S+C+I \tag{13.1}$$

其中，Y 表示时间序列的指标数值，T 为长期趋势变动、S 为季节变动、C 为循环变动、I 为不规则变动，加法的基本前提是各个影响因素对时间序列的影响是可加的，并且是相互独立的。

$$\text{乘法模型}\quad Y=T*S*C*I \tag{13.2}$$

乘法的基本前提是各个影响因素对时间序列的影响是相互不独立的。

➢随机性时序分析，其基本思想是通过分析不同时刻变量的相关关系，揭示其相关结构，利用这种相关结构建立自回归、滑动平均、自回归滑动平均混合模型对时间序列进行预测。

13.2 时间序列数据的预处理

在进行时间序列分析之前，需要对原始数据进行预处理分析，对缺失数据进行修补，预处理的目的为两个方面：使序列的特征更加明显，利于选择分析模型；使数据满足于某些特定模型的要求。时间序列数据的预处理主要包括以下两个方面：时间序列缺失数据的处理和时间序列数据的变换处理。

13. 2. 1 缺失数据的修补

打开数据文件“13. 1. sav”，文件中 1950 年数据为缺失值，需要进行数据修补。

依次选择菜单“Transform | Replace Missing Values（转换 | 替换缺失值）”，弹出替换缺失值设置对话框。

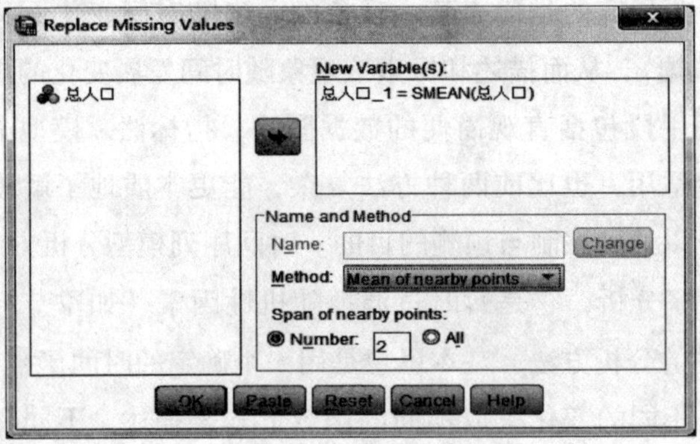

图 13.1　替换缺失值对话框

➢变量（New Variables），将需处理的变量（序列）选入。

➢名称（Name），指输入处理新生成的变量名。

➢方法（Method），处理缺失值的替代方法。

➢连续平均值（Series mean）：表示整个序列的均值作为替代值。

➢附近点的平均值（Mean of nearby points）：利用邻近点的均值作为替代值，对此用“附近、临近点的跨度（Span of nearby points）”框指定数据段。在“数（Number）”后输入数值 k，表示以缺失值为中心，前后分别选取 k 个数据点。这样最后填补的值就是这 $2k$ 个数的平均数。也可选择 All，作用与连续平均值选项相同。

➢临近点的跨度（Median of nearby points），表示利用邻近点的中位数作为替代值。数据段指定方法同上。

➢线性插值法（Linear interpolation），表示用缺失值前后两时点数据的某种线性组合进行填补，是一种加权平均。

➢线性趋势值法（Linear trend at point），表示利用回归拟合线的拟合值作为替代值。

这里选择 Mean of nearby points，临近点为 2，点击 OK 确定后，弹出如图 13.2 所示的结果。

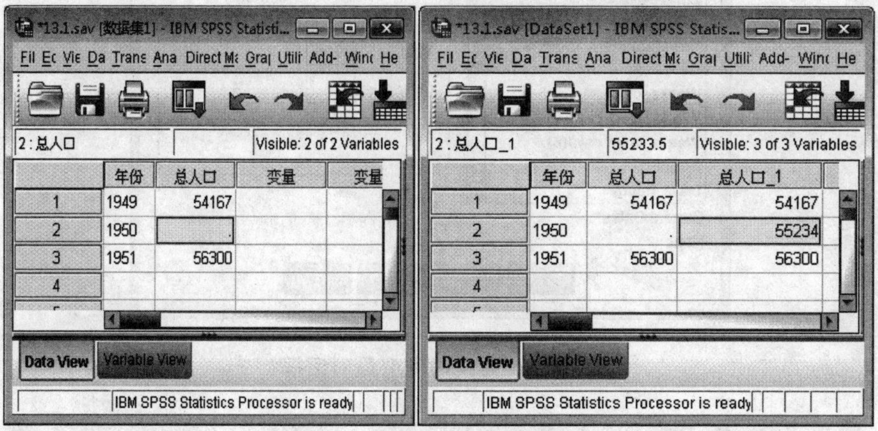

图 13.2　替换缺失值前后对比

注：如果序列的第一个和最后一个数据为缺失值，只能利用序列均值和线性趋势值法处理，其他方法不适用。

13.2.2 时间序列数据变换处理

◆定义时间变量

进行时间序列分析和建模，必须首先定义时间变量。打开数据文件 13.2.sav，依次选择菜单“Data | Define Date”（数据 | 定义日期），打开如下时间定义对话框。

左边的列表框列出十余种不同的日期格式，选择相应的格式，然后在右边的文本框内输入时间变量的起始日期。图 13.4 是定义前后对比。

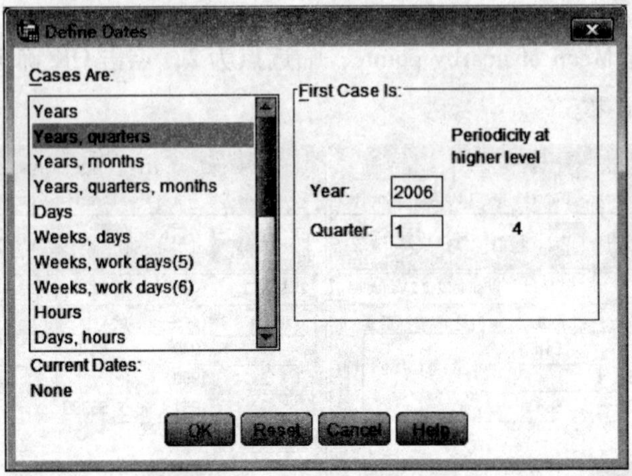

图 13.3　定义时间变量对话框

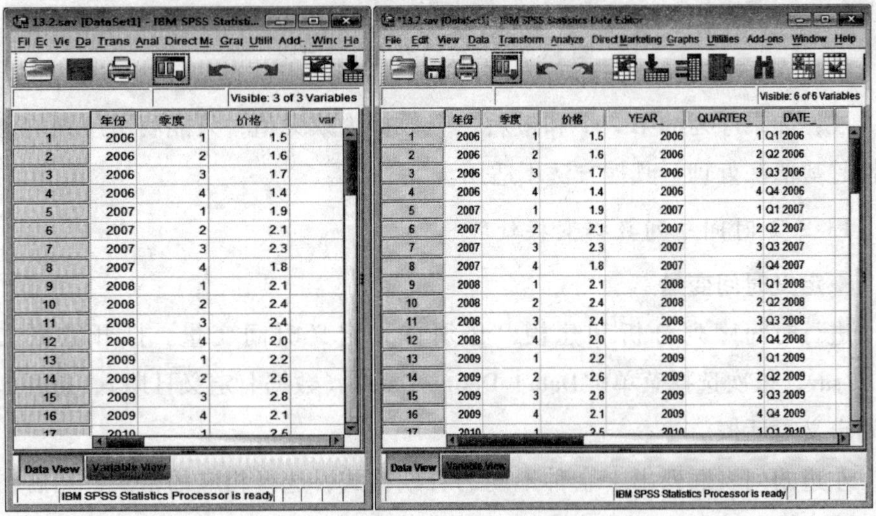

图 13.4　定义时间变量前后对比

◆**创建时间序列**

继续处理数据文件 13. 2. sav，选择菜单 “Transform | Create Time Series” (转换 | 创建时间序列)，弹出如图 13. 5 所示的对话框，可以对时间变量进行平稳化处理，创建时间序列。把需要进行处理的变量选入右边的 Variable - New name，该列表中的变量显示为 “新变量名 = 平稳函数 (原来的变量名顺序)”。

➢名称 (Name)，输入处理后新生成的变量名。

➤函数（Function），选择处理方法，软件提供了 8 种平稳处理的方法，这里选择常用的差值法：

➤差值（Difference），对非季度数据进行差分处理；

➤季节差分（Seasonal difference），对季节数据进行差分处理；

➤中心移动平均（Centered moving average），以当期值为中心取指定跨度内的均值；

➤先前移动平均（Prior moving average），取当期值以前指定跨度内的均值；

➤运行中位数（Running medians），以当期值为中心取指定跨度内的中位数；

➤累加求和（Cumulative sum），即对当前值和当前值之间的所有数据进行求和，生成原序列的累计值序列；

➤数据滞后（Lag），即对指定的阶数 k，用从当前值向前数到第 k 个数值来代替当前值。这样形成的新序列将损失前 k 个数据；

➤数据前引（Lead）与数据滞后正好相反，即指定的阶数 k，从当前值向后数以第 k 个数值来代替当前值，这样形成的新序列将损失后 k 个数据；

➤平滑（Smoothy），平滑处理。

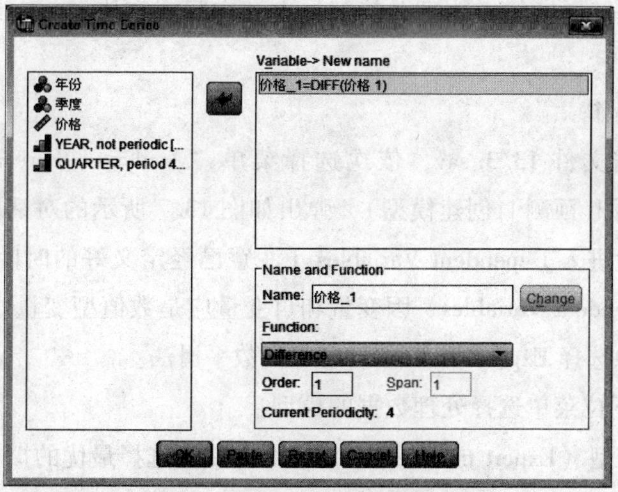

图 13.5　创建时间序列主对话框

单击 OK，弹出如图 13.6 所示的结果：

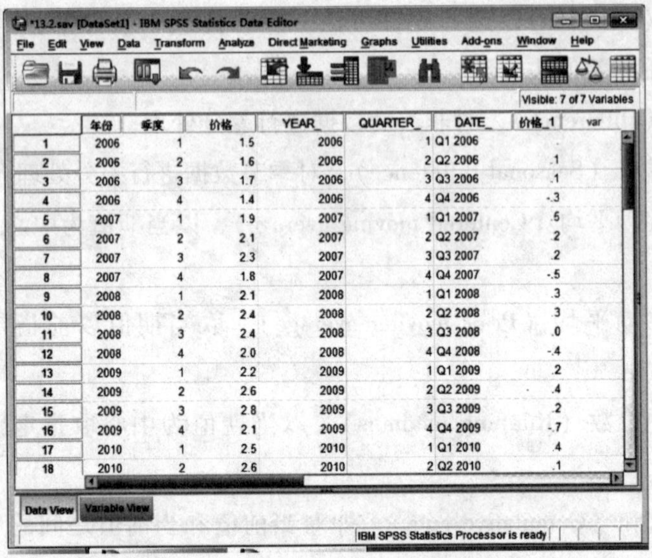

	年份	季度	价格	YEAR_	QUARTER_	DATE_	价格_1	var
1	2006	1	1.5	2006	1	Q1 2006	.	
2	2006	2	1.6	2006	2	Q2 2006	.1	
3	2006	3	1.7	2006	3	Q3 2006	.1	
4	2006	4	1.4	2006	4	Q4 2006	-.3	
5	2007	1	1.9	2007	1	Q1 2007	.5	
6	2007	2	2.1	2007	2	Q2 2007	.2	
7	2007	3	2.3	2007	3	Q3 2007	.2	
8	2007	4	1.8	2007	4	Q4 2007	-.5	
9	2008	1	2.1	2008	1	Q1 2008	.3	
10	2008	2	2.4	2008	2	Q2 2008	.3	
11	2008	3	2.4	2008	3	Q3 2008	.0	
12	2008	4	2.0	2008	4	Q4 2008	-.4	
13	2009	1	2.2	2009	1	Q1 2009	.2	
14	2009	2	2.6	2009	2	Q2 2009	.4	
15	2009	3	2.8	2009	3	Q3 2009	.2	
16	2009	4	2.1	2009	4	Q4 2009	-.7	
17	2010	1	2.5	2010	1	Q1 2010	.4	
18	2010	2	2.6	2010	2	Q2 2010	.1	

图 13.6　创建时间序列结果

13.3 指数平滑模型

指数平滑法是在移动平均法基础上发展起来的一种时间序列分析预测法，它通过计算指数平滑值，配合一定的时间序列预测模型对现象的未来进行预测。其原理是任一期的指数平滑值都是本期实际观察值与前一期指数平滑值的加权平均。

◆实验操作

打开数据文件 13.3.sav，依次选择菜单“Analyze | Forecasting | Create Model”（分析 | 预测 | 创建模型），弹出如图 13.7 所示的对话框。从源变量中选择因变量进入 Dependent Variables（注意已经定义好的时间变量），自变量进入 Independent Variables，因变量和自变量应是数值型变量。在 Method 方法下拉菜单中选择 Exponential Smoothing 指数平滑法。

Method 下拉菜单选择处理数据的模型：

➢专家模型（Expert modeler），对每个因变量选择最优的拟合模型；

➢指数平滑模型（Exponential Smoothing）；

➢自回归综合滑动平均模型（ARIMA）。

估计阶段（Estimation period），模型估计时的数据范围，一般是默认为所有的个案；预测阶段（Forecast period），显示要预测的数据范围。

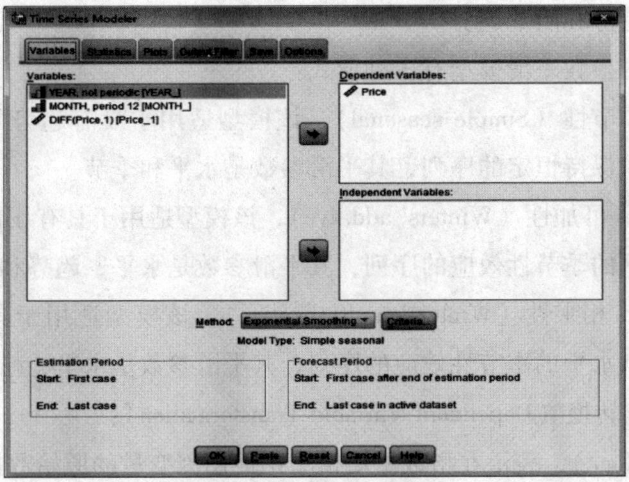

图 13.7　时间序列模型变量选项卡

单击 Criteria 设置条件。

➢模型类型（Model），用于选择指数平滑模型的类型，包括“非季节性”和“季节性”两类模型。这些模型根据对季节和趋势的不同假设，可从中任选一个相对应的模型对不规则的构成的时间序列进行平滑处理。

非季节性的指数平滑模型分为以下四种：

☆简单（Simple），指使用简单指数平滑模型，该模型适用于没有趋势或季节性的序列，其唯一的平滑参数是水平，Simple 指数平滑法的预测值是前一期的预测值加上前一次预测值中产生的误差的修正值，正因为指数平滑法是以最新误差的修正值对下一期预测值进行修正，因此总是和实际数据的趋向一致。

☆Holt 线性趋势（Holt's linear trend），指使用霍特线性趋势模型，该模型适用于具有线性趋势且没有季节性的序列，其平滑参数是水平和趋势，不受相互之间值的约束。Holt 模型比下面介绍的 Brown 模型更通用，但在计算大序列时花的时间更长。

☆Brown 线性趋势（Brownls linear trend），指使用布朗线性趋势模型，该模型适用于具有线性趋势且没有季节性的序列，其平滑参数是水平和趋势，并假定二者等同。

☆阻尼趋势（Damped trend），指使用阻尼指数平滑方法，此模型适用于具有线性趋势的序列，且该线性趋势正逐渐消失并且没有季节性，其平滑参数是水平、趋势和阻尼趋势。

季节性的指数平滑模型有 3 种形式：

☆简单季节性（Simple seasonal），该模型适用于没有趋势并且季节性影响随时间变动保持恒定的序列，其平滑参数是水平和季节。

☆Winters 可加性（Winters' additive），该模型适用于具有线性趋势且不依赖于序列水平的季节性效应的序列，其平滑参数是水平、趋势和季节。

☆Winters 相乘性（Winters' multiplicative），该模型适用于具有线性趋势和依赖于序列水平的季节性效应的序列，其平滑参数是水平、趋势和季节。

➢因变量转换（Dependent Variable Transformation）：

☆无（None），表示在指数平滑模型中使用因变量的原始数据。

☆平方根（Square root），表示在指数平滑模型中使用因变量的平方根。

☆自然对数（Natural log），表示在指数平滑模型中使用因变量的自然对数。其中，“平方根”和“自然对数”要求原始数据必须为正数。

单击继续按钮回到主对话框。

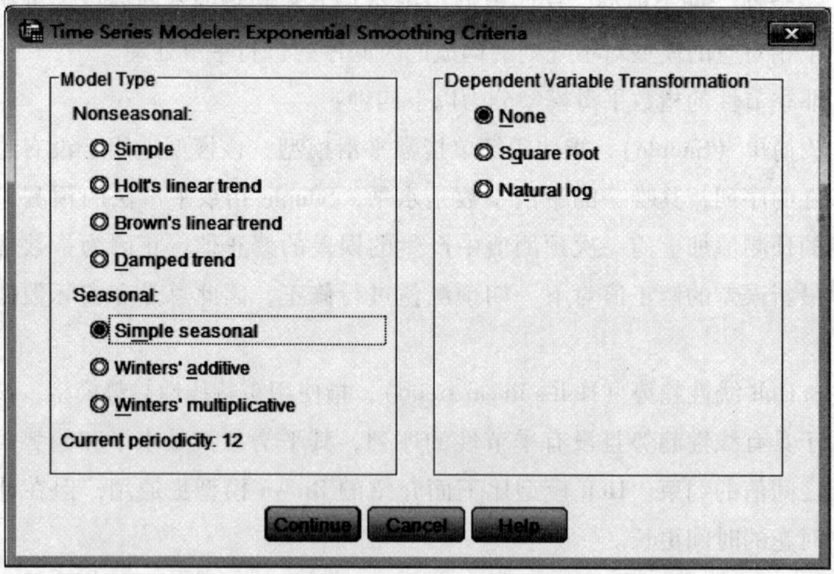

图 13.8　指数平滑设置条件对话框

进入统计量（Statistics）栏设置统计量。

Display fit measures, Ljung – Box statistic, and number of outliers by model 按

模型显示拟合度量，Ljung－Box 统计量和离群值的数量。

拟合度量（Fit measures），用于指定输出拟合度量的统计量表，具体包括 8 种统计量：平稳的 R 方（Stationary R square），表示输出平稳的 R 方统计量，该统计量用于比较模型中的固定成份和简单均值模型的差别，取正值时表示模型要优于简单均值模型。

➤ R 方（R square），表示输出模型的 R 方统计量，该统计量表示模型所能解释的数据变异占总变异的比例。其中，当时间序列含有趋势或季节成份时，平稳的 R 方统计量要优于 R 方统计量。

➤均方根误差（Root mean square error），表示输出模型的均方误差统计量，该统计量衡量模型预测值与原始值的差异大小，即残差的标准差，度量单位与原数据一致。

➤平均绝对误差百分比（Mean absolute percentage error），表示输出平均绝对误差百分比统计量，该统计量类似于均方误差统计量，但该统计量无度量单位，可用于比较不同模型的拟合情况。

➤平均绝对误差（Mean absolute error），表示输出模型的平均绝对误差统计量。

➤最大绝对误差百分比（Maximum absolute percentage error），表示输出模型的最大绝对误差百分比统计量，即以比例形式显示最大的预测误差。

➤最大绝对误差（Maximum absolute error），表示输出模型的最大绝对误差统计量。“最大绝对误差百分比”和“最大绝对误差”主要用于关注模型单个记录预测误差的情况。

➤标准化的 BIC（Normalized BIC），表示输出标准的 BIC 统计量，该统计量基于均方误差统计量，并考虑了模型的参数个数和序列数据个数。

Statistics for Individual Models 个别模型统计量，用于对个别模型设定输出统计量：

➤参数估计（Parameter estimates），表示输出模型的参数估计值表。

➤残差自相关函数（Residual autocorrelation function），表示输出模型的残差序列的自相关函数及置信区间。

➤残差部分自相关函数（Residual partial autocorrelation function），表示输出模型的残差序列的偏相关函数及置信区间。

Statistics for Comparing Models 比较模型的统计量：

➢ Goodness of fit，输出拟合优度。

➢ Residual autocorrelation function（ACF），输出残差自相关函数及百分位点。

➢ Residual partial autocorrelation function（PACF），残差部分自相关函数，输出残差序列的偏相关函数及置信区间。

Display forecasts 显示预测值。

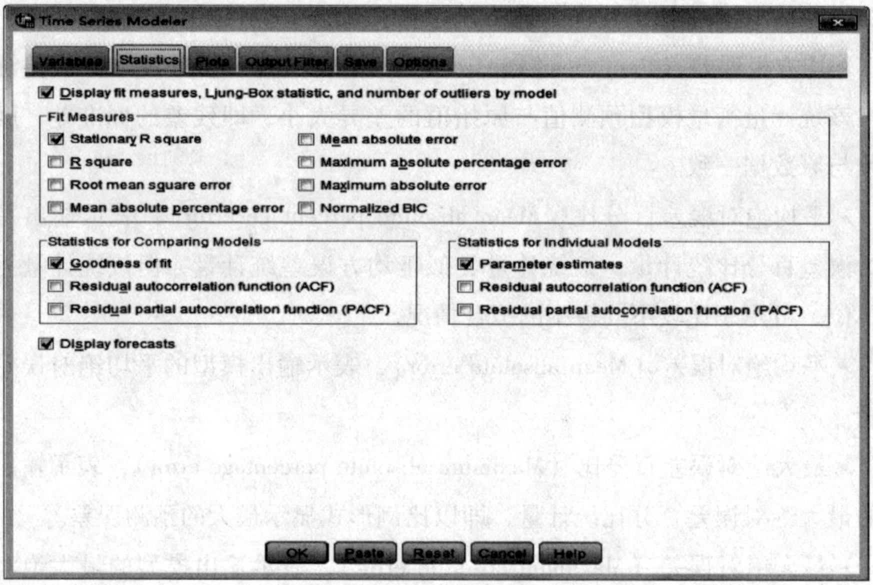

图 13.9　指数平滑统计量选项卡

单击图表栏（Plots），进行绘图设置，用于观察趋势。

➢模型比较图（Plots for comparing models），设置模型比较的图形输出，各选项分别生成单独的图。可输出的统计量包括平稳的 R^2、R^2、均方根误差、平均绝对误差百分比、平均绝对误差、最大绝对误差百分比、最大绝对误差、最大绝对误差百分比、标准化的 BIC、残差自相关函数及残差部分自相关函数等。

➢单个模型图（Plots for individual models），设置单个模型的绘制图形，图中显示的内容包括观察值（Observed values），因变量的原始观测序列；预测值（Forecasts），预测范围的观测预测值；拟合值（Fit values），估计范围的预测预测值；预测值的置信区间（Confidence intervals for forecast），预测范围的置信区间；拟合值的置信区间（Confidence intervals for fit values），估计范围的置信区间。

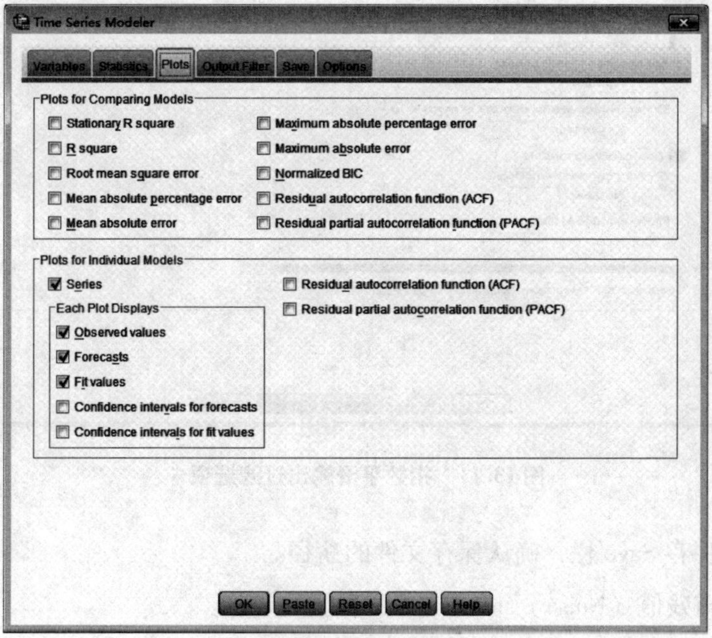

图 13.10　指数平滑绘图选项卡

单击输出过滤（Output Filter）选项卡。

➢在输出中包括所有的模型（Include all models in output），表示输出所有模型的分析结果，默认选项。

➢基于拟合优度过滤模型（Filter models based on goodness of fit），指输出某些模型的分析结果。

➢最佳模型模拟（Best－fitting models），表示拟合度最高的模型。其中模型的固定数量表示显示的最好模型个数为输出模型个数；占模型总数的百分比表示要显示的最好模型个数占总模型个数的比例。

➢最差模型模拟（Poorest－fitting models），表示拟合度最低的模型。其中模型的固定数量表示显示的最差模型个数为输出模型个数；占模型总数的百分比表示要显示的最好模型个数占总模型个数的比例。

➢拟合优度（Goodness of fit measure），指定衡量模型优劣的拟合优度统计量。

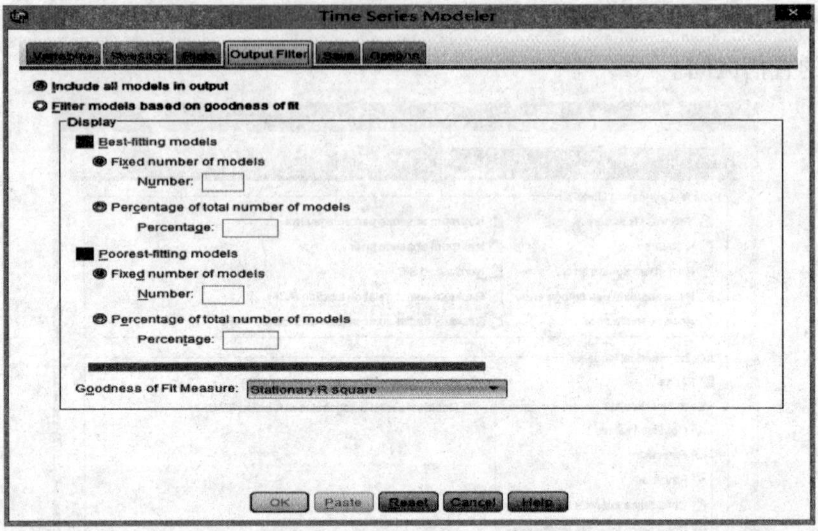

图 13.11　指数平滑输出过滤选项卡

单击保存 Save 栏，确认保存文件的途径。

➢噪声残值（Noise residuals），预测值的残差。

➢导出模拟文件（Export model file），设置输出模型信息输出到指定的 XML 文件点击“浏览（Browse）”指定文件路径。

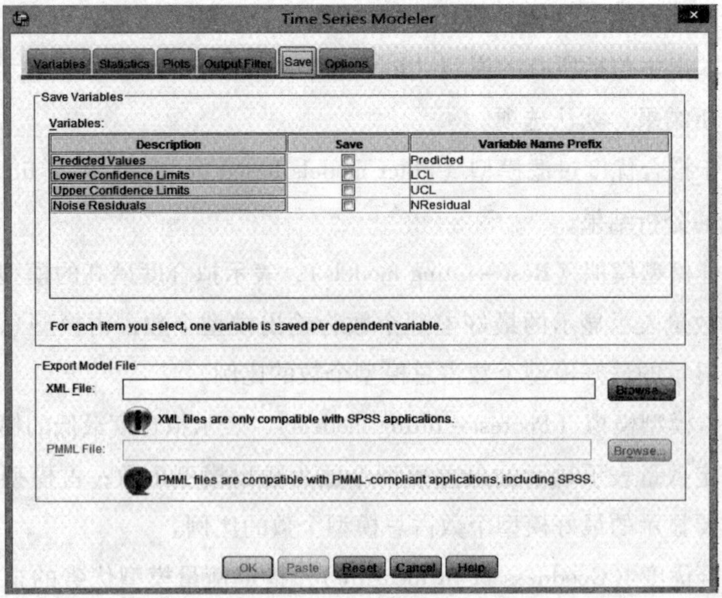

图 13.12　指数平滑保存选项卡

单击选项（Options）栏：

➢置信区间宽度（Confidence interval width），置信区间，系统默认为95%。

➢输出中的模型识别前缀（Prefix for model identifiers in output），指定在输出结果中用于区分不同模型的名称前缀，默认为模型。

➢ ACF 和 PACF 输出中的显示标签最大数（Maximum number of lags shown in ACF and PACF output），指定自相关函数和偏相关函数的最大延迟阶数，默认为24。

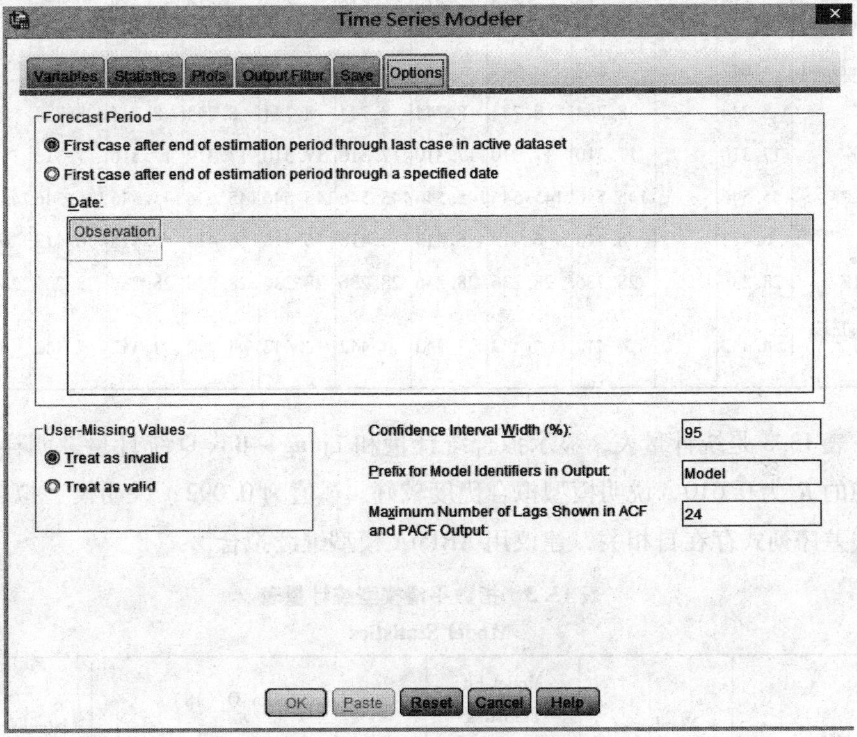

图 13.13 指数平滑选项选项卡

◆**结果解读**

表13.1给出了模型的基本描述，显示指数平滑模型分析的变量，采用的模型类型。表13.2是拟合优度表，显示模型的8个拟合优度指标，以及这些指标的均值、最小值、最大值及百分位数。其中平稳的 R^2 为0.610，说明模型拟合优度较好。

表 13.1　指数平滑模型描述表

Model Description

			Model Type
Model ID	Price	Model_ 1	Simple Seasonal

表 13.2　指数平滑模型拟合表

Model Fit

Fit Statistic	Mean	SE	Minimum	Maximum	Percentile						
					5	10	25	50	75	90	95
Stationary R - squared	.610	.	.610	.610	.610	.610	.610	.610	.610	.610	.610
R - squared	.647	.	.647	.647	.647	.647	.647	.647	.647	.647	.647
RMSE	8.744	.	8.744	8.744	8.744	8.744	8.744	8.744	8.744	8.744	8.744
MAPE	17.310	.	17.310	17.310	17.310	17.310	17.310	17.310	17.310	17.310	17.310
MaxAPE	145.546	.	145.546	145.546	145.546	145.546	145.546	145.546	145.546	145.546	145.546
MAE	6.413	.	6.413	6.413	6.413	6.413	6.413	6.413	6.413	6.413	6.413
MaxAE	28.236	.	28.236	28.236	28.236	28.236	28.236	28.236	28.236	28.236	28.236
Normalized BIC	4.442	.	4.442	4.442	4.442	4.442	4.442	4.442	4.442	4.442	4.442

表 13.3 是统计量表，显示拟合统计量和 Ljung - Box Q 统计量。同样的，平稳的 R^2 为 0.610，说明模型拟合优度较好。*P* 值为 0.092，说明模型拟合后的残差序列式存在自相关，建议用 ARIMA 模型继续拟合。

表 13.3　指数平滑模型统计量表

Model Statistics

Model	Number of Predictors	Model Fit statistics	Ljung - Box Q (18)			Number of Outliers
		Stationary R - squared	Statistics	DF	Sig.	
Price - Model_ 1	0	.610	23.873	16	.092	0

表 13.4 显示参数估计结果，指数平滑模型的水平 Alpha 值为 0.499，*P* 值为 0.000，而季节 Delta 值 1.563E - 005，*P* 值为 1.000，说明该组数据有水平趋势，无季节性特征。

表 13.4 指数平滑模型参数

Exponential Smoothing Model Parameters

Model			Estimate	SE	t	Sig.
Price - Model_ 1	No Transformation	Alpha (Level)	.499	.108	4.600	.000
		Delta (Season)	1.563E-005	.083	.000	1.000

图 13.14 是指数平滑拟合图，从图中看指数平滑模型对分析变量的拟合情况，从图中还可以看出价格波动的情况。

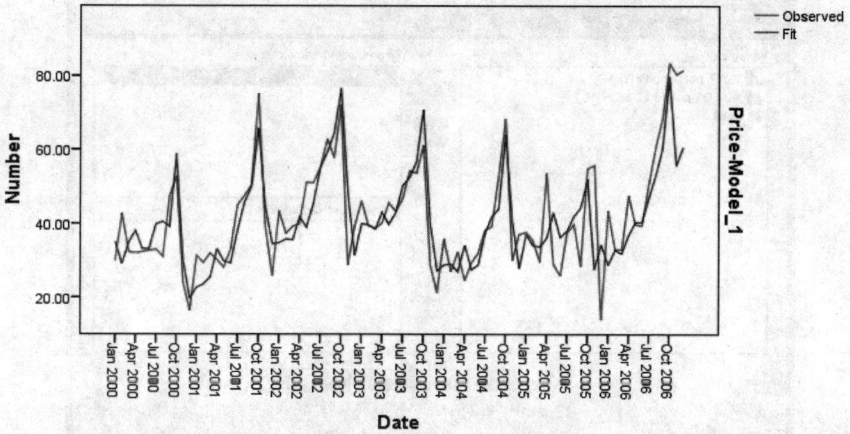

图 13.14 指数平滑拟合图

13.4 ARIMA 模型

自回归综合移动平均模型（ARIMA）是运用较为广泛的时间序列分析模型，综合了自回归模型（AR）和移动平均模型（MA）。该模型将非平稳时间序列转换成平稳时间序列，然后将因变量的滞后值及随机误差项的现值和滞后值进行回归分析。根据时间序列的特征，指定 3 个参数用来分析时间序列，即自回归阶数（P）、差分次数（d）、移动平均阶数（q），模型一般写作 ARIMA（P，d，q）。

ARIMA 模型方法的第一步是对数据求差分（一阶差分、二阶差分）直到数据是平稳的。也可以通过差分序列的相关图，找出一个“急速”下降于零。

第二步选定一个特定的模型拟合所分析的时间序列数据。

第三步用时间序列的数据，估计模型的参数，并进行检验，以判定该模型是否恰当。如不恰当，则返回第二步，重新选定模型。

◆**实验操作**

打开数据文件 13. 3. sav，依次选择菜单 “Analyze | Forecast | Create Model（分析 | 预测 | 创建模型）”。在弹出的对话框中，从源变量中选择因变量进入 Dependent Variables（注意已经定义好时间变量），自变量进入自回归综合滑动平均模型（ARIMA）。

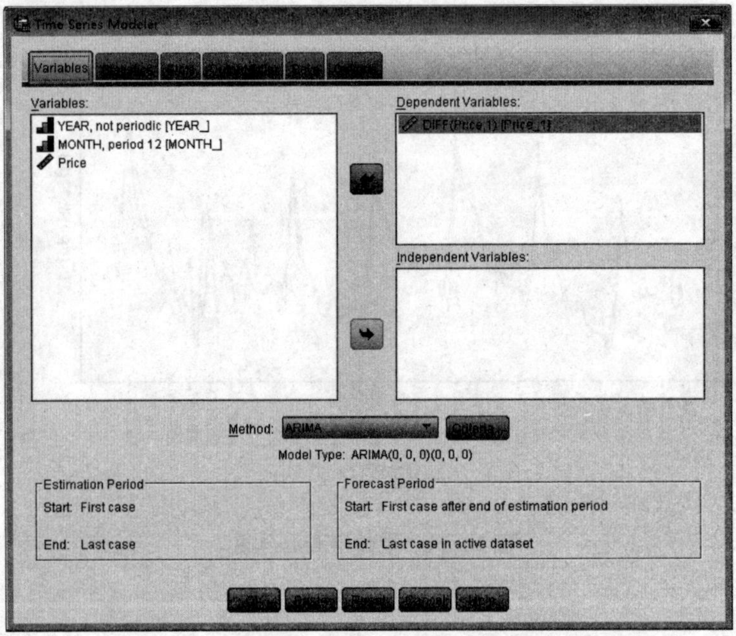

图 13. 15　ARIMA 模型主对话框

单击 Criteria 设置条件，弹出如图 13. 16 所示的对话框，首先进入 Model 选项卡，指定 ARIMA 模型的结构和因变量的转换。

☆结构表（Structure），指定 ARIMA 模型的结构，在相应的单元格中输入 ARIMA 模型的各个成份值。“自回归” 和 “移动平均数” 的数值表示最大阶数，同时模型中将包含所有正的较低阶。所有值必须是非负整数。

☆转换（Transformation），用于对因变量进行转换。

☆无（None），不对因变量序列进行任何转换。

☆平方根（Square root），对因变量序列取平方根。

☆自然对数（Naturallog），对因变量序列取自然对数。

选择 Include constant in model，在模型中保留常数。

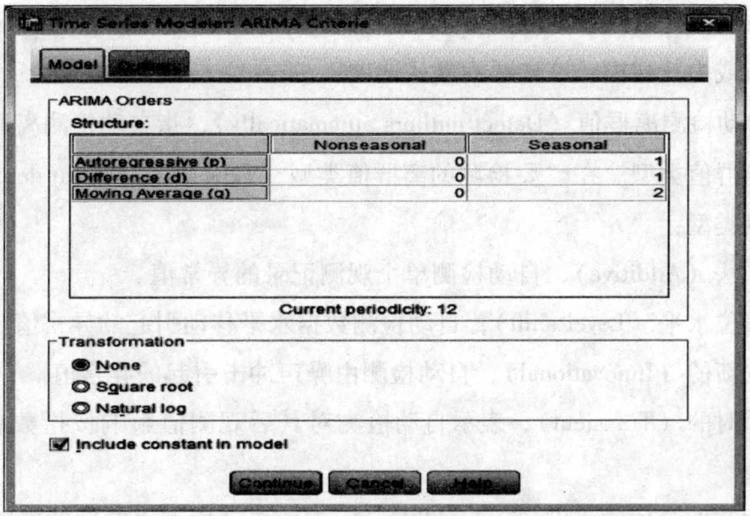

图 13.16　ARIMA 模型参数设置

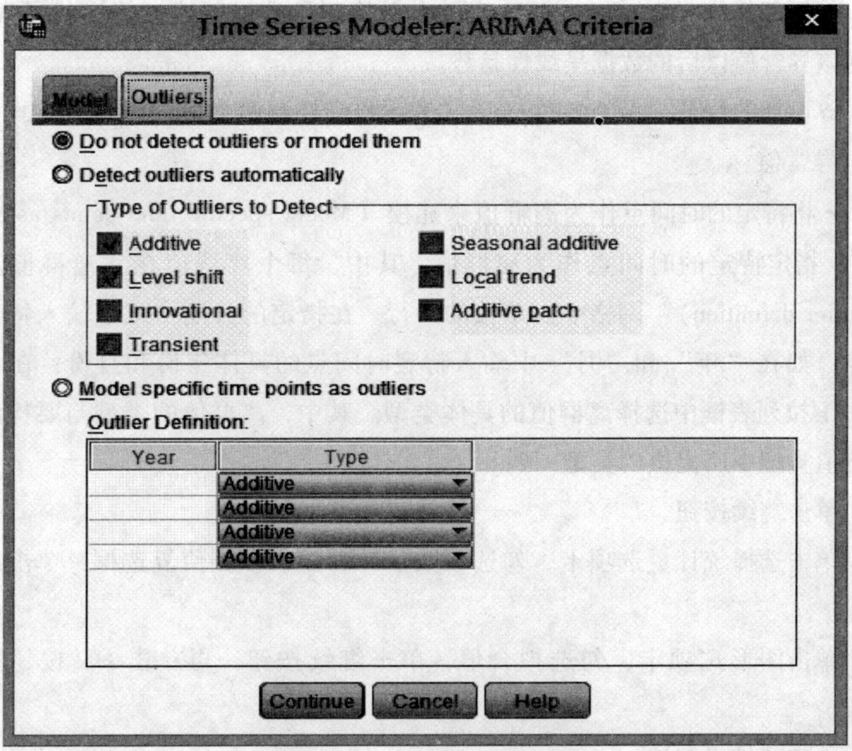

图 13.17　ARIMA 模型离群设置

单击离群值选项卡 Outliers。

➢检测离群值或为其建模（Do not detect outliers or model them），指不检测离群值或为其建模，该选项为默认选项。

➢自动检测离群值（Detect outliers automatically），指自动检测离群值，选择检测离群值类型。在“要检测的离群值类型（Type of outliers to detect）”中选择检测类型：

☆加法（Additive），自动检测单个观测记录的异常值。

☆移位水平（Level shift），自动检测数据水平移动引起的异常值。

☆创新的（Innovational），自动检测由噪声冲击引起的异常值。

☆瞬时的（Transient），表示自动检测对其后观测值影响按指数衰减至 0 的异常值。

☆季节性可加的（Seasonal additive），表示自动检测周期性的影响某固定时刻的异常值，如月度数据的一月效应。

☆局部趋势（Local trend），表示自动检测导致局部线性趋势的异常值，往往该异常值以后的数据呈线性趋势。

☆可加的修补（Additive patch），表示自动检测两个以上连续出现的“加法”异常值。

➢将特定的时间点作为离群值来建模（Model specific time points as outliers），指定特定的时间点作为离群值。其中，每个离群值在“离群值定义（Outlier definition）”网格中占单独的一行。在指定的日期格式中输入特定时间点，如在“年”和“月”中输入特定时间点的具体年份和月份；在“类型”下拉列表框中选择离群值的具体类型。其中，离群值的类型与要检测的离群值类型中所提供的类型一致。

单击继续按钮。

单击选择统计量选项卡，勾选参数估计和显示预测值复选框，单击继续按钮。

单击图形选项卡，勾选拟合值，单击继续按钮，再单击 OK 按钮完成设置。

◆**实验结果解读**

表 13.5 是模型描述表，显示因变量标签、模型名称、模型类型。

表 13.5 ARIMA 模型描述表

Model Description

			Model Type
Model ID	DIFF (Price, 1)	Model_ 1	ARIMA (0, 0, 0) (1, 1, 2)

表 13.6 是拟合优度表，显示模型的 8 个拟合优度指标，以及这些指标的均值、最小值、最大值及百分位数。其中平稳的 R^2 为 0.348，说明模型拟合优度一般。由于因变量为季节性数据，平稳的 R^2 更有代表性。

表 13.6 ARIMA 模型拟合表

Model Fit

Fit Statistic	Mean	SE	Minimum	Maximum	Percentile						
					5	10	25	50	75	90	95
Stationary R - squared	.348	.	.348	.348	.348	.348	.348	.348	.348	.348	.348
R - squared	.351	.	.351	.351	.351	.351	.351	.351	.351	.351	.351
RMSE	11.871	.	11.871	11.871	11.871	11.871	11.871	11.871	11.871	11.871	11.871
MAPE	277.695	.	277.695	277.695	277.695	277.695	277.695	277.695	277.695	277.695	277.695
MaxAPE	3858.300	.	3858.300	3858.300	3858.300	3858.300	3858.300	3858.300	3858.300	3858.300	3858.300
MAE	8.416	.	8.416	8.416	8.416	8.416	8.416	8.416	8.416	8.416	8.416
MaxAE	39.441	.	39.441	39.441	39.441	39.441	39.441	39.441	39.441	39.441	39.441
Normalized BIC	5.188	.	5.188	5.188	5.188	5.188	5.188	5.188	5.188	5.188	5.188

表 13.7 是统计量表，显示拟合统计量和 Ljung - Box Q 统计量。同样的，平稳的 R^2 为 0.348，说明模型拟合优度一般。*P* 值为零，说明有统计学意义。

表 13.7 ARIMA 模型统计量表

Model Statistics

Model	Number of Predictors	Model Fit statistics	Ljung - Box Q (18)			Number of Outliers
		Stationary R - squared	Statistics	DF	Sig.	
DIFF (Price, 1) - Model_ 1	0	.348	45.299	15	.000	0

表 13.8 是模型参数估计值列表。ARIMA 模型综合了 AR 模型和 MA 模

型，其中 AR 自回归部分的显著性水平是 0.025，MA 移动平均部分的显著性水平分别是 0.608 和 0.418。说明因此 ARIMA 模型对季节性趋势拟合情况一般，可以考虑 AR 模型分析。

表 13.8　ARIMA 模型参数

ARIMA Model Parameters

					Estimate	SE	t	Sig.
DIFF (Price, 1) – Model_ 1	DIFF (Price, 1)	No Transformation	Constant		.454	.772	.589	.558
			AR, Seasonal	Lag 1	–.953	.415	–2.294	.025
			Seasonal Difference		1			
			MA, Seasonal	Lag 1	–.324	.628	–.515	.608
				Lag 2	.451	.553	.815	.418

图 13.18 给出了模型拟合图和观测值。分析的时间序列呈现波动转台，拟合值和观测值曲线整体拟合较好。

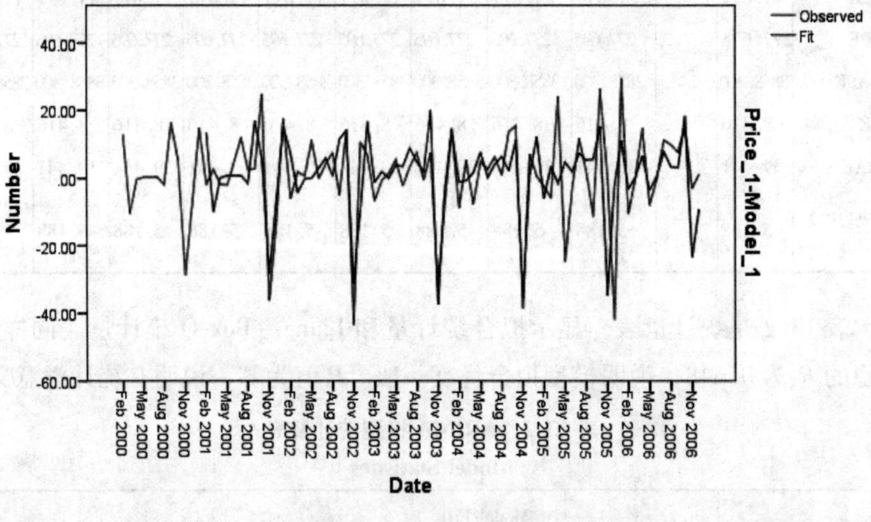

图 13.18　ARIMA 拟合图

13.5 季节分解模型

季节变动是影响时间序列变动的重要因素之一，季节分解的主要方法有月（季）平均法和移动平均趋势剔除法。

◆**实验操作**

打开数据文件13.3.sav，依次选择菜单“Analyze | Forecast | Seasonal decomposition”（分析 | 预测 | 季节分解）。在弹出的对话框中，从源变量列表中将进行季节分解的时间序列变量（注意已经定义好时间变量）选入Variable(s)。

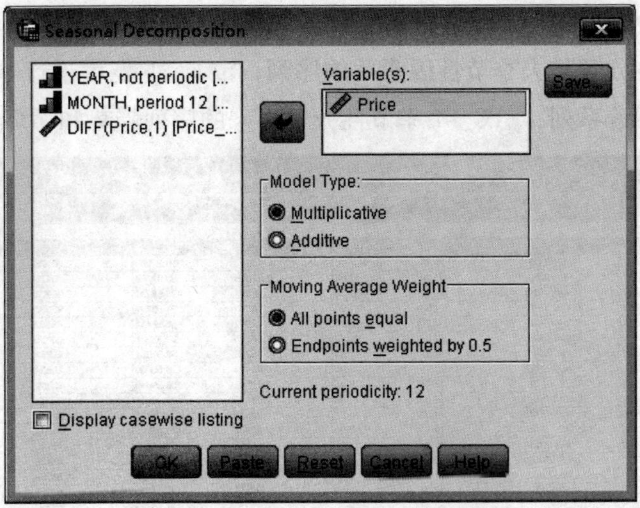

图13.19 季节分解模型主对话框

模型类型（Model type），指定季节性分解的模型类型，包括乘法Multiplicative、加法Additive。

移动平均权重（Moving average weight），指计算移动平均数时的权重。

➢所有点都相等（All point equal），使用等于周期的跨度以及所有权重相等的点来计算移动平均数，用于周期为奇数的序列。

➢结束点按0.5加权（Endpoints weighted by 0.5），使用等于周期加1的跨度以及以0.5加权的跨度的端点计算序列的移动平均数，该方法适用于具有偶数周期的序列。

Display casewise listing 显示对象删除列表。

单击保存Save按钮。

➢添加至文件（Add to file），将产生的新变量保存至目前的数据集，新变量名由字母前缀、下划线和数字组成。

➢替换现有（Replace existing），由创建的新变量在活动数据集中保存为临时变量。

➢不要创建（Do not create），不向活动数据集添加新序列。

单击继续按钮，再单击 OK 按钮完成设置。

◆实验结果解读

图 13.20 显示季节性分解的结果。数据文件中增加了 4 个变量，其中，ERR_ 1 表示分析变量进行季节分解后的不规则或随机波动序列，SAS_ 1 表示进行季节性分解除去季节性因素后的序列，SAF_ 1 表示进行季节性分解产生的季节性因素系列，STC_ 1 季节性分解出来的序列趋势和循环成分。

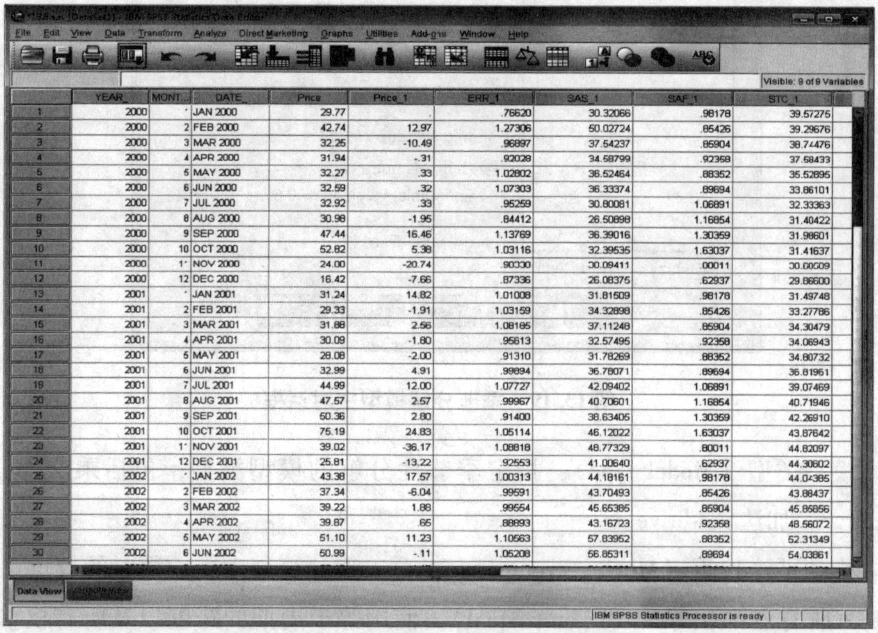

	YEAR_	MONT...	DATE_	Price	Price_1	ERR_1	SAS_1	SAF_1	STC_1
1	2000	'	JAN 2000	29.77	.	.76620	30.32066	.98178	39.57275
2	2000	2	FEB 2000	42.74	12.97	1.27306	50.02724	.85426	39.29676
3	2000	3	MAR 2000	32.25	-10.49	.96897	37.54237	.85904	38.74476
4	2000	4	APR 2000	31.94	-.31	.92028	34.58799	.92358	37.58433
5	2000	5	MAY 2000	32.27	.33	1.02802	36.52464	.88352	35.52895
6	2000	6	JUN 2000	32.59	.32	1.07303	36.33374	.89694	33.86101
7	2000	7	JUL 2000	32.92	.33	.95259	30.80081	1.06891	32.33363
8	2000	8	AUG 2000	30.98	-1.95	.84412	26.50898	1.16854	31.40422
9	2000	9	SEP 2000	47.44	16.46	1.13769	36.39016	1.30359	31.98601
10	2000	10	OCT 2000	52.82	5.38	1.03116	32.39535	1.63037	31.41637
11	2000	1'	NOV 2000	24.00	-20.74	.90330	30.09411	.00011	30.60509
12	2000	12	DEC 2000	16.42	-7.66	.87336	26.08375	.62937	29.86600
13	2001	'	JAN 2001	31.24	14.82	1.01008	31.81509	.98178	31.49748
14	2001	2	FEB 2001	29.33	-1.91	1.03159	34.32898	.85426	33.27786
15	2001	3	MAR 2001	31.88	2.56	1.08185	37.11248	.85904	34.30479
16	2001	4	APR 2001	30.09	-1.80	.95613	32.57495	.92358	34.06943
17	2001	5	MAY 2001	28.08	-2.00	.91310	31.78269	.88352	34.80732
18	2001	6	JUN 2001	32.99	4.91	.99894	36.78071	.89694	36.81961
19	2001	7	JUL 2001	44.99	12.00	1.07727	42.09402	1.06891	39.07469
20	2001	8	AUG 2001	47.57	2.57	.99967	40.70601	1.16854	40.71946
21	2001	9	SEP 2001	60.36	2.80	.91400	38.63405	1.30359	42.26910
22	2001	10	OCT 2001	75.19	24.83	1.05114	46.12022	1.63037	43.87642
23	2001	1'	NOV 2001	39.02	-36.17	1.08818	48.77329	.80011	44.82097
24	2001	12	DEC 2001	25.81	-13.22	.92553	41.00640	.62937	44.30602
25	2002	'	JAN 2002	43.38	17.57	1.00313	44.18161	.98178	44.04385
26	2002	2	FEB 2002	37.34	-6.04	.99591	43.70493	.85426	43.88437
27	2002	3	MAR 2002	39.22	1.88	.99554	45.65385	.85904	45.85856
28	2002	4	APR 2002	39.87	.65	.88893	43.16723	.92358	48.56072
29	2002	5	MAY 2002	51.10	11.23	1.10563	57.83952	.88352	52.31349
30	2002	6	JUN 2002	50.99	-.11	1.05208	56.85311	.89694	54.03861

图 13.20　季节分解模型结果